中世の契約社会と文書

村石正行　著

思文閣出版

目次

第三部　中世後期禅宗寺院における文書目録作成と契約文書

中世の契約社会と文書

序　章　契約における文書の作成——分析と課題——

はじめに

本書は、中世の土地所有における契約関係の特質について、文書の様式・機能の観点から考察をおこない究明しようとするものである。そこで本章では、筆者の問題意識による土地所有論の研究史を概観し、課題の所在を明らかにしたい。ついでそれらの課題に対する筆者の視角を述べたうえで、本書各論文の位置づけを明示しておく。

一　本書に関わる研究史

中世における土地所有については、大きく八つの研究段階を見いだすことができる。当然時系列で単純に区切ることはできないし、それぞれが多分に影響を及ぼし合って重なる論点もあるが、行論の関係上おおよその特徴を把握するために記すと次の通りである。

⑴　戦前　近代法制度確立期における欧米比較法史による視角の中世土地所有論
⑵　一九五〇年代　マルクス主義史観による「封建的領主制論」
⑶　一九五三年に安良城盛昭によって提起された太閤検地論に関わる中世史研究者の批判と「中間層」論
⑷　一九七〇年代　『土地制度史』の刊行　土地所有は社会の構造的な一面でありこれを総体的にとらえよう

とする「土地制度」論

(5) 一九七〇年代後半　笠松宏至・勝俣鎮夫らによる在地の中世法発見と検証により明らかにされる土地にまつわる「法観念」論

(6) 一九八〇年代　券文の所持を所有の根拠とする中世前期の土地所有のあり方を検証した「中世的文書主義」をめぐる議論

寶月圭吾説を継承した菅野文夫らによる質契約・売買契約の本質的未分化を明らかにする論点

(7) 一九九〇年代　土地所有の多様性の検出

(8) 二〇〇〇年以降　『土地所有史』『中世・近世土地所有史の再構築』の刊行とあらたなパラダイムの模索

以下それぞれの論点を整理しながら、本書の位置づけをおこなっていくが、研究史自体膨大な蓄積を持っており、筆者の能力ではその研究のすべてを網羅することはできない。さしあたりこの分類をもとに筆者の関心に基づいて論点を整理することとする。

(1) 戦前の法制史論

土地所有史のなかでまず挙げなくてはならないのは、戦前の中田薫・小早川欣吾などを代表とする法制史研究分野における成果である。後述するように、中田の仕事は古典的な業績に位置づけられるが、とくに一九八〇年代の笠松・勝俣らの研究に大きな影響を与えたことは指摘しなければならない。

日本近代法制度の確立期であった明治時代後半に登場した中田薫は、ローマ法やゲルマン法等との比較のなかで、日本の伝統的な法観念や法慣習がどう位置づけられるかを問題意識として設定し、前近代法制史に大きな足跡を残した。例えば売買契約の買主保証について中田の論を引用しよう。

我国固有法に於ても買主の防禦義務は、終始追奪担保義務の第一義的段階を形作りしものと云ふべし、而して此防禦義務は最初は法定内の防禦に止まりしならんも、已に中世に於て広く一切の保全行為を包括せんとするの傾向を生じたるものの如し。追奪擔保の第二次的補充的責任たる弁償義務は、本銭の返弁より次第に発達して本銭一倍或は本銭加利の弁償となり、遂に徳川時代に於て損害の賠償となるに至りしが、これ亦外国諸法に於ける発達の大勢に一致したる変遷なりと云ふべし（「日本古法に於ける追奪担保の沿革」[1]、傍線筆者）

このように中田は、日本の法慣習がヨーロッパに比べて特殊であることを明らかにすることよりも、むしろヨーロッパの歴史のなかに普遍的に存在する一類型としてこれを位置づけようとしたのである。

比較法学者であった中田の最大の特徴のひとつは膨大な史料の博捜にあったが、こうして導き出された重要な視点が、平安後期における土地売買の公券から私券への変化というものであった。そして「公券に代はれる私券は、公券が単に売買私約に決定的効力と所有権移転完成力とを附与したることよりも、更に百尺竿頭一歩進めて、売買私約そのもの、成立要件であり、又所有権移転の媒介者である」[2]と述べ、私文書としての売券が売買契約の成立要件であるという機能的な側面を初めて明らかにした。

中田は、公券から私券へと移り変わっていく過程で、契約段階で券文を作成しないケースが稀に存在することをすでに指摘している[3]。中田が当初よりいわゆる無券文売買への関心を払っていた事実であり注目されるが、中田自身は「売地私券は慣習法上の所産」であるとして無券文の事例を割愛し検討を深めることはなかった[4]。しかし周知のように、無券文売買の問題はのちに笠松によってあらためて提起され、後述する一九八〇年代の土地所有論のあらたな展開のなかで山田渉、菅野文夫らに影響を与えていることは重要だろう。

戦前に活躍した法制史家の小早川欣吾も中田の学説に影響を受けていることが著書からうかがえる[5]。小早川は、とくに上代から近世までの質契約について体系的に論じている。中田に勝るとも劣らぬ史料の博捜によって、不動産担保・動産担保の実例と解釈がおこなわれている。このなかで、質流証文と売買証文が近似していることを指摘するが、それは「物の移転を売買の観念に依って理解していた中世人の常」であり「斯くの如きは素朴な法観念の端的な閃き」として、この問題に具体的に立ち入っていない。しかし、戦争中に執筆された相田二郎『日本の古文書学』においては売買契約と借用、質契約の様式的な近似性についてはまったく触れられていない。(6) 一九八〇年代に活発化する質契約と売買契約の近似性について、いわば戦前の法制史研究によって提示されていたのであり、私文書様式論のひとつの原型がすでにここに見られることは、学史上指摘しておかねばならない。

(2)一九五〇~七〇年代

ついで石母田正や松本新八郎らを代表とする、戦後マルクス主義史観の大きな潮流がある。その後の一九五〇~七〇年代における封建領主による「封建的土地所有論」をリードし、学界での大きな潮流を形づくったことは言うまでもない。

とくに石母田正の著作『中世的世界の形成』はこの代表的なものである。この書の原型は戦争中に執筆されたものだが、終戦直後にあらためて書き直され、戦後歴史学の記念碑的名著として今に語り継がれる。(7) その序文に石母田は「庄園の歴史は私にとって何よりもまず人間が生き、闘い、かくして歴史を形成してきた一箇の世界でなければならなかった」と記し、戦時下の天皇制支配と重ね合わせながら、東大寺領黒田荘の歴史を通して古代的世界から中世的世界の過渡期に封建制の萌芽を見いだす。石母田は荘園領主である東大寺、私営田領主を具現する藤原実遠、黒田荘内部で階級分化が起こり大規模家族経営に対する名主層の反逆と領主化によって登場する源俊方に武士(団)の典型を読み取り、さらに黒田悪党と呼ばれる反荘園領主勢力を登場させることにより、転換期の闘争史を描き出した。また南北朝封建革命説を唱えた松本新八郎は、当該期に名主の成長と名田経営領主への成長を見いだす[8]。いずれも封建領主による土地支配に視座を置いた「上からの土地所有論」である。

これに対し、稲垣泰彦は名主に関わる作手・永作手が下級土地所有権であることを明らかにし、これを端緒に重層的な土地所有関係が議論されることになった[9]。こうして土地売買の内容が、単に現実的な支配や耕作そのものではなく、作手や加地子などと表記される買主の一定の得分権であることが明らかになった。

また戦国時代研究のなかでは「中間層論」が展開される[10]。一九五三年に安良城盛昭がおこなった太閤検地によって「家父長的奴隷制」が終焉し、小農民が自立し社会構成としての封建制度が成立するとする、中世史研究者にとって衝撃的な提起に対して、戦国史研究者を中心に疑義が個別実証的に提出されていったのである[11]。

以上の封建的領主による土地所有論の流れの議論は百家争鳴状態であったが、こうした成果を批判的に継承し体系化しようとする視点が現れる。一九七〇年代前半に登場した論点で、土地所有論は、所有の問題だけでなく、システムとしての支配・経営の観点を重視すべきで、土地所有は「土地そのものの歴史ではなく、土地に対する人類社会の全関係」とする、いわゆる「土地制度論」と称するものである。これは土地所有に関わる初めての体系的通史[12]として世に出され、中世史分野では稲垣泰彦・網野善彦・島田次郎・永原慶二・峰岸純夫・藤木久志などが執筆し、前近代の土地制度の綜合化を目指したものであると評してよく、この時期までの土地所有史におけるパラダイム成立とみることができる。

(3)新パラダイムの形成——中世的文書主義の登場——

やがて領主制論の展開が一定の飽和状態となり、しばらく土地所有に関わる議論はしばらく小康状態となる。

いっぽう、領主制とは異なる視点から所有論を議論しようとする機運が現れる。すなわち制度としての土地所有ではなく、在地社会における所有者の意識のレヴェルに視点を当てた研究である。一九七〇年代後半から八〇年代には、所有にまつわる意識、すなわち「法観念」を洗い出し検証しようとする動きが登場した。これは中田薫以来の法制史の成果があらためて評価され、実証的に発展的継承をおこなおうとした潮流である。笠松宏至・勝俣鎮夫に代表される「法観念」論は、中世における土地所有の特質を浮き彫りにした。とくに勝俣鎮夫は、「開発を通じた土地と人との関係に注目し、在地の下級で小規模な土地所有の実態や売買・質入れのあり方にあたらしい光をあてた」[13]ことにより、土地所有に下級所有者の意識や慣習（法観念）を見いだそうとする意味で画期的な研究であった。また中田以来顧みられてこなかった法理念の紹介と解釈を進めた笠松は、寄進地の法的安定化をはかる中世社会の広範な法理念として「仏陀法」を検出、あるいは無券文の世界から買主の権利を保障する有券文売買、すなわち「券文を作成して売買する意味」について言及するなど、大きな影響を与えている。

折しも一九七〇年代後半から八〇年代における社会史研究の盛行と軌を一にして、以後土地所有論は活況を呈することとなる。

山田渉、菅野文夫らによってそれまでの土地所有論が総括され、そのなかで土地所有の正統性の根拠をめぐる議論が活発におこなわれた。文書所有の有無が所有の根拠となる、とする「中世的文書主義」が土地所有論に大きなインパクトを与えたのである。中世における土地所有をめぐる契約については、幾度となく研究史が整理されてきているが、山田渉がこの段階で提言するように[14]、それまで議論されて来た三つの「中世的な土地所有」論、すなわち第一に作職などの「下級土地所有権」をめぐる議論、第二に本所とは区別される「私領主」とそこに重層的に連なる土地所有権をめぐる「私領主論」ともいうべき方向、そして第三に勝俣鎮夫・笠松宏至にされるような「中世人の土地に対する観念」（法観念）を洗い出した「本主権論」とも呼べる流れ、の三つの議論を有機的に関連づけて初めて「中世土地所有の論理的全体像」を見通すことができるとした。たしかに山田が述べるように

「下級所有権という場合、当然そこには上級の所有権の存在」が前提であるわけで、またそこには明らかにそれぞれの立場の土地に対する意識が存在するはずである。しかし、これらの研究によって得られた成果がかならずしもそれぞれの動向に明確に反映されていったとは言い難いのであり、これらの議論の論理的敷衍が必要である。山田はこの問題意識から、中世土地所有の論理的全体像を貫く法体制の特質を「中世的文書主義」と呼び、この法意識が中世における社会的共通認識として受け入れられていたとする。中世的文書主義については、これ以前にすでに入間田宣夫[15]の指摘があるが、この入間田の指摘をさらに深める形で山田は中世的文書主義を「所持する文書によってのみ所領の知行、あるいは、売買・寄進・譲渡などの正当性が立証されるという法体制」であるとした。文書を通じた所有関係を体系的に論じようとする動きが八〇年代後半の研究の流れであったと言ってよい。

山田の提言を受けて菅野文夫[16]は「中世的文書主義」をさらに「無券文の世界」「文書フェティシズム」「文書主義」と三区分した。「無券文の世界」――すなわち所有権の移動や権利保持に際して文書を伴わない土地売買――については、山田がその対極にある「有券文の世界」――すなわち権利の移動に際して必ず手継を作成し本券をそこに副進させる法慣習――を際立たせるためにすでに論じており、また法制史の流れを受け戦後も笠松により着目されている中世的な観念[17]である。ここで注目すべきなのは、菅野によって設定された、氏の言葉を借りれば「中世的文書主義のうちで最も中世的なあり方」であるとする「文書フェティシズム」である。本主が銭主を具体的に想定して作成する手継（権利が甲の手から乙の手へと継承される）と異なって、過去の「古券」ともいうべき本券は決してその権利を現在所有する本主自身宛に作成されたものではない。また、現時点での所有者の権利内容も不明確である、にもかかわらず中世においては、この「古券」が大切に保存された。さらにこの「古券」が見ず知らずの第三者のもとに移動することを恐れ、他人の手元に渡ることを恐れて本券を焼却した[18]。こういった事実は、文書の宛所は問わず、「文書を所持してさえいれば権利を主張できる」という観念が中世において存在していたことを示す、とされた。着目すべきなのは、中世においては、券文がなくとも売買行為が成立し得るという、おそらく取引行為において最も原始的な社会的慣行と、幕府や公家の裁判法廷で主張されるような手継重視の社会的観念のはざまで、このような「文書フェティシズム」も併存していたということである。上杉和彦[19]が述べるように、こういった諸側面の一面だけを論ずるのではなく、「中世文書の持つ多様な機能の特質、興味深い現象の発見・分析に力を入れ」るべきであるとするなら、このいたって中世的な文書の特質を個別に検討する必要が生じるのは必然であった。ただし中世的文書主義については、いずれも成立期における提言と検証にとどまっており、その終焉をいつに設定するかは今後の課題だといえよう。

また、寶月圭吾は土地所有権が得分権であるという前提[20]で土地売買と質契約が同質であったとし[21]、菅野文夫も寶月説を追認して笠松・勝俣説を批判し、中世永代売買は買戻し不可能な契約であったこと、質契約は買い戻しを許容するものであったことなどを主張した[22]。この議論は現在の質契約と売買をめぐる諸論に引き継がれている。

最後に社会史と土地所有論の関わりにも触れておこう。

一九七〇年代後半に出された『岩波講座日本歴史』の終結から一九九〇年代前半に刊行された『岩波講座日本通史』との間には十年以上の間隔がある。このような長期空白期間が生まれた理由として、石井進はその間の歴史学界の激変を挙げている[23]。土地所有論についても、一九八〇年代前半は基軸となるべきあらたな論点として「法観念」論が示された時期でもある。

また石井が指摘するように、この通史のはざまの時期における最も大きな動向として忘れてはならないのが、一九七〇年代前半の社会史の登場である。一九七六年、石井は高柳光寿を再評価しつつ、中世社会を形成する分権的・多元的側面を強調し、在地法や公方の多様性、アジールの評価など、その後の社会史研究につながる問題提起をおこなった[24]。また網野善彦は『無縁・公界・楽』で、私的所有が、原始以来の「無主・無縁の原理――無所有に支えられ」ることを指摘した。[25]社会史研究の高まりは、その後の『日本の社会史』刊行へとつながった。[26]このシリーズのなかで勝俣鎮夫は「売買・質入れと所有観念」を著し、土地所有における人と物との間にある素朴な法観念をさらに具体化した。そして、敷銭というわが国固有の本来的売買を検証し、この観念が、土地売買と質入れとが未分化となる要因であり年季売・本銭返などを生み出すことになったと結論づけている。このように、七〇年代の「法観念」論は、その後の社会史研究のなかにおいても重要な研究対象として位置づけられている。

(4)二〇〇〇年以降のあらたな所有論

「中世的文書主義」を中世社会の底流に横たわる普遍的な法理念とすれば、様々な形で在地社会においておこなわれる土地所有に関わる契約のなかから、この理念を見いだすことが必要であった。かくして、一九九〇年代後半になってから個別具体的に論証により、パラダイム・モデルの追検証がおこなわれたのである。ここではとくに契約に関わる文書の特質を検討する動きをおさえておきたい。

このなかで売寄進・売譲については研究が深化した分野の事例であるといえる。[27]契約文書作成の観点では、契約を介添えする口入人のあり方を菅野が明らかにしている。[28]第二部で述べるように、契約は当事者間双方のみでは完結し得ず、仲介者によって寄進行為を成就させる契約がある。この分野に鋭い洞察を加えてきた笠松宏至は、契状を抽出し中世における双方向的契約の存在を明示した。[29]

さらに二〇〇〇年以降、土地所有制度そのものについては『土地所有史』『中世・近世土地所有史の再構築』が相次ぎ刊行され、現在の研究の到達点を示すに至った。これらは、土地そのものの制度ではなく、土地所有には、身分や集団、地域によって偏差があり、広い視野で検証する必要性を強調し、社会背景に迫る意欲的試みを含んでいる[30]。ひとつは環境論で、平安時代における異常気象や温暖化、それによってもたらされる災害によって破壊された村落があらたに再開発が進み条里制村落へと再編されていったこと、またそれを支える領主制支配が生み出されたという[31]。また、土豪層による大規模な土地集積を、村に対する融通ととらえ、融通が村の成り立ちを維持する役割を果たした、という観点が長谷川裕子らにより検証されている[32]。長谷川はこれまでの土地所有論を総括し評価しながら、「これらの研究は、売買システムおよび土地所有構造の解明を主眼としているため、売買を行う目的や理由について、売却する側から追求されていない」（一三五・六頁）と指摘し、この視点での検討を提言する。そしておもに売主側からみた、土豪層の土地集積の実態を村の維持という観点で追究し、方法論として村の土地所有と個人の土地所有の双方から土地所有論を進めることを提起した。

契約関係のうち寄進行為についても述べなくてはならない。前述の中田薫の法制史論がいまなお参照されるべき存在として位置づけられる。その後の笠松の「仏物・僧物・人物」論は中田の問題意識を深化させたもので、寄進行為はとりもなおさず人のものを仏物へ代える行為であったとした[33]。仏物としての寄進論は一九九〇年代以降も継承され、さらなる研究の進展を見せた。時代や社会的立場によって寄進内容も異なることから在地社会のなかでの個別寺院の位置づけを逐一明示しながら、中世社会が寄進社会であったことを明瞭に示したのが湯浅治久である[34]。また阿諏訪青美は、在家の寄進行為と寺院の利殖行為をとらえ社会的な寄進行為の意味の洗い出しをおこなった[35]。井原今朝男は、中世における売買・寄進・譲慣行は、かならずしも一面的にはとらえられないことを強調し、そのなかで「質券之法」の存在を明確にした[36]。

井原の論旨と研究史上の位置づけは、すでに早島大祐によってなされている[37]が、筆者がここで指摘したいのは、これまで土地所有論のなかで欠けていた点、すなわち私文書である中世土地所有文書を文書機能論に立脚しつつ分析する手法を井原が提示していることである。井原は借用状や質券などを膨大な土地証文のなかで手継の状態に復元し、これらが立券文書であることを実証した。中田薫以降、多くの所有論が展開されてきたが、形態や様式も含め古文書学的検討を加えたうえで具体的に当時の機能を復元しようとする視点はこれまでなかった。井原は、請取状、借券なども同様の手法で検討し、近著でこれまでの貸借文書を機能論から分析し、これらをあらたに債権・債務関係としてとらえ、土地所有を論じようとする。そこでの井原の論点は多岐にわたるが、文書を群としてとらえ、かつての連券を復元しながら個々の文書の機能を確定させていく点は重要である。また桜井英治も贈与を債務と見なし中世社会が広範な贈与社会だったことを明らかにする(38)。

このように概観すると、一九九〇年代後半から現在に至るまで、中世における契約行為の特異性を洗い出す作業とともに、土地所有論の新基軸設定が試みられ、重要な成果が次々と明らかにされてきているといえよう。

二　本書の視角

(1)双方向の文書の作成と授受

前節では、土地所有に関わる研究史について概略述べた。続いて先行研究に基づきながら本書の分析対象を明らかにしたい。

契約は、言うまでもなく甲乙双方間において結ばれるものである。権利関係の移転に関わる文書について、本書では「契約文書」と称することとする。契約が、広義には「ごく普通の売買や譲与や和与が契約なる語によって表現される」もので「民事的行為の総称」としてとらえられるからである(39)。

笠松宏至は、「契約」を成立させる要件として、当事者双方の間で「文書の交換」があったという重要な想定をする(40)。この指摘についての反応は管見の限り見あたらない。事実、例えば日本前近代における担保法史に足跡を残した小早川欣吾が、中世末期においても「当時はまだ質権者は返り証文を作成する通慣がなかったものだと考えざるを得ない」と述べているることを例とするように[41]、近代法における質権者が質置人に対して質証書を作成するようなことは、中世史研究のなかではこれまで想定されてこなかったのである。

文書伝来の困難さから笠松の指摘を明らかにすることは困難である。しかし売却・買得、借用・貸与、寄進・被寄進、これらの行為が、双方の合意と実行によってなされているのであり、笠松のこの論点をさらに深め、中世社会における土地所有に関わる文書作成のあり方を少しでも明らかにする必要があるだろう。言うまでもなく、中世の売買、貸借など関係文書のうち残存する私文書のほとんどは、売買の場合は売券であり、貸借の場合は借用状、あるいは質券や預り状、などである[42]。いずれも、売主(本主)から買主(銭主)へ宛てられた単方向の契約文書である。これらは、寺社や有徳の富農層などに残っており、文書が伝来しつづけやすい環境下という要因によるものである。

こうした膨大な契約文書全体のなかで、それらとは様式を異にする文書が少なからず散見されることは、これまで等閑視されてきた。それらのなかには、買主や貸主から発せられた文書(買券・貸状など)がある。売主(本主)から買主(銭主)だけでなく、買主や銭主から売主・本主へ渡付された文書、小早川が言う「返り証文」を検討する、すなわち「双方向の文書のやりとり」を複合的に検討することによって、初めて契約文書作成の本来の全体像をうかがうことができるのではないだろうか。とくに、債権者に権利(文書)が集積されるなかで、土地を売る、質に入れる、銭を借用する、など債務を負ったものが所有し、みずからの権利の根拠とした文書については、その基礎的な研究を深めねばならない。また古文書の機能面を重視しながら、文書の働きを考察することも必要である。

そこでかかる観点から、第一部では双方向の文書作成を主題とし、その授受について機能面から明らかにしようとする。第一章では売買関係における買券の抽出をおこなう。売買関係について、ここでは代価受取証文という観点ではなく、加地子や作手など、得分権化した土地所有権をめぐる売主・買主双方向での文書作成および授受について考察したい。そして、売買は売券の作成と渡付および買得者による物権の占有によって完結する、とするこれまでの通説を再検討したい。第二章では、貸借関係における文書授受の可能性を預り状・預け状の関係から述べることとする。預り状については、徳政との関わりで寶月圭吾の研究があり、預り状が貸借契約証文でありながら、借券・質券と異なり利子を伴わないため徳政忌避の手段として盛行したことを明らかにし、これがこれまでの通説となっている(43)。比較的多くの文書が残存する預り状が、貸借関係における借り受けであるならば、債権者および債務者間で契約の合意がおこなわれたはずである。そこでまず契約者双方の契約内容を確認し、預り状作成のあり方を機能論から探ってみたい。第三章においては、処分状について検討する。処分状については、譲状と同義で用いられ、一族の財産分与の際の権利証文とする通説がある。しかし、処分状のなかには「書分」と記される文書が散見される。「書分」については管見の限りこれまで検討されたことはないが、契約における権利証文作成を、ここでは権利の分割と文書作成という観点から論じることとする。

以上の三つの章で、本主（売主）・銭主（買主）間の契約における文書作成と交換を論じ、中世的文書主義との関わりを考察したい。

(2)「複合して機能する文書」としての売寄進

赤沢計真がかつて研究状況を批判したように、これまで中世における土地所有権の移転について考察する際、売券なら売券のみを引き離して問題にし分析しているという傾向があった。たしかに、売券とセットとなり「複合して機能する文書」についての議論は、かならずしも厚いものではなかった(44)。

このようななかで、中世文書のもつ多様な機能の特質、興味深い現象のひとつとして、売寄進が挙げられる。

売寄進に関する研究は一九九〇年代以降いくつか著されており、所有権に関わる文書に関する研究のなかでは比較的成果を得たが、それらが最も依拠するのが須磨千穎の論稿である。(45)須磨はすでに戦前からの通説、すなわち売寄進の徳政忌避としての機能論的理解に疑問を呈した。本論文第二部の諸論考はいずれも須磨論文に触発され一九九〇年代後半に執筆したものである。そのなかで寄進を仲介する中間層に着目し、売買契約と複合し機能する売寄進を論じた。その後も西谷正浩、(46)長谷川裕子、(47)辰田芳雄(48)らにより売寄進が論じられた。いずれも中間的な構成層に着眼したものである。

そこで第二部は、売寄進を同日付売券・寄進状という「複合して機能する文書」としての側面から検討する。同日付でかつ同一物件・同内容の権利に関するものでありながら、異なる機能をもつ土地証文が同時に二通作成されるという、この中世特有の所有形態を検討することは、赤沢の批判への一つの回答の試みとなることであろう。また、売寄進を論ずる際にこれまで用語上の混乱があった。つまり、第一に、例えば従来の徳政忌避手段型売寄進、すなわち一通は売券、一通は寄進状というように二通で初めて売寄進行為をなす「売寄進」、第二に、一通の文書のなかに「売寄進」という文言が標記されている場合の「売寄進」、の二つが混同されてきた。しかし、徳政手段とは、売買行為（＝売券作成）を隠蔽するために、あらためて寄進行為を偽装（＝寄進状作成）させることであるから、後者のような一通の文書に統合されていては徳政忌避手段となることはないはずであり、両者は峻別されるべきであろう。そこで本書では、前者を「売寄進行為」、後者を「売寄進状」と呼んで区別する。

以下、第四章では、総論として「同日付売券・寄進状」という観点で売寄進を考察する。売寄進についての研究を概観し、寄進を主眼に置きながら仲介者を介した土地買得と寄進の形を検討する。さらに第五・六章では、個別文書群を取り上げ、売寄進状、売寄進行為がそれぞれ全体のなかでどのように機能し、どのような意味をもっているのかを考察する。とくにこの場合、寺院の土地集積という観点で論じる。第五章ではこれまで鎌倉期の東国史に膨大な研究蓄積を遺してきた「世良田長楽寺文書」を題材に、世良田氏、大谷道海一族による長楽寺への土地集積を売寄進の視点から考察を試みる。第六章では「備中洞松寺文書」を題材とした。守護代庄氏とその氏寺洞松寺、仲介者としての竹井玄保がおりなす土地売買と寄進の関係を売寄進の観点で述べる。

いずれも売券など土地契約文書が豊富に遺されている史料群であるが、とくに後者はこれまで主だった研究のなかで取り上げられることなく看過されてきた史料群である。後述するように、売寄進に関わる文書が集中して残存しており、まとまりとして把握することによって、売寄進の実態を検証できる事例であるといえよう。

(3)中世後期禅宗寺院における「文書目録」作成と契約文書

各地の公文書館設立の動きにあわせ、中世における「文書の管理と伝来」に関わる数々の成果が生まれた。自力救済の中世社会にあって手継文書等の権利証文の有無が諸職を維持・獲得する重要な指標であったから、その管理は厳重だったといえる。

河音能平は中世前期の貴族や権門寺社の文書管理の原則について言及し、代替わりにおける文書廃棄という、文書管理者による取捨選択の問題を取り上げている(49)。また松井輝昭も、文書目録の作成と、文書を収納する場という論点で中世を通じた文書管理史を概括している(50)。高橋一樹は統治機構としての幕府文書の作成と廃棄、さらに保存問題について言及している(51)。

文書管理の研究については、伝来先の文書残存量により研究分野に濃淡が生じた。畿内の大寺社は寺内の僧侶の合議による文書管理がシステムとして存在し、また朝廷の諸官職を世襲する公家については家の存在根拠として文書・記録・文献が残され、武士についても同様に、先祖の武功や家督の継承、土地証文が武家としての存立保証機能をもったゆえに、巻子等で今日文書が比較的残っているのである(52)。

例えば寺社関係については、高野山御影堂納置文書・帳簿群について検討を加えた山陰加春夫[53]、東寺の文書管理については網野善彦[54]・黒川直則[55]・上島有[56]・橋本初子[57]などの研究がある。富澤清人が東大寺水無瀬荘に関わる文書目録と荘園領主の文書管理について言及していることも特筆される[58]。

このような厚い研究史のなかで、地方寺院の文書管理についての研究は、史料残存の問題から乏しいと言わざるを得ない。富澤が指摘するように、「文書目録」を検討の対象とすることは、伝来しない「消失した」文書の姿を復元することになり、また、群として把握されるべき一連の文書群の成立過程の様相を想定することが可能になる。かかる視点は、文書の伝来論や機能論などを進めるうえで有益な方法と考える。

また、これまでの文書管理論は、文字通り管理する側の視点でのものであった。しかし、「文書目録」に記される重書類の差出者、とくに土地を寄進し売却する檀那としての「在家信者」と寺院がどのような契約関係を有していたか、という側面から研究をおこなったものは少ない。

そこで第三部では、地方寺院に残る文書目録を手がかりに、信仰される側としての「寺院」と、信仰する主体である「在家信者」の双方向の関係を洗い出し、相互間で認識された契約関係を考察することとする。対象とする地域と時代として、中世後期の信濃国の禅宗寺院および禅僧を取り上げることとする。十四世紀以降、信濃国の臨済宗・曹洞宗寺院に関わる史料が増加すること、また中世後期には信濃国出身の禅僧が広く活躍し教線拡大に一定程度の貢献をしたと想定されること[59]、などが理由であり、ここでは「文書目録」作成というあらたな観点で契約者双方の関係の考察を深めてみたい。

まず中世後期信濃国に関わる禅宗寺院を素材とする前提として、十五世紀における曹洞宗寺院の展開を第七章で明らかにする。さらにこの時期の曹洞宗禅僧として信濃国小県郡出身の如仲天誾を取り上げる。如仲は第二部で考察した洞松寺の開山である。第八章では洞松寺の土地集積に、開山である如仲の教義、いわゆる太源派下如仲派の葬送儀礼重視政策の影響を見いだそうとするものである。本書での手法としては、これまであまり用いられてこなかった「文書目録」と寺院聖教である「法語」を歴史史料として位置づけ、検討を深める。また、附論として十六世紀後半の北高全祝法語を取り上げる。北高全祝については、これまで大名権力による宗教支配、すなわち戦国大名武田氏領国における曹洞宗の拡大という観点で研究が深められている。これらによれば、武田氏領国下では曹洞宗寺院が保護され、その影響で信濃国においても洞門寺院が教線を拡大させていったのである。この点に異論はないが、いっぽうで在家信者に曹洞宗が受容されていった素地、すなわち、なぜ人々に曹洞宗が受け入れられ、地域展開していったのかという社会的背景についても、あらためて検証が必要であろう。この点について、附論では武田氏領国下で僧録司となった北高全祝の「法語」をもとに検討し、葬送儀礼重視の太源派の教義との関わりで論じる。

第九章では、臨済宗西岸寺に残される「文書目録」を検討し、西岸寺の土地集積と文書目録作成のあり方を曹洞宗寺院のものと比較考察し、異同点を指摘するとともに、「文書目録」の史料的な活用について提起する。

以上、研究史を総括し本書の視角と構成を述べた。とくに買券や書分など「契約文書」としての土地所有関係文書や文書目録、禅僧法語などこれまであまり取り上げることのなかった史料を用いていることも、本書の視角の新しさである。それぞれが文書論や歴史史料論のなかでも多少なりとも意義をもつことができればと願う。

（1）『法制史論集』第三巻下、岩波書店、一九四三年、初出一九二〇年。
（2）中田薫「賣買雑考」（注（1）前掲書、五一頁）。
（3）中田前掲注（2）論文、五一頁。
（4）同前。

(5) 小早川欣吾『日本担保法史序説』一九三三年。法政大学出版局、一九七五年再版。
(6) 相田二郎『日本の古文書』岩波書店、一九四九年。
(7) 石母田正『中世的世界の形成』(伊藤書店、一九四六年。のち岩波文庫、一九八五年)。
(8) 松本新八郎「名田経営の成立」(『中世社会の研究』東京大学出版会、一九五六年)。
(9) 稲垣泰彦「初期名田の構造」(稲垣泰彦・永原慶二編『中世の社会と経済』東京大学出版会、一九六一年。のち稲垣『日本中世社会史論』東京大学出版会、一九八四年)。
(10) おもなものを挙げれば黒川直則「十五・十六世紀の農民の問題」(『日本史研究』七一、一九六四年)、峰岸純夫「室町・戦国時代の階級構成――とくに「地主」を中心に――」(『歴史学研究』三一五、一九六六年。のち峰岸『日本中世の社会構成・階級と身分』校倉書房、二〇一〇年、一五六~一七八頁)、藤木久志「戦国期社会における中間層の動向」(『戦国社会史論』東京大学出版会、一九七四年)等。
(11) 安良城盛昭「太閤検地の歴史的前提」(『歴史学研究』一六三・一六四、一九五三年)、同「太閤検地の歴史的意義」(『歴史学研究』一六七、一九五三年)。いずれも安良城『日本封建社会成立史論』上、岩波書店、一九八一年、所収。
(12) 竹内理三編『土地制度史一』「体系日本史叢書六」山川出版社、一九七三年。
(13) 早島大祐「ものは戻るのか――中世の融通と徳政――」(中世後期研究会編『室町・戦国期研究を読みなおす』思文閣出版、二〇〇七年)。
(14) 山田渉「中世的土地所有と中世的所有権」(『一九八三年歴史学研究別冊特集』六四~七二頁)。
(15) 入間田宣夫「泰時の徳政」(『東北大学教養部紀要』三七、一九八二年。のち入間田『百姓申状と起請文の世界』東京大学出版会、一九八六年、所収)。
(16) 菅野文夫「本券と手継――中世前期における土地証文の性格――」(『日本史研究』二八四、一九八六年、一~三三頁)。
(17) 笠松宏至「本券なし」(『史学雑誌』八四―二、一九七五年。のち笠松『日本中世法史論』東京大学出版会、一九七九年、二六九~二八三頁、所収)。
(18) 田中稔「本券文を焼くこと」(田中『中世史料論考』吉川弘文館、一九九三年。初出は一九七〇年、所収)。
(19) 上杉和彦「中世の文書をめぐる意識と行動」(『遥かなる中世』一〇、一九八九年、四〇~四九頁。のち上杉『日本中

世法体系成立史論』校倉書房、一九九六年、所収）。

(20) 寶月圭吾「中世末期における土地支配関係について——大徳寺養徳院領の場合——」（一志茂樹先生還暦記念会編『地方研究論叢』一九五四年。のち寶月『中世の徳政と売券』吉川弘文館、一九九九年、所収）。

(21) 寶月圭吾「中世における売買と質」（『信濃』一八—八、一九六六年）、「本銭返売券の発生について」（森克己先生還暦記念会編『対外関係と社会経済』塙書房、一九六八年）。「醍醐寺行樹院澄恵売券とその背景——「誘取売券」を中心として——」（『醍醐寺文化財研究所研究紀要』三、一九八一年）。いずれも寶月前掲注(20)『中世の徳政と売券』所収。

(22) 菅野文夫「中世における土地売買と質契約」（『史学雑誌』九三—九、一九八四年、四三〜六七頁）。

(23) 石井進「社会史の課題」（『歴史意識の現在』「岩波講座日本通史別巻一」岩波書店、一九九五年）。

(24) 石井進「「史料論」まえがき」（『岩波講座日本歴史』二五、岩波書店、一九七六年）。

(25) 網野善彦『無縁・公界・楽』平凡社、一九七八年。同（増補版）平凡社、一九八七年。

(26) 『負担と贈与』「日本の社会史四」岩波書店、一九八六年。中世関係論文に峰岸純夫「年貢・公事と有徳銭」、小田雄三「古代中世の出挙」、笠松宏至「中世の安堵」、筧雅博「饗応と賄」、戸田芳実「初期中世武士の職能と諸役」がある。

(27) 拙稿①「長楽寺救済運動と売寄進」（『年報三田中世史研究』三、一九九六年。本論文第二部第五章）、②「売寄進状の一形態——買得即時寄進型売寄進の意味——」（『古文書研究』四四・四五合併号、一九九七年。本論文第二部第四章）。西谷正浩「売寄進について」（『福岡大学人文論叢』二八—四、一九九七年）。長谷川裕子「畿内周辺における売寄進状の諸形態」（福田栄次郎編『中世　史料採訪記——史料論の展開と史料調査の旅』ぺりかん社、一九九八年、一六五〜八三頁）。辰田芳雄「納所乗珎の寄進状について」（『東寺文書にみる中世社会』東京堂出版、一九九九年。のち辰田『中世東寺領荘園の支配と在地』校倉書房、二〇〇三年、所収）、同「備前本蓮寺文書にみえる売寄進について」（『岡山朝日研究紀要』二二、二〇〇一年、一〜一四頁）など。

(28) 菅野文夫「執筆・請人・口入人」（『国史談話会雑誌』三七、一九九七年、四二〜五八頁）。

(29) 笠松宏至「契約の世界」（笠松『中世人との対話』東京大学出版会、一九九七年）。なお、狭義の契約については「契状」として区別する。

(30) 関係論文は数多いため、おもなものを掲げる。研究史については両書参照のこと。伊藤俊一「中世後期の土地所有」

（渡辺尚志・五味文彦編『土地所有史』「新体系日本史三」山川出版社、二〇〇二年）、西谷正浩「中世後期における下級土地所有の特質と変遷」（渡辺尚志・長谷川裕子編『中世・近世土地所有史の再構築』青木書店、二〇〇四年）など。

（31）例えば西谷地晴美・飯沼賢司「中世的土地所有の形成と環境」（前掲注（30）『土地所有史』）。西谷地『日本中世の気候変動と土地所有』（校倉書房、二〇一二年）。

（32）長谷川裕子「売買・貸借にみる土豪の融通と土地所有」（前掲注（30）『中世・近世土地所有史の再構築』）。のち長谷川『中近世移行期における村の生存と土豪』校倉書房、二〇〇九年、所収。以下、長谷川『生存と土豪』と略記）など。

（33）笠松宏至「仏物・僧物・人物」（『思想』六七〇、一九八〇年。のち笠松『法と言葉の中世史』平凡社、一九八四年。平凡社ライブラリー版、一九九三年、所収）。

（34）湯浅治久「日本中世の在地社会における寄進行為と諸階層」（『歴史学研究』七三七、二〇〇〇年）。同「日本中世社会と寄進行為――贈与・神仏・共同体――」（『歴史学研究』八三三、二〇〇七年）。

（35）阿諏訪青美「寄進契約からみる中世寺院――「一期後寄進」・「貸寄進」の解明を通して――」（『歴史学研究』七六七、二〇〇二年、一～一四頁。のち阿諏訪『中世庶民信仰経済の研究』校倉書房、二〇〇四年、所収）。

（36）井原今朝男「中世借用状の成立と質券之法――中世債務史の一考察――」（『史学雑誌』一一一―一、二〇〇一年、一～三七頁。のち井原『日本中世債務史の研究』東京大学出版会、二〇一一年）など。

（37）早島前掲注（13）論文、二六九～二九四頁。

（38）井原今朝男「中世請取状と貸借関係」（『史学雑誌』一一三―二、二〇〇四年）、「日本中世の利息制限法と借書の時効法」（『歴史学研究』八一二、二〇〇六年）。いずれも井原前掲注（36）『日本中世債務史の研究』所収。桜井英治『贈与の歴史学――儀礼と経済のあいだ――』（中公新書、二〇一一年）。

（39）笠松前掲注（29）論文。

（40）同前。

（41）小早川注（5）前掲書。一九七五年再版、一四四頁。また「近世に入っても後述する様に債務者が証書作成の義務を一方的に負担し、多くの場合債権者は此れに対して証文を作成しなかった」（同書、一七九頁注（2））と述べるように一方向の文書作成を念頭に置いている。

(42)　長野県立歴史館では、寶月圭吾の生前筆写した資料が東京大学勝俣鎮夫研究室（当時）より寄贈され、整理された後、「寶月圭吾研究資料」として公開されている。これらを見ると寶月の関心の所在がうかがえる。寶月は売買（貸借）を伴う契約文書を、売券を中心に、古代的売券、質券・貸借、本銭返、年季売、売寄進・売譲、誘取売券、紛失状、預り状、祠堂銭、人身売券と分類している。

(43)　寶月圭吾「預け状についての一考察」（『白山史学』一四、一九六八年。のち寶月前掲注(20)『中世の徳政と売券』所収）。

(44)　一九八三年度歴史学研究会中世史部会テーマ「中世における身分と所有」における全体討論中の発言（『歴史学研究別冊特集』一九八三年）。なお、単独でなく複数の文書がセットとなって本来の機能を果たす文書について井原が言及している。例えば、押書が売券に副状として添付された連券であることから、「もの」の移動を実現するために副えられることで機能したと推定する（「中世契約状における乞索文・圧状と押書」、井原前掲注(36)『日本中世債務史の研究』所収）。本書では売寄進など複数の文書がセットとなり一つの機能を完結させる文書群を、従来の「複合文書」と区別するため「複合して機能する文書」と規定する。後述するように、同日付売券・寄進状をセットとしてみなければ、全体の契約行為を理解できない。また、売買行為において売券とともに契約の場で作成される買券や、貸借行為で作成される貸券などの返り証文も、契約行為全体のなかでセットで作成されるものとして理解すべきだからである。なお一般に「複合文書」と称されるものは「外題・証判付きの文書」「書状の名充人がその書状に返事を書き込んで返送したもの」「差出者の意思内容だけでなく相手方の対応を盛り込んだもの」と分類され、一通の中に複数の機能が複合した文書である（佐藤進一『新版　古文書学入門』法政大学出版局、一九九七年、一八五頁など）。

(45)　須磨千穎「美濃立政寺文書について――売寄進管見――」（『史学雑誌』七八―六、一九六七年。のち須磨『荘園の在地構造と経営』吉川弘文館、二〇〇五年、所収）。

(46)　西谷前掲注(27)論文。

(47)　長谷川前掲注(27)論文。

(48)　辰田前掲注(27)論文。

(49)　河音能平「日本中世前期の官司・権門における文書群の保管と廃棄の原則について」（『古文書研究』三二、一九九〇年）。同「日本前期中世（十一世紀～十六世紀）における文書の機能と伝来の諸形態」（『歴史科学』一〇八、一九八七年）。いずれも河音『世界史のなかの中世文書』文理閣、一九九六年、所収。

(50) 松井輝昭「古代・中世における文書の管理と保存」（安藤正人・青山英幸編『記録史料の管理と文書館』北海道大学図書刊行会、一九九六年）。

(51) 高橋一樹「日本中世の国家機構における文書の作成・保存と廃棄」（国文学研究資料館アーカイブズ研究系編『中近世アーカイブズの多国間比較』岩田書院、二〇〇九年、一五～二八頁）。

(52) 西岡芳文「史料保存の歴史と現状」（松尾正人編『史料保存と文書館』「今日の古文書学一二」雄山閣、二〇〇〇年）。

(53) 山陰加春夫「日本中世における文書・帳簿群の保管と機能」（河音能平編『中世文書論の視座』東京堂出版、一九九六年）。

(54) 網野善彦『中世東寺と東寺領荘園』東京大学出版会、一九七八年。

(55) 黒川直則「中世東寺における文書の管理と保存」（前掲注(50)『記録史料の管理と文書館』）。

(56) 上島有『東寺・東寺文書の研究』思文閣出版、一九九八年。

(57) 橋本初子『東寺文書にみる中世社会』東京堂出版、一九九九年。

(58) 富澤清人「東大寺領水無瀬荘と荘民」（『史学』四七―一・二、一九七五年。のち富澤『中世荘園と検注』吉川弘文館、一九九六年、所収）。

(59) 村石正行「信濃高僧名僧列伝――中世編――」（『須高』六七、二〇〇八年）。

第一部

中世の契約と文書の作成

第一章　売買における双方向の契約文書

はじめに

『鎌倉遺文』完結に続き『南北朝遺文』『戦国遺文』などをはじめとする編年史料集の刊行や、平成の大合併に伴う自治体史の刊行、あるいは各種データベースの活用促進等によって、中世史研究者は活字史料をこれまで以上に容易に利用することができるようになった。そして研究が進展し水準も飛躍的に高まった分野も数多い。史料が活字で利用できるいっぽうで、原史料との対比をなお一層慎重に期すべきことがあらためて問われていることは言うまでもない。

活字となった史料を注意深く観察すると、例えば売券として分類されているもののなかに、「仍買券如レ件」（傍点筆者）というような書止文言でしめくくられている文書があることに気がつく。そしてその多くに翻刻者によって「買券《（ママ）》」と補注されていたり、意味上から判断して「買《（賣カ）》券」と注され、文書作成者の誤記と判断されている場合もある。

しかし、後世の写の場合は措くとして、財産移転に関わる権利証文である「売券」を「買券」と誤記することはあり得るのだろうか。つまり、「売」と「買」は、近代的なわれわれの意識では、それらは当事者間にとって対概念でありまったく逆の行為を指していることになり、意味が異なってしまうと思われるからである。実際、原本の誤記や翻刻上の誤植もないわけではないが、あらためて売券を読み直すと、これまで等閑視されてきた「買券」「買文」「買取状」といった文書に行き当たることが少なからずある（以下、引用史料などを除き「買券」と統一）。本章では、中世の契約関係を検討する事例として「買券」を抽出し、作成された背景をその用例から考察し、売買契約文書のなかにそれらを位置づけることを第一の目的とする。

なお、権利関係の移転に関わる文書について、本書では序章で述べたように広義の意味で「契約文書」と称する。「契約」が「民事的行為の総称」であるからである。(1)「契約」が甲乙双方の合意と実行によってなされるものであるとすれば、笠松宏至が述べるように、当事者双方の間で「文書の交換」があったであろうとする推定は検討すべき仮説であろう。(2)残念ながら、伝来する史料の偏りによりこの事実を実証することは難しいが、残された史料からこの仮説を検証する作業は、中世における契約の様相を明らかにするうえでも意義があることだろう。

本章の第二の目的は、中世における契約文書の作成の一事例として、売買契約における売券と買券のあり方を提示し、中世的契約について見通しを述べることである。

序章で概観したように、一九九〇年代以降、中世的なる契約行為の特異性を洗い出す作業が活発に進められ、重要な成果が次々と明らかにされてきた。早島大祐は、中世的な無券文的売買の世界のなかでおこなわれていた地域内の融通が、十五世紀以降にはこれに収まりきれなくなり、券文を作成させることによっておこなわれるようになったと指摘した。(3)そのなかで早島は「契約を結ぶ際の銭主と借主、買得者と売却者の関係といった、見えにくくも大きな裾野が広がって」おり、「残された文書は当時の社会を知るための一端に過ぎない」と強調している。売券なら売券のみを引き離して問題にして様式を分析するのではなく、売買契約全体のなかで文書がどのように機能していたかという観点を提示することが重要と考える。(4)

一　古代的売買券から中世的売券への転換

中世売券の検討の前に、古代売券の形式をあらためて検討し、その特徴を確認しておきたい。

一般的に、平安時代の土地売買に関しては、売買両人の当事者間では売買関係は完結しなかったことがすでに指摘されている。(5) 初期の典型的な例を見てみよう。

【史料A】「大和国添上郡郡司解」(6)

(端裏書)「春日墾田券〈一枚目券文　二枚田□訴申〉仍奉一番□」

添上郡郡司解　申㆓売買㆒家立券文事

家壹区地肆段伯歩段伯歩(ママ)〈東限稲城王家中垣　南限中道　西限大春日朝臣難波麻呂家中垣　北佰姓口分田陌〉

在物　檜皮葺板敷屋二宇〈各四間在東庇〉　草葺椋一宇

板屋三宇〈二各五間　一三間屋形屋〉　門屋一基　在部下春日郷

右、得㆓右京六条三坊戸主従七位上勲八等尋来津首月足解状㆒偁、己家充㆓価直銭壱拾貫文㆒売㆓与左京五条一坊戸主正六位上小治田朝臣豊人戸口同姓福麻呂㆒已畢、望請、欲㆓依㆑式立券㆒者、郡依㆓辞状㆒勘問知実、仍勒㆓売買両人署名㆒、申送如㆑件、以解、

延暦七年十二月廿三日

売人散位寮散位従七位上勲八等尋来津首「月足」

相売男兵部位子無位尋来津首「倭麻呂」

買人小治田朝臣「福麻呂」

相知丹波国守従五位下「浅井王」

内堅無位「稲城王」

無位「並城王」

郷長日置造「人主」

刀禰左大舎人正七位上若桜部朝臣「広門」

右大舎人正七位下大春日朝臣「清嗣」

右兵衛従七位上江野臣「老麻呂」

右大舎人従八位上大春日朝臣「難波麻呂」

擬少領正八位下八嶋「家長」　擬主政従七位上巫部連「広之」

国判立券三通　一通留国　一通置郡　一通給今□（買）主料

延暦八年二月四日　正六位上行大目土師宿禰

従五位下行介高倉朝臣「殿嗣」　従五位下行少掾平羣朝臣「国人」

延暦七年（七八八）添上郡尋来津首月足が、四段一〇〇歩の家地を小治田福麻呂に銭一〇貫文で売却するため、この件を解状をもって部下春日郷の郷長へ申請した。郷長はこの売買について添上郡郡司に辞状で報告し、これを受け郡司はこの売買関係について「勘問知実」し、虚偽のないことを覆勘している。そしてこれが有効であると判断されれば、郡司は在地の有力者である刀禰や郡衙の少領などの役人たちに署判をさせ、あらたに国衙への解状を作成させたのである。こうした手続きが完了したのが十二月二十三日である。さらに、国衙では国司がこれを認可し、国衙役人がこれに署名を加えている。券文は三通作成され、証明となる大和国印が印付された。翌年二月四日であった。一通は国衙に、一通は郡衙に、そして残る一通が買主料として買主の許に下され、初めてこの売買が公的な正当性を得たことになる。

このように、初期の売買関係は、実質的には個人間の土地所有権の移動であるが、文書形態からみると、在地の所管者である郡司・郷司らからの解状という形をとった公的な上申文書であったことは明らかである。

同時期の売買公証文もほぼ同様の形態を有している。例えば、「近江国大国郷郷長解」では、売買関係の正当性を審査するために、「喚二証人等一勘問」した。彼らの「所レ申有レ実」るため、売買人の署名とともに、証人の署名も付帯された[7]。証人は保証人とも記され[8]、刀禰や保長、保司、保戸主など在地の郷長以下の有力者が署名している。当時こういった在地の相互の見知構造が、売買保証システムとして貫徹していたのである[9]。

したがって古代売券には「売買両人」が在地有力者とともに連署名していることが大きな特徴であり、売買行為を「見知」する保証人集団である第三者を含めた社会構造があったことがうかがい知れる。

これを受け、続いて中世における売券作成の状況について見ることとしよう。言うまでもなく売却行為の主体は、原則として移動物件の所有者である。宛所は買主である。したがって、売却者が文面を作成し、買主へ売券を差し出すことになる。例えば「今堀日吉神社文書」の中世売券で「要用あって今すぐにでも売りたいが、買ってくれる人がいない」状況が反映している文書があり、その文書には本来記入してあるべき「買主」の名前が空欄になっている[10]。これなども、基本的には売券が売主の作成したものの表れであるといえる。

実際の売券作成場面では、とくに鎌倉時代後期以降、買主の思惑が反映されていく。例えば、売券に「万一天下一同御徳政有といへとも、この地においては違乱あるまじく候」などと徳政忌避文言が挿入されてくることはよく知られている。さらには、違背した者については「罪科に処す」べき旨を記したり（罪科文言）、債務者の違背に伴う際に本銭を二倍にして弁済するように担保をつけたりするようになる（違乱忌避文言）。十四世紀からは在地裁判に付すとする公方罪科文言を明記する例が増えてくる。これらの違乱忌避文言は、まさしく、買主の意志が売券に書き記された形跡であることは先学の指摘の通りである[11]。

このように、売買人双方の契約交渉のなかで売券が作成されることを、あらためてここで確認した。なかにはこの契約の有効性を確認するために、第三者の証人を券文作成時に同席させ、一緒に署判を加えることもあった。売券に多用される「売渡申事、在地明白也」という常套文言も、「在地においては、この契約を、口頭で明らかにするため触れ申したので、皆が知っていることである」ということを音声で告知するものである。売券に限らず、契約を伴ったり堺相論など利害をともにする相手がいる場合などは、このように第三者を介して証人を据えている。このような在地における見知システムの上に成り立つ中世売券の形は、【史料A】で見た古代売券における相互承認をおこなう売券の形式を受け継いでいるといえる。

次の二つの史料は、社会的な認知機能として売買両人が確認しこれを第三者が確認する古代的なシステムが残存している例である。

【史料B】「在原広綱田地売券」[12]

(異筆)
「田地直米如レ数請取畢、請使藤井貞安（花押）」

謹辞　申二売買一田地新券文事

　合水田壹段者

　四至 限レ東際目　限レ南畔　限レ西畔　限レ北際畔

　在大和国城下郡東郷十五条二里十五坪之内西畔本

右、件田地元者、在原広綱相伝所領也、而今依レ有二要用一、限二直米拾壱斛一、於二内舎人藤原親清一永年常地売渡事既畢、仍為二後代証験一、注二売買両人署名一、相二副本公験一、放二新券文一之状如レ件、

　建久三年十二月廿一日

売人内舎人在原（花押）

買人内舎人藤原

【史料B】は建久三年（一一九二）在原広綱が相伝所領を直米一一石で藤原親清に永代売却したものである。辞状様式で上申文書の形をとっている点で前代の形態を踏襲している。その際「売買両人の署名を注し」売券を作成し買主へ渡す旨が記されている。さらに直米を受け取る請使がおり文書袖に追筆している。この請使が買主とどのような関係にあるかはここからは判然としない。同じく大和国で十市郡の家地を、出雲貞清が平姉子に売却した際も「後代証験、売買両人署名を勒し」て、券文を放っている。その際に僧為勝が請使として直米を受け取っている。(13) 鎌倉期にあっても「売買両人の署名を注」して公験としたこと、さらに代価を受け取る第三者の請使が存在していることが見て取れる。

また中世後期にも売買両名の名を注した例を認めることができる。

【史料C】「大野西垣内借屋二郎畠地売券」(14)

（端裏書）「大野西垣外二郎か畠之売見（券）」

永代売渡□（申）畠之事

合代銭弐貫百文者

右件之畠ハ、依二要用有一、谷口三郎二郎ニ永代売渡申所、実正明白也、但在所者中原、四至堺ハ、東ハ川限、南ハ道限、西ハ椋道限、北ハ小淵之長次郎殿之畠さいめ（際目）を限、長二郎殿の畠之中ニ茶木可レ有候、椋・茶木一円加様、永代限而、うり渡し申候うへハ、出方より違乱妨有間敷候、若しちかいめ（違目）候ハヽ、御山之はうニまかせ、一倍之沙汰可レ申、仍而永代売見之状、如レ件、

うり主大野西垣外之
其時之とり次中原二郎衛門尉殿

永正二年丁卯十月廿八日　借屋二郎（略押）

かいぬし中原之谷口三郎二郎

この史料は熊野本宮の膝下にある惣村耳打惣の庄官である中原氏に残された文書の一通である。永正四年（一五〇七）のこの契約では、売主側より違乱があれば「御山の法」すなわち熊野本宮の大法として本銭一倍返を特約する文言が記されているのは興味深い。ここに見える取次とは、菅野文夫の明らかにした「執筆人」や「請人」などと同様、売買を取り次ぎ、契約の場に同席しこれを承認する社会的機能を果たす存在であることは疑いがない(15)。また【史料D】のように売買双方の署名があるが、「買人」とだけあってあとの氏名花押が記されていないものが多数ある。売券は買主に対して送付される券文であり、買主が所持する券文にみずからの署名を必要としなかったからである。

二　「売券」を「買券」と称すること

前節では、「売買両人」が連署名し、第三者によってこれを保証していた売買契約の場について述べた。続いて、この節では買人と買券について論じたい。

「買券」については古文書学に関わる書籍をひもといてみても、触れられていない。

しかし注意深く史料を見ていくと、いくつか類例を挙げることができる。また史料の書止文言（「……買取状如レ件」「買券如レ件」など）をそのまま引用し、「買取状」「買券」というような文書名を付す史料集もある(16)。これらが中世において同時代に用いられていた語彙であることは疑いない。

いくつか類例を挙げてみることとしよう。

【史料D】「僧浄実・宗慶等土地処分状(17)」（図1）

（端裏書）「小検校

ナカミナミ」

宛行所分帳字中南垣内一処事

四至在者限レ南中溝、限レ西奥柿木〇（田尻）前黄（横）道
限レ東蔵岸、□（限）レ北谷

（裏書）「中南十人カイケム」

右件山地者、僧浄実但（ママ）先祖相伝地也、三郎子所二分
渡一実也、仍後日為二佐汰（ママ）一、放二券文一、不レ可レ有二他妨一
者也、

応保三年癸未歳三月一日

僧浄実（略押）
僧浄経（略押）
僧浄禅（略押）
僧覚実（略押）
日置大子
同中子

〈継目〉

（端裏書）「ナカミナミ」

謹辞宛行所分帳事

字中南垣内一所

四至在者限レ東蔵岸、限レ南中溝、
限レ西高木前黄（横）道、限レ北谷

（裏書）「中南九人（十人）カイケム」

右件垣内一所、僧宗慶先祖相伝地也、而僧宗祐所二分

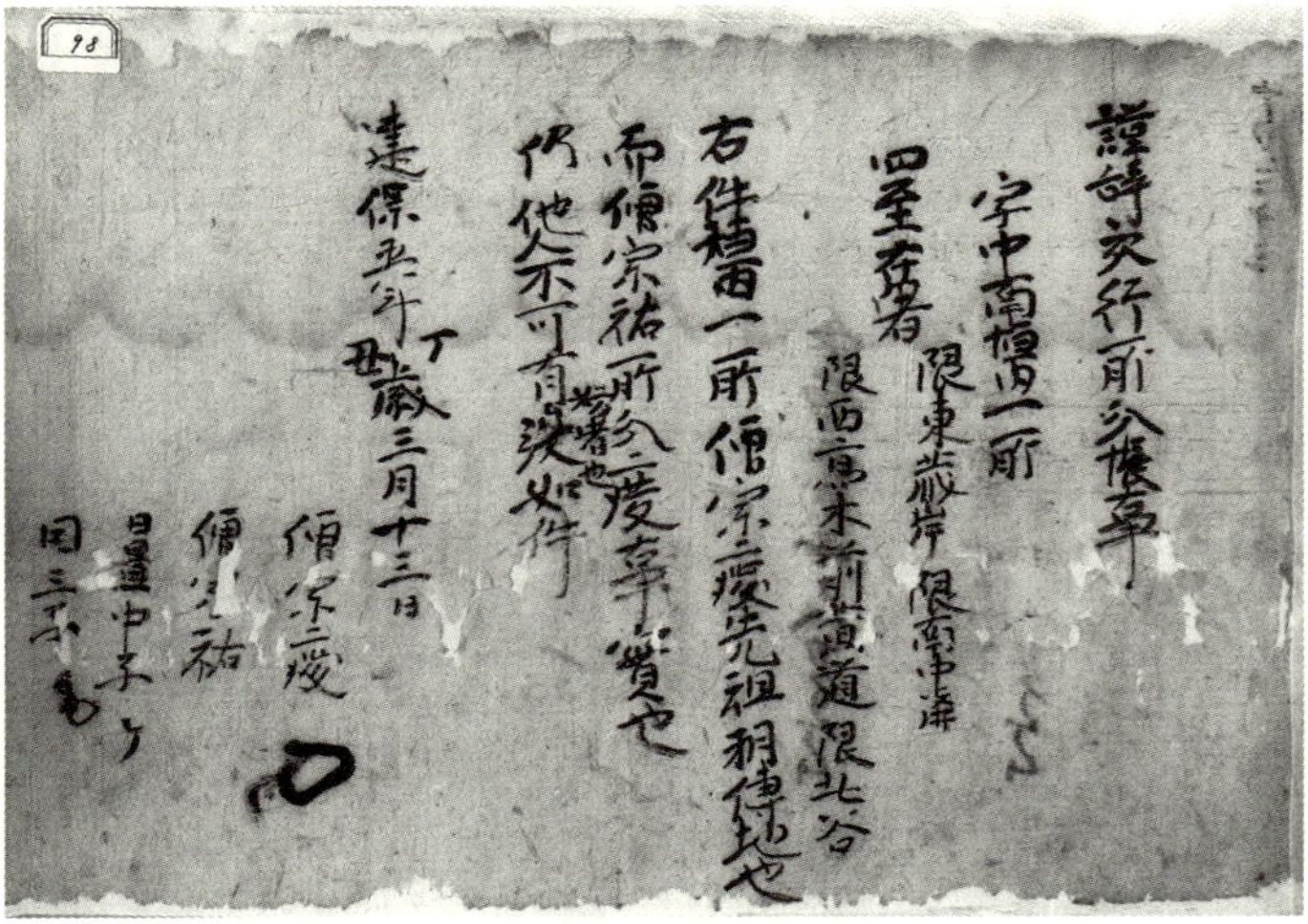

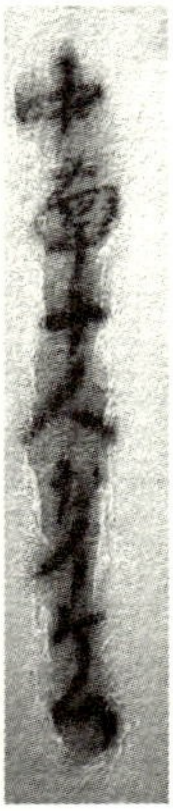

裏書

図１　僧浄実・宗慶等土地処分状（中南区有文書）

渡一事実也、仍他人不レ可レ有レ〇妨者也状如レ件、

建保五年丁丑歳三月十三日

僧宗慶（花押）

僧宗祐

日置中子（略押）

同三子（略押）

この文書は和歌山県伊都郡かつらぎ町中南区有文書として現在伝えられているが、もとは惣の社にあったもので、現在は地蔵寺に保管されている文書群である。[18]このうち【史料D】は中南垣内の僧等による処分状の連券で、現在は別々に裏打し画帖に仕立てられている。処分状の形態をとっているが、料紙裏書に「中南十人カイケム」と記されており、中南十人の住人による「買券」として理解されていたことになる。処分状は譲与や宛行だけでなく売買関係でも用いられた契約文書であることから、[19]この一連の処分状は売買関係を伴うものであったとみることができる。建保五年（一二一七）の処分状では「宗慶」が本主であり、この土地を入手（買得）したのが「宗祐」（買主）ということになる。そして、買主の署名はあるがその花押がない文書であり、前節でみた古代売券の形骸化したものとみることができる。[20]

売主と買主の相互の関係の文脈上、すなわち、いっぽうでみれば「売却」であり、いっぽうでみれば「買得」という、逆の行為を指しているようでありながら、契約関係の現象を視点を読み替えて呼称していることをうかがわせるのである。事実、買主が受け取った【史料D】は、売主にとっては売券であるが、宗祐の立場からみれば買取状であり買券である。同じく中南区有文書のなかには、「謹言（辞カ）　中売買　中南北垣土壱所」[21]と記された売券もある。中世初期まで比較的多く見えるこのような上申文書としての辞状形式の売買証文は、文字通り「売

買」という双方の契約行為を一通の文書のなかに記し上申の形をとったものといえるのではないか。

続いて【史料E】を見てみよう。

【史料E】「境原忠秀・忠次連署田畠等売券[22]」

「さかいはらのかいけん」《端裏書》

うりわたす

　きのくにいと《伊都郡》のこおりすた《隅田北荘》のきたのしやうの内さかいはら《境原村》のむらの事

右かのさいしよ《在所》ハ、せんそ《先祖》よりこのかたたい〳〵《代々》たうちきやう《当知行》そおい《相違》なき物なり、しかるにいまやう〳〵あるにより、ちきせん《直銭》五貫文ニさんりん・てんはく《山林・田畠》とう《等》こと〳〵く、ゑいたい《永代》すたのなかしま《隅田中島》と□□、うりわたす事しちなり、さらにたのいらんさ□たけあるへからさる物なり、かたく申さたむるうゑハ、てんかにもしいかやうのしん《新》御ハう《法》いてき《出来》たるとも、くいかへす《悔返》へからさる物なり、もしこ日《後》いらん《違乱》申ハ御さ□□わお申さたせらるへき物なり、よんてせんそ《先祖》さうてん《相伝》のし□□□とうこと〳〵くあいそへ《相副》わたし申候、たゝし此内四反はんのふんハ、よのしんニうり□□□、同てつき《手継》ありとかう《号》して、しんるい《親類》にても候へ、たにんにても候へ、いらん《違乱》おなし候ハ、ぬす人のさたお申御さたあるへし、よんて《仍》こにち《後日》にちせうもん《証文》の状、件《マヽ》事し、

　　ほうとく三年かのとのひつし十一月四日

　　　　　　　　とう五郎《境原忠次》（花押）

　　　　すたさかいはら「与二郎」《追筆》

　　　　　　　　忠秀（花押）

　この史料は、紀伊国隅田荘の葛原家に伝えられた文書で、宝徳三年（一四五一）境原氏が在所境原村の山林・田畠を直銭五貫文で隅田の中嶋氏に売り渡したものという、形状としては売券そのものである。しかし、この端裏書に「さかいはらのかいけん」と記されていることに注目したい。端裏書は、「本文要旨、日付などを書」き

記すことで本文を読まずとも内容に関する情報を得るために文書に付記するものである(23)。この文書の端裏書が記された時期および記入者は不明だが、「売券」を「かいけん」すなわち「買券」と呼称していることに、ここでは注意したい。この連券によると境原忠次・忠秀から中嶋正秀が買い取り翌日葛原氏へ売却していることがわかるが、正秀の売券の端裏書にも「さかいはらのかいけん」と記入されていることから(24)、おそらく端裏書は最終的な文書所有者である買主側の葛原氏が書き入れたものと推測されるのである。土地を買得した際に入手した売券を買主が買券と称する事例は散見される。

【史料F】「開孫四郎田地売寄進状(25)」

（端裏書）
「開方之畠買券」

奉二寄進一　西多田村開屋敷畠之事

合一反者　在所　本券文有也

右件畠者、開孫四郎先祖雖レ為二私領一、依レ有二要用一、代米参石仁多田院真珠御坊へ限二永代一、売渡奉二寄進一申所実正也、本券相副進上者、他人不レ可レ有二違乱一者也、若子孫異儀及者、本米返付可レ申候者也、年貢者高斗代成候、三斗政所へ御納候へく候、其外万雑公事無レ是、仍末代御寺領、寄進状如レ件、

応永廿九年壬寅十一月三日

開孫四郎（花押）

【史料F】は、寄進状の形をとっているが、応永二十九年（一四二二）開孫四郎が多田院真珠坊へ畠地を売却したとあるので、一種の売寄進状であるといえる。実態は売買関係であり、買主の真珠坊が端裏書に「買券」と記したのは、あくまでも買い取った買主側の視点である。売券の端裏書にはしばしば「与太末友カ手ヨリ買レ之(26)」と書かれたり、所有する文書の書き上げである文書目録等に所有者が「自二僧□常之手一所二買取一文書壹通」「自二清原三子之手一所レ買文書壹通(27)」などと記す事例も、売主の行為を買主の立場で読み替えたものである（傍線筆者）。

【史料G】「近江奥嶋荘村人置文[28]」

定置　大嶋大座修理田事

合壹段　此内半者津田村人分也、

在近江国蒲生下郡奥津嶋御庄内

字上水代西縄本参段目也、

右、件修理田者、両庄大座村人中、中庄自二字紀太郎手一買取天、加二借屋修理一也、而壹段買券お両村人書分テ、座衆中預置候処、嶋分お引失之間、為二向後亀鏡一所二書改一也、若千万一称レ有二本証文一雖レ致二違乱一、更不レ可レ被二信用一者也、仍置文如レ件、

嘉暦元年丙辰五月二十三日

西念　青蓮　道円

道信　乗念

津田村人、為二向後証拠一署判、

錦守末　大中臣宗房

嘉暦元年（一三二六）のこの史料は近江国大島神社の修理料田一段の売買に際して惣住人らが書き残した置文である。中之荘の紀太郎から大島神社の宮座の構成員の奥津島荘・津田荘の住人が買得し、仮屋の修理をおこなう料田としたのである。そして両荘の住人が一段の買券をそれぞれ作成し宮座に預け置いたが、奥津荘の買券を失ったので、あらためて書き直した、というのである。買主である二者の権利証文を書き分けた「買券」は、紀太郎から買い取った「売券」を買主側の視点で呼称したものであろう。預置は所職の臨時的な給付という意味合い[29]のほか、諸物件の権利保全のための避難の意味合い[30]がある。この場合、本来は買主が所持する文書を、神社の

宮座が預かったものと考えられる。

以上見てきたように、一般に売券と称しているものを、買主が買券と読み替えて称することがおこなわれていたことがうかがえる。このことは「買券」の名称が中世における語彙としても広がりを見せていたものといってよいだろう。

三　売買契約の場における売主・買主

それでは、買券とは、売券を単に読み替えた呼称と定義してよいのだろうか。この疑問を解くために、売券のなかにおける「買主」の表記に注目し、売買関係における売主・買主の関係に検討を加えたい。

【史料H】「春暁院水田売券」(31)

（異筆）「田直米如レ員請取畢、

請使秦国友（花押）」

沽却　水田事

合壹段者字細井本奉寄進上宮王院畢、南畔本

在平群郡十条八里卅四坪之内

四至限レ東畔　限レ南畔　限レ西畔　限レ北際目　負所法隆寺上宮王院一夜庄厳免也

右、件田元者、僧春暁院之先祖相伝領掌地也、而今依レ有二要用一、限二直米伍斛一、永年僧慶信院毀二本券面一売渡畢、仍為二後代沙汰一、放二新券文一如レ件、

建永元年十一月廿九日

売人僧（花押）

買人僧

【史料H】は建永元年（一二〇六）僧春暁院が相伝の水田を永代売した文書である。おそらく類地があり手継証文である本券を手放すことができなかったため、文書の面を毀ち、別途あらたな売券を作成して買主へ渡付し売買契約を成したことになる。この際に売主・買主ともに表記はあるが買主の花押はない。新券文としてこの文書が売主から買主へ渡付された文書であり、買主は花押を据えなかったものと考えられる。おそらく、一段の水田が官物免田となっており、その負所分を法隆寺上宮王院へ得分寄進するという内容の契約をしていた。この得分をあらためて五石で春暁院が慶信院へ売り渡したのである。

【史料I―1】「源熊勝田地売券」(32)

（端裏書）「みそはさみ」
（異筆）「直米如レ員慥以請取納了、
　　　　請使源（花押）」

沽却　田地新放券文事
　　合壱段者
　在大和国城下郡東拾捌条壹里拾伍坪内自東二長也
　四至限レ東際目　限レ南畔　限レ西際目　限レ北畔
右、件田地者、源熊勝之先祖相伝之私領也、而今依レ有二要用一、宛二限直米陸斛一、相二副本公験一、沽二却藤原長寿一渡事既了、但於二念西之処分帳幷手継本公験等一者、其面令レ毀二破之一畢、仍為二後代之証験一、勒二売買両人署名一、放二新券文一之状如レ件、
　　　承久二年四月十九日
　　　　　　　　　　　　売人源（花押）（裏書）「熊勝」
　　　　　　　　　　　買人藤原　　　　（裏書）「栄弘之」

【史料Ⅰ-1】も同様で、売買にあたって熊勝は、相伝私領の権利証文である処分帳・手継証文等の本券を副進せず手元に残したまま、売買両人の署名を記し新放券として承久二年（一二二〇）に売券を作成した事例である。類地があるために面を毀した上で本券を手元に残しておかねばならない事情が推察されるであろう。

この事例と逆の場合もある。

【史料Ⅰ-2】「橘次郎丸売券(33)」

沽却　私領田地新券文事

合弐段者

在(大和国)右京六条壹坊四坪南大路辻合

四至幷条里坪付在本券面

右、件水田元者、橘次郎丸先祖相伝所領也、而今□存世時、依レ為二子息一、橘中子処分□、雖レ然依レ有二要用一、限二直米本斗定貳拾石一、相二副本公験等一、文屋七郎丸沽却、仍為二後代証文一、放二新券文一之状如レ件、

承久参年十二月廿二日

売人橘

買人文屋（花押）

【史料Ⅰ-3】「三明宗弘田地売券(34)」

(端裏書)「タシリ山田本券」

謹辞中進売渡田地立券文事

合壹段者在紀伊国伊都郡字山田村、田尻

四至 限レ東類地　限レ南溝
限レ西得一作　限レ北類(地脱カ)

右、件田地、元者三明宗弘先祖相伝私領也、而今依レ有二要用一、宛二直能米参斛一、限二永代一、僧幸珍房売渡事既

畢、仍為二後日之沙汰一、放券文之状如レ件、

延応元年己亥三月　日

売人三明宗弘

買人僧（花押）

【史料I-2】は、橘中子が田地二段を文屋七郎丸に売り渡したことを示す券文である。この場合、代々の本公験も添付したうえで七郎丸に売却している。文書は「売人」・「買人」の連名であるが、買人（買主）だけ花押を据えて新券が作成されている。買主のみの署判という、これまで見てきた売券の様式と異なるこの文書は、おそらく買主の手元に残ったものではなく、何らかの必要があり売主の手元にもたらされた文書であると考えられる。その場合、この文書は売主の要請でつくられたものと判断される。土地の一部を売却したとはいえ、類地が依然として手元に留保されている売主橘中子は引き続き土地所有者でもある。中子はこの【史料I-2】の券文を得ることにより、土地所有の権利証文としたのではなかろうか。とすればこの証文は、笠松が醍醐寺文書で検証したように、売買両人の契約交渉の過程で作成されたものであり、そして売主に宛てて発給されたものと考えられる。現在は残されていないが、売主から買主に渡った売券も同時に作成されたことが想定される。【史料I-3】も買主の花押を据えた立券文で、同様の文書作成過程をたどって作成されたと推察される。

また売主・買主両者の署判のある文書もある。

【史料J】「関浦ノ中務畠地売券」(35)

（端裏書）「せき助兵衛よりかい（買）候、又宗能かい申候」

永代うりわたし申候畠事

在所天神西地類也

よう〳〵あるにより、永代五百文ニうりわたし申候処実也、公事ハ執行へ毎年十五文つゝなし申候、其外に

ハまんさうくしなく候、然上ハ親類他人いらん申者あるましく候、仍沽券の状如レ件、

大永四年十二月廿九日

せきのうら
中務（花押）

本蓮寺へまいる

本□（行カ）坊より宗能かい申候（花押）

この史料は備前本蓮寺文書のうちの一通で、大永四年（一五二四）関浦中務が畠地を売却した際の売券である。端裏書には「かい候」とあり、買得者側からみて「買券」と意識されていたことがうかがえる。また文書の奥には「宗能かい申候」とあり、おそらく売券作成時に買主が書き込んだものであろうから、売買両者による契約の場において共同で作成したものであり、いわば売買契約全体を包摂した、一通で「複合文書」として機能している文書であることがうかがえる。

このように売買契約のなかで、売主だけでなく、買主が文書を作成した、もしくは買主から売主に対して作成された文書が残されていることがわかる。しかしそのいずれも売券の形態をもつもので、買主が署判しているところに特徴がある。これらは鎌倉後期ごろまで比較的見ることができる。「売買両人の署名を注」するこうした形態は、在地における社会的な土地売買承認システムとでもいうべき「古代的売券」の系譜につながるものと考えられる。そのなかで買主が所持する「売券」だけでなく、売主にとっても券文を必要とする場面が生じるようになり、券文が作成されたと推測される。

四　買主を主体とした文書の作成

日下に売買両人の署名をする売券に対し、中世後期には、売券とは異なる形式の私文書がしばしば散見される

ようになる。形式的な特徴を挙げると次の通りである。まず、買主が第一人称となっているもので、物件を「買取」ことを本文で明記したもの、また事書や書止の文言が「買申」、あるいは「買申処如レ件」などと記されており売券とは言い難い、というものである。筆者はこれらの特徴をもった「契約文書」こそが、「買券」と称すべきものではないかと考えるのである。そこで、煩雑であるがいくつか例を挙げて検証してみたい。

【史料K】「善助買券案」(36)（図2）

（端裏書）「永代文書状」
永代ニかい（買）申候、さいや之事
合而銭しろ（代）ハ三百文也、
見ゝ内惣中より、なかくかい申実正也、此上ハ何方
より、い□□□されましく候物（者）也、若徳政行候共、
これハ行申ましく候、仍後日之状、如レ件
天正十四《ひのへ》年《いぬ》七月吉日
かい主善助

耳打は熊野本宮の周辺に点在する山間小惣村である。

【史料K】は戦国期に周辺山林や畠などの土地集積をおこなっている中原氏に伝わる文書のうちの一通で、天正十四年（一五八六）善助が菜野を三〇〇文で熊野耳打惣中より永代買い取ったという文書の案文である。事実書が「買申」で始まり、買主の署名で終わっている。中原家文書は、直接中原氏宛の文書だけでなく、過去の売買

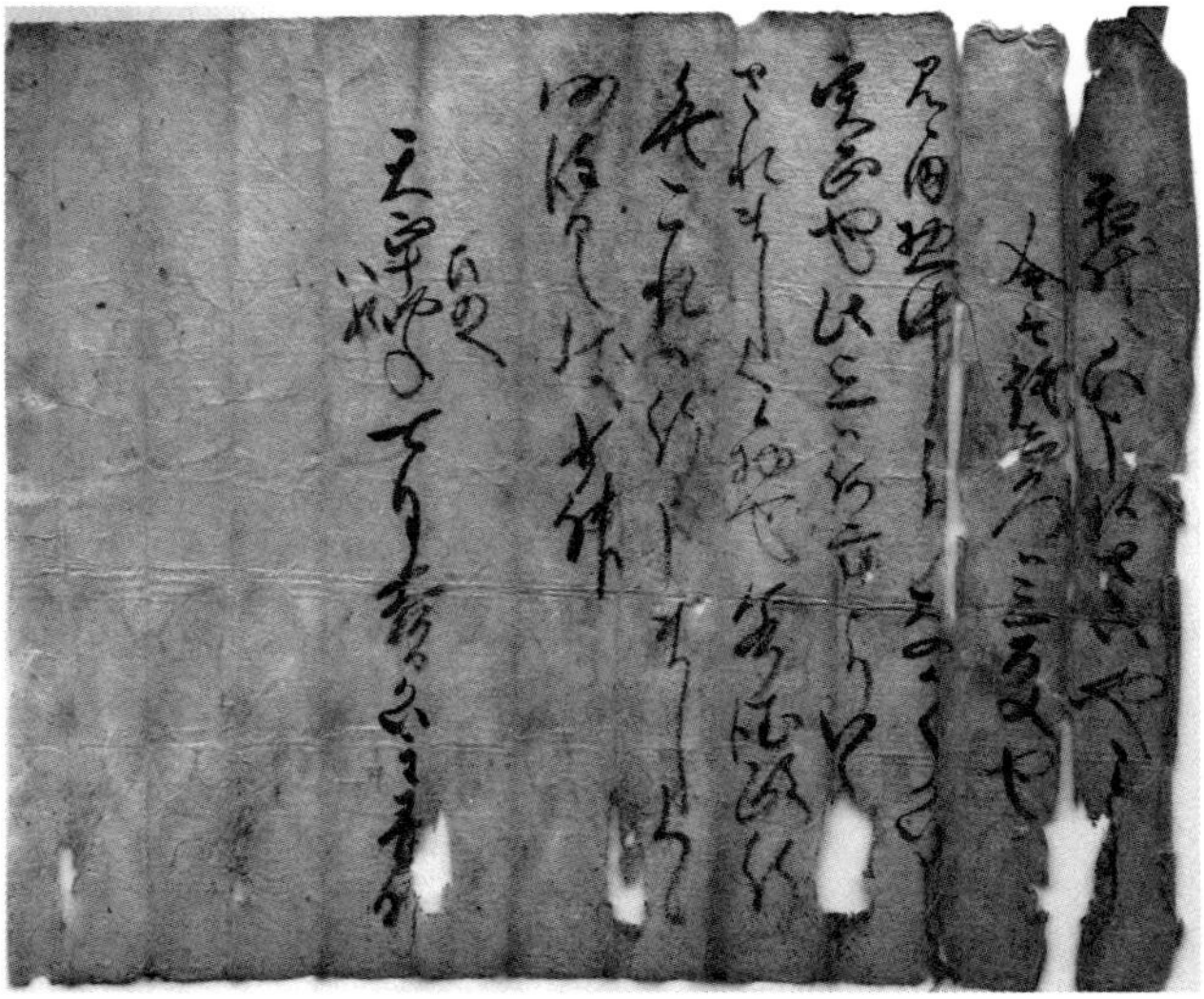
図2　善助買券案（中原家文書）

証文や案文が伝来している。次の史料のように、「上之番之惣中」「坂本原惣中」など小惣村が売買関係での売主になっているものもある。

【史料L】「上之番之惣中畠地売渡状案（前欠）」(37)

（前欠）

合米六斗者

右件之地者、□□□畠弐升蒔之所□にあれ畠三町さ井申候、依レ有二要用一、永買取申処実正也、縦天下一同之徳政行候共、此地におき候て、已（違）乱さまたけ有間敷候、仍而永地之状、如レ件、

買主むかひ之藤四郎殿

売主上之番之惣中

時于大永弐年壬午四月三日書レ之

【史料L】は売買関係においては売主「上之番之惣中」、買主「むかひ之藤四郎」である。文書は「買取申」とあるように、藤四郎が惣中より買い取った買券の案文である。

【史料M】「足立守家年季作田買券」(38)（図3）

買申一年作田之事

合貳段半者此内弐段者天福寺分半者常住方也

右為二一年作子年一作一代銭壱貫貳百五十文ニ買申処、如レ件

大永八年戊子五月一日　足立十郎右衛門

守家（花押）

妙興寺　納所

御両所

棟蔵主

【史料M】は尾張国妙興寺文書の一通で、大永八年（一五二八）一段半の一年作職の売買を妙興寺と足立守家との間でおこなった際の券文である。買主守家が寺へ宛てた竪切紙の券文で、これもまた文言より買券といえよう。作職は土地所有者がみずからの土地耕作権を作人に請け負わせるなかで生まれ、中世後期には得分権として広く売買対象となってくることが知られている。作職の給付と請人の契約関係については、次章で預状を事例に考察するが(39)、行論の都合でその概略を述べれば、所職の臨時給付の際に発せられる「預け状」に対し、宛所である請人が「預り状」を作成し給付者に送付することがあること、「預状」が所領給付のなかで双方で交わされる文書であることを推定している。

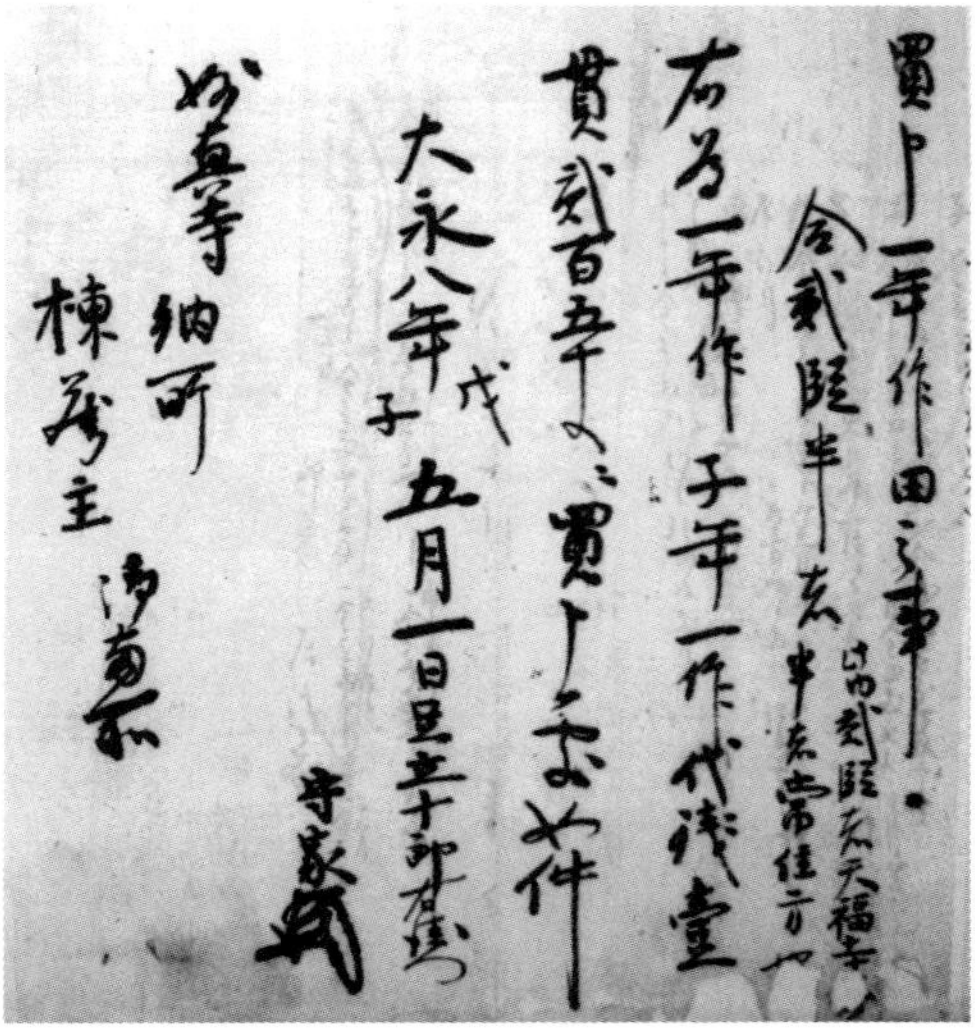

図3　足立守家年季作田買券（妙興寺文書）

【史料M】の場合も、妙興寺は新興土豪層である足立氏に田地作職を請け負わせることとしたのであり、足立氏は、これに対する請文として得分権を銭一貫二五〇文で買い付けることとし、その券文としてあらたに買券を作成し、寺側に進めた可能性が高いと考える。また文書形式も竪紙でなく切紙形式である点が注目される。

【史料O】「建保寺祐保買券(40)」

（端裏書）「□□かいと文書」

金子

永代此畠　弐両ニ買申候事

在所　浜之郷しやうかいと　東限大湊善八郎殿畠　南限道　西限大湊善五郎殿畠　北限大湊又二郎殿畠

右此畠末代寺領ニ付置也、本所当壱石代、於二此畠一少モ役無二御座一候、

為二後日一文書如レ件、

口入黒瀬又五郎

天正十五年丁亥九月廿五日

買主鹿海建保寺
祐保（花押）

売主ハ黒瀬西彦三郎

【史料O】も事書、書止から買券と称するべき文書である。売買両人の署名がされているが、買主の署判はあるが売主の花押はない。この文書が買主から売主側に宛てられたものであることがうかがえるのである。

【史料P】「長允田畠売券」[41]

沽却　西松尾田畠事

合陸段者

大和国添下郡山田之内　四至在本券

字川副貳段　臥礼壹段　村岡貳段　小迫南上壹段

右、件田地元者、僧長允之先祖相伝所領也、而今依レ有二要用一、限二直米拾貳石本斗定一相二副本券等一、定慶院売進畢、但長允於二親父処分帳一者、依レ有二残地一不レ能二副進一、仍毀二本券面一畢、随雖レ令二本券進一、残所田畠者、本領主長允之許留置処也、此上請文取持置畢、仍為二後代証文一、放二新券文一之状如レ件、

建仁三年十月五日

買人僧（花押）

【史料P】は、本券送付のため代わりに買券を作成するもので、買券作成の実例を示す史料である。本券はその土地に関わる過去の文書類のことである[42]。その土地をすべて売却するのであれば、文書一切を買主に添付することになる。しかし所領の一部を切り売りする場合がある。このように「類地」がある場合は本券の

記載事項を抹消し面を毀った。

建仁三年（一二〇三）僧長允は売買に際して手継証文を一緒に添付した。残る田畠は、本領主長允の許に留め置いたため、「親父の処分帳」は残した。本券の裏を毀ち、そして、本領主長允の求めにより「請文」を取り持つことまでしたのである。まさにその「請文」こそが、該当箇所を購入したという内容の定慶院側が作成した「買券」であり、これを売主（本主）の証文としたことがわかるのである。このように買券は売買関係のなかで、買主の作成した文書であり、なおかつ、売主側の要請で作成された請文の側面もあったのである。

現在残されている売券の多くは、大寺院や中世後期の中間層など領主層の土地集積に関わる買得者に残されたものがほとんどである。いっぽうで、買主が売主に出した文書は、売主の家の文書自体が残されていないことが多いことから、これまで看過されてきたといえる。

売買契約において、売主が売券を作成するだけでなく、買主が買券を作成したことは、次の史料からも明らかである。

【史料Q】「甚六家・山・屋敷等売券[43]」

（端裏書）
「甚六ニ買文状」

永代売渡家山屋敷榕柑ノ木、同ミこでんノ田、同北二郎谷ノ田弐ヶ所、同小太郎ノ田畑共ノ事、但ミこでんニハ川ノ西ニ荒有也、

合四方けんたいニ可㆑仕候者也、

検地ハ水帳なミ（並）ニかゝり可㆑申候者也

右件之分、我等之知行雖㆑為、今依㆓要用有㆒、直米ニ弐石三斗ニ売渡申処、実正明鏡也、若天下一同之徳政行候共、違乱妨申間敷者也、仍為㆓後日之証文㆒、如㆑件、

口入　神主（略押）
売主　甚六（略押）
口入　与五郎

慶長八年卯月吉日

惣二郎殿
参

紀伊国名草郡重根郷における土豪亀井家に伝来した文書の一通である。家屋敷等を売り渡した甚六が亀井惣二郎に宛てた売券の端裏書によれば、「買文」が甚六方にある、という。すなわち買主である惣二郎が売券とは別に買券を作成し、売主へ渡したことを示すと考えられるのである。このように、売買契約において、売券のみならず買券が同時に作成され、売買当事者がこれらの文書を交換したことが想定される。

小　括

買券については古文書学のなかでこれまで言及されてこなかったといえる。

買券には三形態がある。第一に、売券を買主の視点で呼称する場合、第二に、権利の重層化や所領の細分化により当事者双方の権利意識が鋭敏となり本主の権利の拠り所となる券文の重要性も同じく高まるなかで、売主へ買主からの券文すなわち買券が作成されたと思われる事例、第三に売買関係の一方の請文として作成された事例である。

売券をはじめ契約関係証文が銭主の強制のなかで作成されることは寶月圭吾(44)や井原今朝男(45)の指摘の通りである。売券の作成はまさに売主の行為の結果であるが、売券が、売主と買主の共同作業のなかで作成され、その内実は、買主の意図が反映されているとした笠松宏至の指摘は、まさに正鵠を射ている(46)。

土地を切り売りする場合、中世売券に多々見えるように、本券文を「類地有るによって副あたわ」ざる状況となる場合が多い。いっぽうで、土地の一部のみを所持して大部分の土地を売却する場合、本券文の裏毀をおこない本券を譲渡することになる。この後者の場合、売主には土地に関わる権利証文は残らないはずだから、この売券の案文を作成し、所持するという理解が一般的である。しかし今回検討したように、売券の案文に買主のみの花押を据える場合や、さらに発展してあらたに買券という形で買主が券文を新給している事例も想定されるのである。このように、売券には買主の意図が反映されているいっぽうで、買券には売主の意向が込められているものと考えることができる。当然、買券や売主の所持する売券案文は、土地集積する大寺社とは違い、文書の残存率は極めて低いため、集積される側に残る買券については注目されてこなかった。文書の正文・案文作成や中世の契約慣行を考えていくとき、ひとつの素材となる事例と思われる。

元来少額の取引においては売買は無券文だったと考えられ、また在地における読み上げ（音声）において当事者と証人が契約を認知するシステムが原初的な形態であると想定されている。まさに古代的売券がこの相互認定の形態だった。「田畠沽却之道、以二在地証判一為レ先、兼又、為二始終之沙汰一、令レ触二知子孫一恒例」という認識が広く浸透しており、私文書としての売券が在地の証判を受けること、そして子孫に「触れ伝える」ことが恒例であったことがうかがえる[47]。中世後期には、権利の複雑化、徳政請戻の隆盛、売買両者間の相論増加に伴い、売券も特約担保文言が増加し複雑化する。また売寄進、売譲、預状、誘取など多種多様の徳政忌避が現出した。

そもそも契約を当事者間の文書の交換という観点で読み直せば、売主（本主）から買主（銭主）へ発するという単方向の文書作成で契約が完結するのではなく、買主や貸主から文書が発せられる、すなわち双方向における文書の交換がおこなわれたと考えるべきであろう。すなわち売買契約を売・買主相互で認知するために作成された「複合文書」としての古代売買券が、次第に一通ごとに券文が作成されるようになり相互に文書を交換しあうことで売買契約を完結させたのである。ことに権利の重層化や所領の細分化により、当事者双方の権利意識は鋭敏となったとすれば、買主の権利擁護だけでなく、もともとの本主の権利の拠り所となる券文の重要性も同じく高まったはずである。買券の作成された意味はそこにもあろう。

（1）笠松宏至「契約の世界」（『中世人との対話』東京大学出版会、一九九七年、二一～三六頁）。
（2）同前。
（3）早島大祐「ものはもどるのか――中世の融通と徳政――」（『室町・戦国期研究を読みなおす』思文閣出版、二〇〇七年、二六九～二九四頁）。
（4）本書序章参照。
（5）古代の土地所有については厚い研究史がある。古くは菊池康明『日本古代土地所有の研究』（東京大学出版会、一九六九年）など。
（6）「薬師院文書」（『平安遺文』五。以下『平遺』と略記）。
（7）「東大寺文書」（『平遺』三三二）。
（8）例えば延暦七年十一月十四日「六条令解」（「古梓堂文庫所蔵文書」『平遺』四）。
（9）中田薫「売買雑考」（『法制史論集』三、岩波書店、一九四三年、三六～五八頁）。
（10）中村直勝「土地売券の一場合」（『古文書研究』七・八、一九七五年、二九～四二頁）。
（11）笠松宏至「中世在地裁判権の一考察」（『日本中世法史論』東京大学出版会、一九七九年、一二八～一三二頁）。高橋昌明「中世の調子氏」（『長岡京市史』本文編一、一九九六年、五七〇～五七四頁）、新田一郎『日本中世の社会と法――国制史的変容――』（東京大学出版会、一九九五年）など。
（12）「大東家旧蔵文書」（『鎌倉遺文』六四八。以下『鎌遺』と略記）。
（13）建久三年十二月十四日「売人出雲・買人平連署家地売券」（「国立歴史民俗博物館水木文書」）。
（14）「中原家文書」（『和歌山県史』中世史料二、一九八二年）。なお中原家文書は平成二十年十二月に原本調査をおこなった。

(15) 菅野文夫「執筆・請人・口入人——十一・十二世紀の土地証文から——」（『国史談話会雑誌』三七、一九九七年）。
(16) 例えば『和歌山県史』中世史料編。
(17) 「中南区有文書」（『和歌山県史』中世史料二）。
(18) 同前。
(19) 本書第一部第三章。
(20) 地蔵寺に残された文書のうち初期の売券には「謹言《(辞カ)》申売買中南北垣土壱所者」と「売買」と記した書出で始まる文書がある。康和三年二月廿三日「僧京円垣内売券」（「中南区有文書」）。
(21) 康和三年二月廿三日「僧京円垣内売渡状」（「中南区有文書」）。
(22) 「葛原家文書」（『和歌山県史』中世編一）。
(23) 佐藤進一『新版　古文書学入門』法政大学出版局、一九九七年。
(24) 宝徳三年十一月五日「中島正秀田畠等売券」（『和歌山県史』中世編一）。
(25) 「多田神社文書」（『兵庫県史』資料編中世一）。
(26) 「日置末友常地売券」（大日本古文書『高野山文書』又続宝簡集五二、『鎌遺』七六五一）。
(27) 「僧服阿弥陀仏田地寄進状目録案」（「東大寺文書」四—三五、『鎌遺』三四九八）。
(28) 「大島・奥津嶋神社文書」（『鎌遺』二九五〇九）。
(29) 相田二郎『日本の古文書』上（岩波書店、一九四九年）。
(30) 藤木久志「村の隠物・預物」（『ことばの文化史』一、一九八七年、六八〜一五六頁）。
(31) 「楓軒文書纂」六三（『鎌遺』一六五一）。
(32) 「三宅長策氏所蔵文書」（『鎌遺』二五九八）。
(33) 「成簣堂所蔵文書」（『鎌遺』二八九九）。
(34) 「高野山勧学院文書」（『鎌遺』五四〇五）。
(35) 「備前本蓮寺文書」（藤井駿・水野恭一郎編『岡山県古文書集』二、一九五五年）。「複合文書」については本書序章注

(44)参照。
(36)「中原家文書」(『和歌山県史』中世史料二)。
(37)同前。
(38)「妙興寺文書」(『一宮市史』資料編五)。
(39)本書第一部第二章参照。
(40)「東内精兵衛寄贈文書」(『三重県史』資料編中世一下)。
(41)「大東家旧蔵文書」(『鎌遺』一三八九)。
(42)菅野文夫「本券と手継——中世前期における土地証文の性格——」(『日本史研究』二八四、一九八六年、一～三三頁)。
(43)「亀井家文書」(『和歌山県史』中世史料二)。
(44)寶月圭吾「醍醐寺行樹院澄恵売券とその背景——「誘取売券」を中心として——」(『醍醐寺文化財研究所研究紀要』三、一九八一年、三～二五頁。のち寶月『中世日本の売券と徳政』吉川弘文館、一九九九年、所収)。
(45)井原「中世契約状における乞索文・圧状と押書」(『鎌倉遺文研究』一七、二〇〇六年。のち井原『日本中世債務史の研究』東京大学出版会、二〇一一年、所収)。
(46)笠松前掲注(11)論文。
(47)寛治七年十二月二十五日「官宣旨」(大日本古文書『東大寺文書』七)。

第二章　中世の借用と預状の作成

はじめに

預状については、所領の管理を代官に預け置く形式の「預け状」、物を預かりその証拠として預け主に差し出す「預り状」があることはよく知られる。相田二郎は「知行の預ヶ状」と紛らわしいものとして「預り状」があるとし、様式分類で前者を「書下・判物」、後者を「諸証文」すなわち後日の証文として作成したものに類別し、様式上はまったく別のものとされた(1)。

この定説に対し、寶月圭吾は「預状」の社会経済的機能に着目し、「相田の説明は、一応当を得たものではあるが、多少の問題がないわけではない」とし、「預り状」が貸借契約証文でありながら、借券・質券と異なり利子を伴わないため徳政忌避の手段として盛行したことを明らかにしている(2)。しかし、いっぽうの形態である「預け状」についてはここでは検討されなかった。そこで本章では双方向の文書作成・授受という観点で預り状と預け状の関係を考察するものである。

一　「預り状」と「預け状」

「預け状」については、南北朝内乱期にその数が急増している。おもに所領の臨時預置、すなわち一種の恩賞

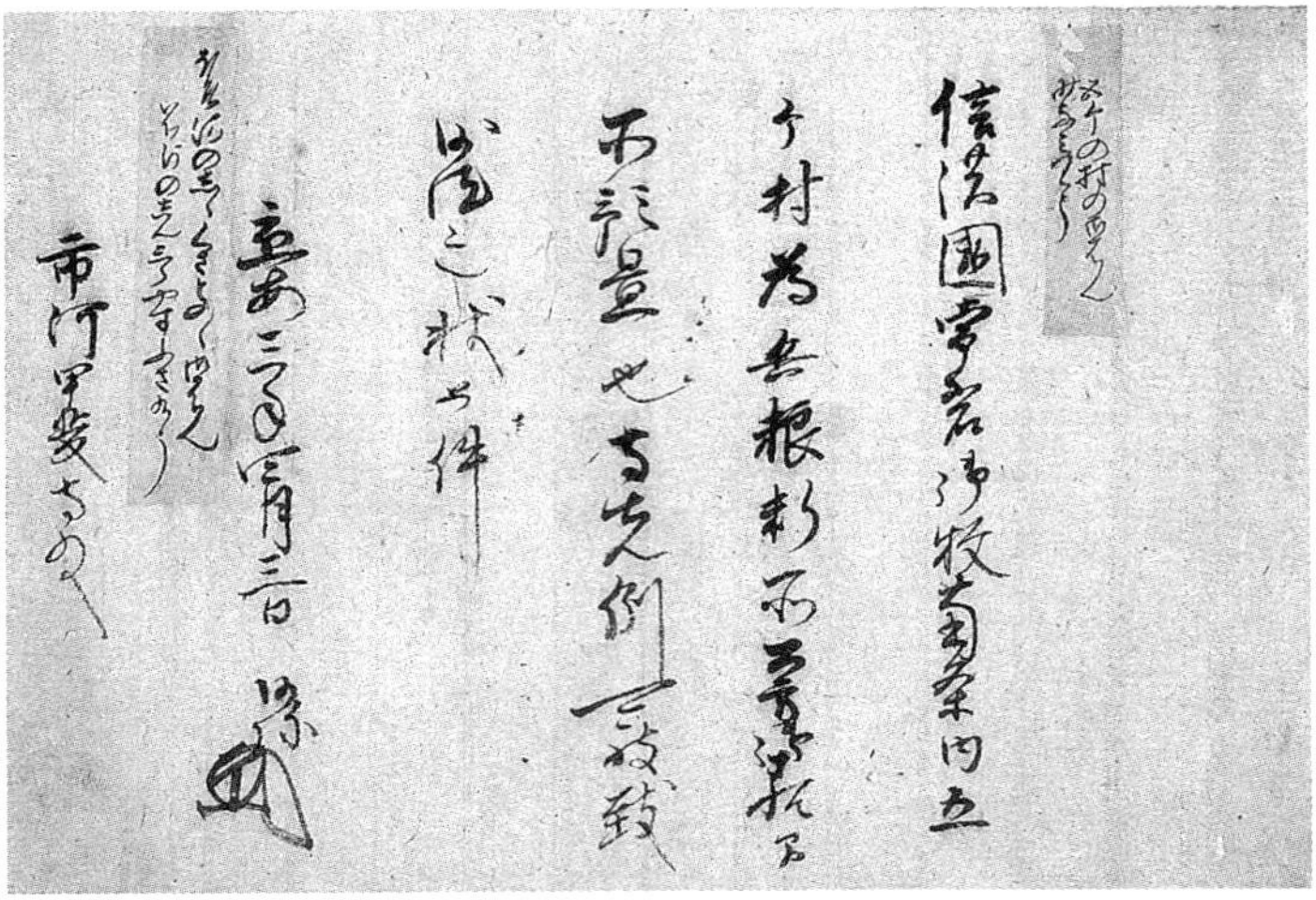

図１　応安３年４月３日「小笠原長基預け状」（市河文書）

としての性格をもつことから、南北朝・室町期の武家文書の範疇のなかで研究が深められ、守護・大将発給の恩賞関係文書として広く用いられたことが知られている(3)。信濃に関わる実例を挙げることとしよう。

【史料A】「小笠原長基預け状」(4)（図１）

（付箋）
「五ヶの村の御はん
　みなみてう　」

信濃国常岩御牧南条内五ヶ村、為二兵粮料所一公方御左右間、所二預置一也、守二先例一可レ被レ致二沙汰一之状如レ件、

応安三年四月三日　　沙弥（小笠原長基）（花押）

市河甲斐守（頼房）殿

（付箋略）

南北朝時代、軍事的な緊張のなかで速やかな恩賞配置が重要だった社会背景として、かような直状形式の「預け状」が盛行したため、残存するいわゆる「預け状」については、この種の用例が多数を占めているのである。

しかし、鎌倉時代からすでに「預け状」が散見されることは言うまでもない。またいわゆる後日の控えとしての不動産契約証文として用いられた形態の「預け状」が存在すること

も事実であるが、「預け状」をもっぱら軍事関係証文としてとらえてきたことから、この視点での検討が深められてこなかったといえる。

また「預け状」「預り状」ともに、史料上では「預状」として同じ用語で表記されることも少なくない。相田が指摘するように、表面上両者は紛らわしいものである。

笠松宏至は、本来、契約においては当事者双方の間で「文書の交換」があった、とみる指摘をおこなっており[5]、この仮説を受けとめ検証を深めるべきと考える。言うまでもなく、中世の売買、貸借など関係文書のうち残存するもののほとんどは、売買の場合は売券であり、貸借の場合は借用状あるいは質券や預り状などである[6]。いずれも、売主（本主）から買主（銭主）へ宛てられた単方向の契約文書である。これらは、寺社や有徳の富農層などの元に残っており、文書が伝来しつづけやすい環境下という要因によるものである。しかし、こうした膨大な契約文書全体のなかで、それらとは様式を異にする文書が少なからず散見される。そしてそれらのなかには、買主や貸主から発せられた文書（買券、貸状など）がある。この視点での数少ない研究のひとつに、誘取売券の作成についての成果がある[7]。これによれば、質入の際、徳政忌避のために銭主が本主に売券を作成させることに対し、あわせて借金返済の暁には売券を本主へ戻す旨を記した「返状」が作成された、というものである。また近年井原今朝男が一連の研究のなかで債務史の必要性を唱えていることは重要である[8]。

ここで笠松の提言にあらためて立ち戻ると、売主（本主）から買主（銭主）だけでなく、買主や銭主から売主・本主へ渡付された文書を検討する、すなわち「双方向の文書のやりとり」を複合的に検討することによって、初めて契約文書作成の本来の全体像をうかがうことができるのではないだろうか。とくに、債権者に権利（文書）が集積されるなかで、土地を売る、質に入れる、銭を借用する、など債務を負ったものが所有し、みずからの権利の根拠とした文書については、その基礎的な研究を深めねばならないだろう。

本稿の意図は、こうした問題意識により預状を検討するものである。なお、本章で断りのない場合は、甲の「もの（所職も含む）」を乙が預かった際に乙が作成する証文を「預り状」とし、甲が乙に「もの（所職も含む）」を預ける際に甲が作成する証文を「預け状」と記することとする。

二　預け状の形態

(1)文書を預ける

預け状のなかで比較的多い事例が、土地に関わる権利証文の保全のために文書を預けるという形態である。

【史料B】「さた朝文書預け状」(9)

（端裏書）「このちうもんをもちて、御たつね候てめされ候へく候、たらのしやうのもん（文書）そのありところ」

さきにもかやうにかきてまいらせて候し、それハかはりたる事にて候、これはこのねんかうを御らん候へと、おほせ候へし、又なをふしんも候ハヽ、人を付て給候へと仰候へく候、（さだ朝）（花押）」

若狭国太良庄文書正文事

一　関東御下知宝治元年十月廿九日

　幷六波羅御施状（行脱）

一　六波羅下知状寛元〻年十一廿五

一　建長六年日六

一　同八年勤農帳

一　弘安二年勧農帳

右、此文書等正文者、鎌倉いなせ川に、千田之後家尼御前と申候人の御もとに、あつけたてまつりて候、入候ハんにつきて、おほせ候へく候、それにてハ、右衛門五郎殿御尋候へく候、此状をやかて見せ申され候へく候、

正和二年六月廿四日　　さた朝（花押）

【史料B】は、さだ朝なる人物が、若狭国太良荘に関わる文書正文を鎌倉西端の稲瀬川付近に在住した千田後家尼に預け置いたものである。千田氏は下総国千田荘を名字の地としている千葉氏の庶流である。宝治元年の関東下知状・六波羅施行状、寛元元年の六波羅下知状、建長六年の目録、建長八年・弘安二年の勧農帳といった太良荘現地支配に関わる文書類を千田後家尼が預かっている。(10) 太良荘は寛元元年に得宗領になっていることから、千田後家尼は北条得宗家と関わりのある人物と推定されている。

【史料C】「肥後健軍社文書預け状(11)」

□しせんのことも候ハん時ハ、めかへて候ものハ、

よく〳〵たしかにつけて給ハるへく候なり、　惟久（花押）

あつけしんし候ひこのくに（肥後国）せたあかいけたけミやのもんしよの事

合

一つ　これつき（惟継）のゆつり状　か六二年八月四日

一つ　むさしのせんし（北条泰時）入道とのか御下文　あんてい二年六月六日

一つ　なかのむさしとの（北条経時）か御下文　くわけんくわねん五月十六日

一つ　とうとうミのかた（北条為時）のとのか御下文　くわけん四年十二月十二日

一つ　同御たいの御下文こうあん九年六月廿四日
一つ　さいミやうしとの《北条時頼》か御下文くわけん五年二月十六日
一つ　なかとのしゆりのすけ《北条宗頼》とのか御下文ふんゑい三年九月十六日
二つ　たけミやの御しきうこうあん二年二月廿九日
一つ　これつねのたけミやのゆつり状ゑにん三年六月十一日
一つ　さいれんのせたのゆつり状ゑんきやう三年十月
一くわん　ふるもんしよちきよふなして候、□きく状　（後欠）

【史料C】も鎌倉期の文書預け状である。【史料B】同様、文書名と年号が記され、文書目録の形態をとっている。文書目録は後日の原本との照合のために作成される注文である(12)。権利証文の保全を目的に記されたものといえよう。

【史料D】「順恵文書預け状(13)」

しもかも《下賀茂》の田四たんかもんそ《文書》、あつけ《預》奉候、しゆんゑ《順恵》か一こさた《期沙汰》して給候ハヽ、いちこ《一期》のゝちハ、このふミをゆつりふミとおほしめし候て、御ちきやう《知行》候へく候、もしふしきに、御往生のゝちまてもいきて候ハヽ、もんそをかへし給候へく候、又もしいかなるちかいめ《違目》も候ハんをりハ、御けいやく《契約》のしやう《状》にまかせて、かへし給候ハンするをり、御うらみ候ましく候、のちのためしやう《状》くたん《件》のことし《如》

かうゑい《康永》二ねん十一月十四日

しゆんゑ（花押）

【史料D】は康永二年（一三四三）順恵の知行する下賀茂社四段の手継文書を預け、順恵死去の後には文書ともども土地の所有権を譲り渡すといった内容である。この文書は治承三年の七段の地の売券をはじめとする手継券文[14]の一つで、順恵はこの四段の地を幼少の徳治二年（一三〇七）に円法御房より譲られている。[15]順恵がこの手継を誰に預けたかは文面からはわからないが、これに続く手継券文では貞和五年（一三四九）にゑんちが春おと丸に譲状を作成していることがうかがえるから、[16]預け先はゑんちと考えられる。順恵は、みずから遺言として、自分が存命のあいだは下賀茂社の四段の知行権は留保しながら、死没前に文書を先に預け置くことで死没後の知行権の相伝を円滑ならしめようとしたのだろう。それゆえ、「不思議に御往生ののちまでも生きて候はば、文書をかへし給へく」、すなわち、ゑんちが万が一順恵よりも先に没してしまったならば、この契約は反故となり、文書を順恵に返還するようにあえて一筆記しているのである。すなわちこの預け状は、権利の相伝を違乱なくおこなうための手継券文の保全を目的とした文書で、かつそれ自身が譲状たり得た契約文書であったのである。そしてそのいずれも権利証文としての券文は他者に預けながらも、権利そのものは本主が留保し保持しつづけているのである。文書を所有しているものが権利を所有するとするいわゆる「文書フェティシズム（文書至上主義）」がつとに中世的土地所有の原則であることは言うまでもない。[17]文書の所在を臨時的に他者に移転させることを証明する文書も、自身の権利を主張する重要な役割をもったのである。藤木久志の「村の預物」論[18]を思い起こせば、預物には、恒常的なものとは別に、危機に際して事前に物を一時的に避難させるものがある。それは「貸借をめぐる混乱を回避する」ためのものである。文書の預け状の作成は、何らかの理由で文書を避難させるあくまでも臨時措置であり、ゆえに預主が求めれば請け返しが可能な契約だったと考えられる。

(2)下地・得分権・屋敷地を預ける

鎌倉期には、権利証文としての文書を預け、権利の保全を目的とした預け状が多いことを述べたが、室町時代以降には、下地や得分権そのものを預ける文書が作成されるようになった。

【史料E】「与一大夫等下地預け状（19）」

山田せう下村衛門三郎下地之事

合二反也

右したい《（次第）》ハ、衛門三郎ちけ《（地下）》へゑいた《（永代）（い脱）》をかきてすておき候也、しかる間、又地下より宮内大夫方へゑいたいあづけおき候也、よんてあつけ状如レ件

宝徳二、《（四）》年二月十九日

与一大夫（花押）

斎阿弥（略押）

【史料F】「田中秀訓畠地預け状（20）」

（包紙ウハ書）
「南門前尊勝院分支証壱通」

預ヶ申御門外尊勝院分畠之事、東西ヘ五間南北ヘ拾六間、但地子銭者片季二六十文宛、未進無二懈怠一可レ有二御納一者也、万一於二御未進一改易可レ申者也、仍状如レ件、

永禄貳年己未

四月廿九日　田中十右衛門尉
秀訓（花押）

大徳寺
御納所参

【史料G】「惣右衛門下地預け状（21）」

（端裏ウハ書）
「源内兵衛とのへ　惣右衛門」

末代あつけ申下地之事

合弐反所　所代三貫文

右下地者、日光寺所へ貞光名内源内兵衛方へあつけ（預）進候上者、いさゝか申ましく、かたき（堅）ために一ふて（筆）進候、

永禄十一年正月廿二日　　　　惣右衛門（花押）

かんね源内兵衛所へ

【史料E】は摂津国山田荘の衛門三郎の下地旧跡を、「地下」を代表する与一大夫から宮内大夫へ預け置いた文書である。【史料F】は田中秀訓が尊勝院分畠を大徳寺に預ける「預け状」である。地子銭二季一二〇文を納めることなどを特約していることから、下地耕作権は留保したうえでの得分権貸付である。

【史料G】は惣下地二段を周防国玖珂郡岸根貞光名内源内兵衛に預けたもので、所代は三貫文と記されており、金銭授受を伴うものであることを示している。さらに「末代」という表現から、永代売を意識したものであったようだ。寶月や菅野が指摘するように、売券が本質的には質券と同質的であり、永代売も請戻可能であることから、この文書も質地契約文書に近いものと推測する。(22)いずれにしても、売券を預け状とした理由は、同じ源内兵衛宛の天正十四年の売券に「天下一同之御徳政又ハ其外之儀御座候共、此儀相ちかい申ましく候」(23)と忌避文言が記されているように、徳政による請戻を回避するためであったからであろう。源内兵衛は土地を集積しているようで、永禄六年には畠、(24)天正十四年には田地、(25)文禄二年には畠作職を、(26)それぞれ獲得している。

耕作地だけでなく屋敷地も同様である。安芸国厳島神社の造営を管理した大願寺は、戦国期以来、代々職人を支配し料田を集積したことが知られている。また修造時の職人を確保するため寺僧が屋敷地を買得し、これを番匠や鍛冶大工などに預けている。このとき職人は地領銭として月額二〇〇から三〇〇文程度を沙汰するよう明記されている。(27)

【史料H】「大願寺尊海屋敷預け状」(28)

先師道本上人当社瓦為二生長一、ありの浦かうの前ニ面三間の屋しき買徳候、其此讃岐仁五郎太郎□（と）言ものを

かわら大工ニ定、彼居住申屋しきにて候、生死習ニ事終候、其以後年中二貫五百文ニ道本被㆓定置㆒候処、かたく盛次侘言被㆑申候間、一貫文ニ尊海申合候、大願寺へたいし彼地領銭ふさたなきにをいてハ、余儀あるましく候、いか成けんもん高家なと、言事、是又あるましく候也、大明神のかわら大工屋しきまきれなく候、今度盛次ニ下作識（ママ）地銭無沙汰なくハ、子孫ニたいしあつけ可㆑申候状、如㆑件、

天文十七年八月廿六日　　尊海（花押）

稲部与三左衛門尉殿

【史料H】は屋敷地を預け置かれた稲部盛次が侘言を述べ賃料二貫五〇〇文のところを一貫文に変更した文書である。この預け状に対して、盛次の預り状が発給されたかどうかは現存していないので不明である。しかし、同様に大願寺より屋敷を預け置かれた大工がその預り状を作成した事例は、次の【史料I】により幸い知ることができる。

【史料I】「薬師宗慶屋敷預り状(29)」

（端書）「長兵衛殿寄進　みなみ　道善かゝゑ候屋しき預り状　薬師宗慶　（後筆）『在人ノ筆』」

あつかり申候屋しきの事使中江大蔵丞番匠与次郎

おもて三間　つまハ川上道をかきり

右之屋しきハ大願寺より預り申候所実也、年中地領銭三百文宛ニ申定候也、此外被㆑仰事茂、又我等よりも申事あるましく候、為㆓自㆑是以後㆒一筆如㆑件、

天文十五年五月廿五日　　宗慶（花押）

大願寺　まいる

【史料I】は、すなわち屋敷地を預け置かれた薬師宗慶が大巌寺に対し作成した預り状であると考えられる。

地領銭三〇〇文は年額で借料として支払われる契約となっている。このとき【史料H】で見た屋敷地預け状が寺側から作成されたと考えられよう。

このように、中世後期の「預け状」にあっては、それ以前の権利証文を限定的に他者へ預けるという初期の形態から、実際の下地所有権・得分権自体を委譲する後期の「預け状」の形態へと機能が変質していった様子がうかがえる。なお、ここではあえて史料を掲げることはしないが、南北朝期の守護・大将といった軍事指揮権者による、兵粮料所の臨時預け置きは南北朝以降増大する。臨時ではありながら所領の限定的付与がおこなわれるようになったのは、こうした変化の過渡的な側面を映し出しているとも言えなくはないだろう。また預け状は、【史料F】を除いて貸借関係での契約が前提となっている。軍事関係文書のなかでの預け状が戦乱における臨時的付与、すなわち時限的貸し付けの形態をとっているのは、貸借関係文書として「預け状」の機能を反映しているからと言えないだろうか。

いずれにしても、従来考えられていた形態だけでは「預け状」（預置状）をとらえきれないことは明らかであろう。

三　預け状の作成

この節では、預け状がどのような経緯で実際に作成されたかを考えてみる。

弘安元年（一二七八）、豊前国宇佐八幡宮の清祓点定神事が、その料物が滞ったために退転した。そこで社宝を元本として清祓料を捻出させるという出来事があった。

【史料J】「永秀花立等預り状」(30)

預申とうろ二花立て一つい

右、社家よりあつかり申処、如レ件

九月十日　　　　　　　　　　　　　永秀（花押）

永弘殿

【史料K】「永秀鰐口預り状(31)」

□（預カ）申わに口三

右、社家よりあつかり申処、□□（如件）、

こうあん元

九月十日　　　　　　　　　　　　　永秀（花押）

永弘殿

【史料L】「宇佐保重置文(32)」

此預状者、清秡料物不二事行一候之間、於二御神宝物一者、自二社家一被二請取一候て、此方ニ自二社家一、預状被レ出□（候）、彼いろ〳〵をハ取候仁、領主又買主領主両所より、致二社納一候、秡も同前、仍為二後日一、しるしおき候所如レ件、

こうあん元

九月十日　　　　　　番長保重宿禰（花押）

一連の文書は宇佐八幡宮の祭祀等を司る番長職を代々世襲してきた永弘家に伝えられたものである。【史料J・K】は、永秀が社家の宝物である花立て・鰐口を預かった旨を永弘氏に対して記したもので、内容・文言からみて「預り状」である。

このときの経緯を宇佐（永弘）保重が書き留めたものが【史料L】である。これによると、この「預状（預り状）」は清祓神事料物が滞ったため、社家より受け取ったものであるという。これに対し「社家より預状出され候、彼いろ〳〵をば取り候に、領主また買主領主両所より、社納致し候」（傍点筆者）とあり、宇佐社側から番長

家に対し「預状」が作成されたというのである。ここでいう「預状」は「預け状」にほかならず、宝物を預けられた領主によって、料物が納められたのである。なお、この文面から【史料J・K】の「預り状」は、担保として預けられた社宝を元手に永秀が料足を奉納するという一種の入質であったことが推測される。また「買主領主」という表現から推測すると、一種の売買関係としてとらえられた行為だったのかもしれない。

このように「預り状」と「預け状」が、密接不可分であり、相互に作成された質契約証文であったことは明らかである。本主側に残る預け状は、大寺社などに競べて史料の残存率は低いことは言うまでもないが、番長家に残された置文によりその存在をうかがうことができるのである。

預け状と預り状とが、当事者間の契約行為全体のなかでみると表裏一体の密接不可分な関係であり、いわば「双子の契約文書」だったことがうかがえる。

「双子の契約文書」を考えるため、蛇足ながら次の史料を見ることにしよう。

【史料M】「衛門田地下地作職預り状」[33]

（端裏書）「大宮郷棒田《ワウコ》下作職預状二、内　大永四甲申十一七　本四通之内」

預リ申田地下作職事

合壹段者、字ワウコ田

右御年貢米、毎年拾月廿日已前ニ奈良田之舛壹石可二納申一候、此田ニおいてハ熟田たる間、風水干損の沙汰ニ不レ及、厳密ニ沙汰申候、若無沙汰申候ハヽ、可レ預二御罪科一候、又雖レ為二何時一御用之時ハ、可レ被二召放一候、其時一言之子細不レ可レ申候、仍請文如レ件、

大永四年甲申十一月七日　上野衛門（略押）

真珠庵まいる

【史料N】「新左衛門尉田地作職預り状案」(34)

（端裏書）
「八瀬町田百姓請文　四通之内」

預り申御下地作職事

合壹段者、賀茂中村郷内字八瀬町田

右御年貢米、御庵下用舛壹石五舛、毎年十月廿日以前、可二納申一候、風損・干損・水損才之損免一切不レ可レ申候、此外本役百五十文有レ之、御庵より可レ有二御沙汰一候、若無沙汰申候ハヽ、雖レ為二何時一可レ被二召放一候、たとい未進仕候ハす共、御用之時ハ可レ被二召上一候、万一とかく申候ハヽ、いかやうにも別の御罪科可レ有レ之、仍預状如レ件、

大永八戊子歳二月廿五日　　中おち　新左衛門尉

真珠庵納所禅師

【史料M・N】は事書から見るといずれも預り状の形式を備えたもので、内容は寶月の検討した典型的な作職の預り状といえよう。ここでこれらの文書を掲げたのは、そのいずれも「請文」として称されているからである。すなわち【史料M】では、書止文言が「仍請文如レ件」となっており、また【史料N】では端裏書に「百姓請文」と記されているのである。前者は文書としては請文として作成されたこと、後者も受領者がこの文書を請文と認識していたことが容易に想像できる。ちなみに請文とは「過去の行為の報告書、または将来の行為の予約承諾書」であり、佐藤進一が「命令に対する承諾書」と概略定義しているように(35)、それらの上申は上位者からの下達命令に応じて作成されていることに着目したい。先の史料の場合をみると、上位者である真珠庵から下作職を給与されたことに対して将来においてこれを確実に履行する旨を約諾したもの、とみることができよう。そして、請文提出の前提となる下達文書、すなわち、これらの作職を作人に「預け置く」旨を記した文書が当然あったは

ず、ということは容易に想像される。この請文（＝「預り状」）に対応している文書こそが、「預け状」であったのではないかと推測される。

請文のなかに預り状の形態をとったものがあることに最初に着目した中村直勝は、本来請文であるべきものものを「請申と言わないで預申と言っておる」ところにこの「預り状」の特色があり、それは「請申よりも預申した方が一段と……頭を低うしておる」からであるとし、この類の「預り状」は自身がへりくだることによって、単に請文を用いる場合よりも相手に対して厚礼なのだと推論された(36)。

しかし、そもそも「預り状」自体が、下達命令の「預け状」に対応した文書であることが原初的な形態であり、礼の厚薄にかかわらず、「預り状」が本来的に請文としての性格を有していたものと考えるべきであろう。

天正十六年、大和興福寺の塔頭多聞院が、秀吉から寄進された春日社への代銀六五枚を三人の僧から預かってほしいと相談された(37)。そして預り状を作成し、「奉加米之代銀ノ革袋弐ツ、預リ申」すと記し、銀子を預かることとなった。革袋とともに「両三人符被付候」という。藤木久志はこのことを「預け主が革袋に符を付けているのは、渡すときに自分で封をし、それに封印か目印を付けることらしい」と推測している(38)。たしかに紙や紐で封をする習慣は書状の形式だけでなく、藤木が例を挙げるように、貴重品を封入することはよくおこなわれたことであろう。しかし、あくまでも預け主から「符を付せられ」た、とあることにあえてこだわれば、この符は、預け主である三人の僧が多聞院に宛てて作成した「預け状」なのであって、預り主すなわち多聞院が日記に記した預り状の写は、それに対応した請文にほかならないのではなかろうか。ふたたび佐藤進一の解説に戻れば(39)、請文は「符・宣旨など下達文書すなわち事実的には命令受領者の文書受領報告書」であったのであり、「符・宣旨等の内容をなす命令そのものに対する報告を含む場合が少なくない」と記す。このように考えると、銀子六五枚をめぐって、「預け状」と「預り状」の文書の交換がおこなわれたことが史料から推測できるのである。

【史料O】「三宝院坊官連署文書預け状(40)」

社地方証文、就二三条室町地事一、長録（禄）幷寛正ミ文書貳通、同文証案一巻、地口目録一巻、撰出、少納言法卿
御房（長栄）へ渡申候也、
文明十八
八月十日
豪甚（井内）（花押）
宗親（花押）
「（見返）此分預申也（異筆）
文明十八
八月十日長栄（花押）」

【史料O】は文明十八年（一四八六）醍醐寺三宝院の坊官が三条室町の土地の文書等を法卿長栄に預けたものである。この文書の見返しには受け取った長栄が「預り申」す旨を記し花押を据えている。文書は預け状であるが、受け取った側が預り文言を記している。おそらく両者立ち会いのなかでこの文書が作成され、両者の署判が据えられたのであろう。「預ける」「預かる」という行為全体（契約）を、一通の文書で記し置いた「複合文書」（預け状＋預り状）ということができよう。

以上、預り状と預け状が貸借関係のなかでパラレルに交わされたことを論じた。ではこれはほかの貸借契約文書でも確認できるだろうか。そこで借券を若干例にとり検討してみたい。借用に関わる文書は、史料中では借状・借券・借書と記されるがここではひとまず借券に統一しておく。

【史料P】「鞆淵荘中十二番頭衆等借券(41)」

（前欠）□上人様へ遊候□□借申処実正也、御□蔵にて候、天下一国徳□□（政行カ）候共、免許有間敷候、
□とり候はんにて□前申也、仍為二後日一如レ件、
かり主トモフチ庄中

□□十六年十二月廿五日

教貳（花押）

同　□入　林殿（花押）

同　小寺殿（略押）

同　十二人番とう衆

さはくり中野

いの上分屋（略押）

（蔵カ）□本　高野山小田原

北石藤坊まいる

【史料Q】「千手院新坊貸券」(42)

□□の料（カ）

□えかけ米事

合十五石リフン一ワリ、マスハヲリハンニ

かし申シヨチ（庄中）、京人サハクリ中ノ井ノ上ヘヤ御つかいにてかし申候、シヨ（庄）中其御心得可レ有候、其ため申入候、

天正十六年十二月廿五日　千手院新坊（花押）

トモフチ

庄中まいる

【史料P】は、天正十六年（一五八八）鞆淵荘の庄中が高野山小田原谷地域の蔵本北石藤坊より米一五石を借用した際の借券である。小田原谷はもとは「院々谷々」と呼ばれた高野山上でも郊外地域であったが、南北朝末期以降には高野聖の拠点として拡大した山上の新興中枢ブロックのひとつへと変貌した(43)。そこに所在した院坊が蔵本すなわち金融業者として高野山膝下の鞆淵荘への融通をしたということをうかがわせる文書である。

これに対し前欠で不明な点もあるが同年月日付けで鞆淵荘中宛の貸券【史料Q】が残されており、おそらくこれが【史料P】の借券と対応するものだろう。この貸借の仲介をしたのが京の「サハクリ」中野井上分屋であった。「サハクリ」は「捌くり」で、蔵本と庄中をつなぎ用途の出納を取り次ぐ役割を果たしたものと考えられる(44)。先の史料との関わりでみると、このとき庄中は、北石藤坊・千住院新坊と、それぞれ蔵本たる複数の院坊から米の融通を受けたことがうかがえる。千住院も小田原谷同様、もとは新興開発地で、南北朝末期以降に中枢化した地域である。次の【史料R】もおなじく小田原浄下院房、理福院も蔵本として鞆淵庄中への融通をおこなっていることを示している。

【史料R】「浄下院房・理福院貸券写(45)」

かし申米之事

合拾壱石弐斗者ナス米□ハトモフチ米にて御なし可ㇾ有

右、かし申処、実正也、但利分壱割にて、升ハをりはん相加へ、返済可ㇾ申者也、仍為二後日一、如ㇾ件、

天正十七年丑十一月吉日　　かり主トモフチ庄中

此相借状□理福院有

口入　ウヘタヰラ（上平）　教盛判

シヤウシ（庄司）　左衛門太郎

ハヤシ（林）　大郎

十二人　ハントウ（番頭）

ヤク人　ウヱタヰラ　ヘ屋

ヤク人　中野ヰノウヱ　ヘ屋

蔵本小田原浄下院房
理福院判

【史料R】は鞆淵八幡宮に伝来した文書を明治末年に書写したもので、借主鞆淵荘中に対し蔵本浄下院房・理福院が貸し与えた貸券の写である。この貸借関係において、貸券は鞆淵荘に渡されたと考えられるが、「此相借状□理福院有」という記入から、同時に借券も作成されたようで、貸主である理福院が所持したことがわかるのである。預状と同様、貸借関係において文書の相互取り交わしがおこなわれていたことが判然とする。

当該期において、高野山膝下の惣村への融通に関し、山上の蔵本の関与、あるいは伊藤正敏が言う「金融シンジケート」の存在が想定されるであろう。「貸券」については、これまで古文書学の概論等でも触れられておらず、また検討されることもなかったが、預け状と同様、貸借契約のなかで本主・銭主双方で作成された契約のなかで銭主側で作成された文書であるといえまいか。次の【史料S】も、米の貸券である。

【史料S】「納入坊秀仁貸券(46)」

（端裏書）
「覚」

かし申米之事

合参石者

右かし申処明鏡也、但し利米は壱ワリ也、仍後日証文之状如レ件、

天正十九年カノトノウノ閏正月廿五日　蔵本 納入坊 秀仁（花押）

カシ《リ》《ゝ》ヌシトモフチ庄中

口入
林大郎衛門

口入庄司衛門大郎

口入十二人番頭衆

役人コハラノヲモヤ（母屋）

銭主は納入坊秀仁で、北石藤坊と同様山上の蔵本であろう。このように高野山の蔵本集団が、膝下荘園である鞆淵荘への融通をおこなっていたことがうかがえるのである。

【史料T】「安養院誓秀預け状」(47)

（端裏書）「コカワシアンヤウキン」

預ヶ申料足之事

合陸拾貫文

右件預ヶ申料足之事、高野山奥之院銭之事に候上者、国打替乱又灯明消候共、預ヶ銭上者、在庄例之外、雖レ行二天下一同御徳政一、全以上梵天帝尺、天照大神之御照覧へ申合候上者、不レ可二違乱申一者也、仍為二後日一如レ件、

永正参年丙寅霜月　安養院　誓秀（花押）

東村惣地下中

【史料T】は永正三年（一五〇六）の預け状であるが、高野山安養院の僧誓秀が、奥院銭を元本にして六〇貫文を東村惣中に融通したことが知られる。預け銭であるから、すなわち利子のない貸借関係であるから徳政の埒外である、という論理が看取されるが、ここでは奥院が高野山上における融通組織として機能していたことが推測される。

小括

本章では契約における当事者双方のあいだでの契約文書取り交わしの事例を検討するため、預け状を取り上げた。明らかにした点をまとめれば次の通りである。

預け状は、単に料所の臨時給付といった限定的な側面だけでなく、種々の物件に関わる権利の貸し付けにおける文書であることを例示した。また預り状と預け状の関わりで言えば、両者は相田が言うような「紛らわしい」別の様式なのではなく、両者は貸借関係のなかで表裏一体で、当事者間双方向で作成された「双子の契約文書」であると位置づけた。残存率の問題で、両者がともに現存することは稀であるが、その痕跡は散見することができるのである。

こうした検討から、中世の契約文書作成の世界の一端を描けば次の通りである。

先学の研究によれば、そもそも中世の売買契約のなかで元来少額の取引などは無券文であったとする世界があり、またそれは当事者間と証人のいる在地における音声による「明白《あきらめもうし》」によって周知される世界でもあった[48]。しかしいっぽうで文書至上主義的な、文書所持による権利の正統性意識の高まり、さらには文書における担保文言の多様化は、室町時代の徳政の影響を大きく受けていることも言うまでもない。こうした契約社会における不安定さによって、契約文書、それは案文や写の作成を含めるのだが、当事者間双方でその文書を保持し両者で確認することは、売買や貸借などの場においてますます重要度が増したことは想像に難くない。しかしこれまでの研究では、買主や貸主が所持した文書は検討されてきたが、売主・借主の所持した文書については等閑視されてきたと言ってよい。近年、長谷川裕子が「村の成り立ち」と「維持」という観点から、売買をおこなう目的や理由について売却する側からの検討の必要性を提言した[49]。この提言を真摯に受け止めるためにも、まず古文書学的に双方向の契約文書のあり方の事例を逐一検討し、中世的な契約関係の洗い出しを進めなければならない。

そもそも預り状や預け状が中世文書においてはしばしば「預状」と同字で記されるのはなぜだろうか。相田が紛らわしいと言ったのは、誤解を恐れずに言えばまさにこの理由からであろう。そしてその最も合理的な解答は、預り状も預け状も、中世人にとって両者はものの移動を全体でとらえれば同一の現象なのであるから、したがってそれらを総称して「預状」と記していた、というものである。

売券も、普通は「永代売渡申……」「沽却……」などと事書には売却について記されるのだが、鎌倉時代初期のものには「中売買……」など「売買」と事書が記されるものも多い。文治二年（一一八六）の次の史料のごとくである。

【史料U】「大和三子水田売券(50)」

謹辞　中売買田地新券文之事

合水田壹段者

四至　限レ東際目　限レ南畔手
　　　限レ西畔手　限レ北畔

在大和国城下郡東郷十五条二里十五坪之内西畔本

右、件田地元者、大和三子先祖相伝所領也、而今依レ有二要用一、限二直米玖斛陸斗之一、在原広縄永年常地売渡事既畢、於二本券文一者、依レ有二類地一、不レ能二副進事一、仍為二後日沙汰一、売買両人勒二署名一、放二新券文一状如レ件、以解、

文治弐年四月十九日

売人大和三子（花押）

嫡子僧（花押）

僧（花押）

一般的にはこの形の文書を売券と呼んでいる。しかし当事者による文書の作成のうえで事書はあくまでも「売買」と記され、「売買両人」の確認・署名で契約文書を完成させている。すなわち両者双方にとってこの契約全体はあくまでも「売買」なのであり、契約文書としては「売買券」とも呼び得るものである。先の「預状」と同様、中世人にとって両者はものの移動を全体でとらえれば同一の現象なのだということである。[51]前章では売買契約において、売券のみならず買券が同時に作成され両者がこれらの文書を交換した様子が想定されると指摘した。そもそも契約が当事者間双方の行為であるという観点で考えれば、売主・貸主（本主）から買主・借主（銭主）へ発するという単方向の文書作成で契約が完結するのではなく、買主や借主（銭主）から文書が発せられる、すなわち双方向における文書の交換は、契約関係において広くおこなわれた慣習といえるのではないか。

質地についても、井原が「質券の法」として検出したように、近代法にあっては当然といえる債権者の質流地回収も、中世にあっては、債務者の合意がなければおこなわれなかったという事実を受け止めれば、[52]債権者だけでなく債務者の立場の側からみた契約文書の作成のあり方について、明瞭に検証する必要があることを指摘したい。

（1）　相田二郎『日本の古文書』上（岩波書店、一九四九年、四一九頁・九二〇頁）。

（2）　寶月圭吾「預状について」（『白山史学』一四、一九六八年。のち日本古文書学会編『日本古文書学論集』九「中世編Ⅴ」吉川弘文館、一九八七年、所収。『中世日本の売券と徳政』吉川弘文館、一九九九年、二五〇～二六六頁）。

（3）　近年では、例えば漆原徹「預状と預置制度の成立」（『法学研究』七三―八、二〇〇〇年、四七～七七頁）、同「合戦と軍忠」（峰岸純夫編『今日の古文書学』三「中世」雄山閣出版、二〇〇〇年、二一六～二三七頁）など。

（4）　「市河文書」（『新編信濃史料叢書』三、一九七一年）。

（5）　笠松宏至「契約の世界」（『中世人との対話』東京大学出版会、一九九七年、二一～三六頁）。

(6) 長野県立歴史館では、寶月圭吾の生前筆写した資料が東京大学勝俣鎮夫研究室（当時）より寄贈され、整理された後、「寶月圭吾研究資料」として公開されている。これらを見ると寶月の関心の所在がうかがえる。寶月は売買（貸借）を伴う契約文書を、売券を中心に、古代的売券、質券・貸借、本銭返、年季売、売寄進・売譲、誘取売券、紛失状、預り状、祠堂銭、人身売券と分類している。

(7) 法制史の立場では古くは中田薫『法制史論集』第三巻下（一九四三年）がある。また徳政との関わりで百瀬美津「永領地に関する銭主返状について」（『日本歴史』一七五、一九六三年、四七～五六頁）、寶月圭吾「醍醐寺行樹院澄恵売券とその背景――「誘取売券」を中心として――」（『醍醐寺文化財研究所研究紀要』三、一九八一年）がある。

(8) 井原今朝男『中世の借金事情』（吉川弘文館、二〇〇九年）、同『日本中世債務史の研究』（東京大学出版会、二〇一一年）がある。中世の債務を扱ったものとして黒田基樹『戦国期の債務と徳政』（校倉書房、二〇〇九年）がある。

(9) 「東寺百合文書　は」（大日本古文書『東寺百合文書』一、六一。『鎌倉遺文』二四九〇三。以下『鎌遺』と略記）。

(10) 「得宗専制下の房総」（『千葉県の歴史』通史編中世、二〇〇七年）。

(11) 「肥後阿蘇文書」（『鎌遺』二四〇九四）。

(12) 「文書目録」については富澤清人「東大寺領水無瀬荘と荘民」（同『中世荘園と検注』吉川弘文館、一九九六年、一五〇～一九五頁）にその重要性が説かれている。様式・機能については田良島哲「史料目録記述の系譜――古代・中世の目録を中心に――」（大山喬平教授退官記念会編『日本社会の史的構造』思文閣出版、一九九八年）による。

(13) 大日本古文書『大徳寺文書』三、一四一二。

(14) 大日本古文書『大徳寺文書』三、一四〇五～一四一一。

(15) 徳治二年二月十八日「円法田地譲状」（大日本古文書『大徳寺文書』三、一四一一）。

(16) 大日本古文書『大徳寺文書』三、一四一三。

(17) 菅野文夫「中世における土地売買と質契約」（『史学雑誌』九三―九、一九八四年）。

(18) 藤木久志「村の隠物・預物」（『ことばの文化史』中世一、平凡社、一九八七年）。

(19) 「稲垣文書」（『兵庫県史』史料編中世二）。

(20) 大日本古文書『大徳寺文書』二、九四五。

(21)「片山家文書」(『山口県史』中世史料編二)。
(22)寶月圭吾「中世における売買と質」(『信濃』一八―八、一九六六年。のち寶月前掲注(2)『中世日本の売券と徳政』所収)。菅野前掲注(17)論文。
(23)天正十四年二月十五日「安成源介・水か迫与三左衛門連署田地売券」(「片山家文書」『山口県史』史料編二)。
(24)永禄六年「矢野太郎左衛門・市川重久連署畠地遺状」(「片山家文書」『山口県史』史料編二)。
(25)注(23)と同じ。
(26)文禄二年二月廿五日「宗右衛門・久悦連署預け状」(「片山家文書」『山口県史』史料編二)。
(27)「大願寺文書」(『広島県史』古代中世資料編Ⅲ、一九七八年、六六～七七頁)。
(28)「大願寺文書」五一(『広島県史』古代中世資料編Ⅲ、一九七八年)。
(29)「大願寺文書」四五(『広島県史』古代中世資料編Ⅲ、一九七八年)。
(30)「宇佐永弘文書」(大分県史料刊行会編『大分県史料』(三)、七一)。
(31)「宇佐永弘文書」(『大分県史料』(三)、七二。『鎌遺』一三一七二)。
(32)「宇佐永弘文書」(『大分県史料』(三))。
(33)大日本古文書『大徳寺文書』別集「真珠庵文書」三、二〇三。
(34)大日本古文書『大徳寺文書』別集「真珠庵文書」三、三〇六。
(35)佐藤進一『新訂増補古文書学入門』法政大学出版会、一九九七年、二〇九頁。
(36)中村直勝「請文」(『日本古文書学』中、角川書店、一九七四年、四二九頁)。なお、相田二郎も預り状は「預り主の請取状とみることができる」と指摘している。相田注(1)前掲書、九二〇頁。
(37)『多聞院日記』天正十六年九月二十三日条。
(38)藤木前掲注(18)論文。
(39)同前。
(40)大日本古文書『醍醐寺文書』一二、二六七〇。
(41)「鞆淵八幡神社文書」(和歌山県立博物館特別展示図録『歴史のなかの「ともぶち」――鞆淵八幡と鞆淵荘――』二〇〇

一年、一三八頁の掲載写真史料によった）。

（42）同前、一三九頁。

（43）伊藤正敏「寺社勢力の経済活動」（『中世の寺社勢力と境内都市』吉川弘文館、一九九九年）。

（44）例えば正中二年八月、醍醐寺真珠庵から為久なる人物が庵室を質物に入れ一貫文を借用している。明年四月までに本銭のほか六文子の利分を加えて返弁することが約束され、これを違えれば「とり主・請人のさはくり」として、倍返しするよう規定されている。借主と請人が処理するという意味だろう。

（45）「鞆淵郷土資料　古文書（抄）」（『粉河町史』二、一九八六年）。

（46）前掲注（41）と同じ。

（47）「王子神社文書」一八六（『和歌山県史』中世史料一）。

（48）笠松宏至「本券なし」（『史学雑誌』八四―二、一九七五年。のち笠松『日本中世法史論』東京大学出版会、一九七九年）。早島大祐「ものはもどるのか――中世の融通と徳政――」（『室町・戦国期研究を読みなおす』思文閣出版、二〇〇七年）。

（49）長谷川裕子「売買・貸借にみる土豪の融通と土地所有」（渡辺尚志・長谷川裕子編『中世・近世土地所有史の再構築』青木書店、二〇〇四年。のち長谷川『生存と土豪』所収）。

（50）「大東家旧蔵文書」（『鎌遺』八七）。

（51）本書第一編第一章。

（52）井原今朝男「中世借用状の成立と質券之法――中世債務史の一考察――」（『史学雑誌』一一一―一、一～三七頁。のち井原前掲注（8）『日本中世債務史の研究』所収）。

第三章　処分状の作成

はじめに

本章では中世における財産分与に関わる文書作成の一事例を取り上げる。とくに「処分状」や「書分」と称される文書について検討をおこない、その機能を明らかにする。また、券文上に記された諸権利を分割する場合、どのような形で文書が作成されるのかを以下の節で考えてみたい。

一　処分状の形態

処分状については、これまで古文書学関係の書物にわずかに触れられている程度で、その機能についてはさほど研究が深められているわけではない。

処分状の形式は「雑筆要集」(1)に見える次の二例が典型的である。

【史料A-1】

処分　私領田地事

合一町者

在ム国ム郡庄内ム図ム里ム坪字ム田

右件田者ム先祖相伝之私領也、而相二副本券一、処二分于女子一畢、依（ママ）為二後日沙汰一、処分之状如レ件、以処分

四至 限レ東ー 限レ南ー 限レ西ー 限レ北ー

年月日　ム判

【史料A―2】

処分　調度資財等事

合

釜　鍋　壺　瓱　皮子

右件資財等為二女子ム一所令二処分与一也、他子敢不レ可レ致レ妨、仍為二後日沙汰一、処分之状如レ件

年月日　姓ー判

嫡男判

【史料A―1】の例によれば、書出に「処分す」で書き記され、対象物件を明記する。さらに在所と四至を記したあと、処分の本主と移譲先を本文に書き記し「後日の沙汰として」すなわち証拠文書として「処分之状」を作成するという書止で終わるように、他の土地契約文書同様の形式を備えているといえる。【史料A―2】も土地の部分を資財物に置き換えているだけで、【A―1】と同様であり、これらは譲状などの形式と変わらない。

いっぽうで、処分状の意味は一義的ではない。

第一には、「父母その他が子孫近親に対して財産を譲与する所領を分配し、譲与する」[2]という場合に用いられている。著名な「九条道家惣処分状」[3]が九条家一門の家領を配分した譲状であったことを想起するまでもなく、しばしば譲状を処分状と称する場合もあった。先に見た【史料A】の「雑筆要集」の雛型も、この意味で掲出されている。

第二には、書出文言に「宛行」が記され、それ以後の本文中もしくは書止には「処分」と記されるもので、概して所職・所領を当事者に宛がうという場合に処分状が用いられることもあった。

これらをみると、処分には権利移転に際しての保証という意味合いがあると思われる。中村直勝は、処分状は「宛行や譲与と少しも変わった内容があるのではなく、その文書を出した人の習慣か、好みかの問題」としている(4)。中村の述べるように、そこに一概に厳密な定義があったのではないという側面もあるのだろう。

しかし本章ではとくに、土地所有における文書作成意識という観点で、上記の意味とは異なる処分状の性格について述べてみたいと思う。これは、井原今朝男が述べているように(5)、中世社会では近代社会とは異質な動産の授受・貸借・出納慣行があったと考えられるのであり、こうした事例を逐一抽出することが中世的土地所有ならびに文書作成を考えるうえで重要と思われるからである。

二　処分状と「書分」

それでは次に、いくつかの処分状を検討してみよう。

【史料B】「賢空処分状」(6)

(切封ウハ書)
「　　　(切封墨引)　―　―

(追筆)
「青蓮院検校御房処分帳」

引接院御坊中　　　　賢空状」

任㆓長帳之旨㆒、証文書進上候、彼柏木四郎行事垣内之本券、此二三日雖㆓相求候㆒、未㆓求出㆒候之間、是手継ハかりを令㆓進上㆒候、尚々能々可㆑令㆓相求㆒候、出来候ハヽ、重可㆑進候、無㆓其儀㆒候者、以㆓此書分㆒、永代可㆑有㆓御知行㆒候也、更々不㆑可㆑有㆓相違㆒候、恐々謹言、

（追筆）「永仁五」五月十四日　　　　賢空（花押）

引接院御房中

【史料C】「賢空宛行状」(7)

（別筆）「柏木四郎行事垣内券文」

充行　処分事

合垣内壹所幷天野上地田畠等　（裏書）「此天野地者、他人仁沽却了、」

在官省符下方北山字○柏木四郎行事垣内

彼垣内本券求失畢、

右、先師検校僧都御房任二自筆長帳之旨一、所レ奉レ充二行于琳観房阿闍梨御房一也、仍限二永代一無二他人妨一、可下令二領知一給上之状如レ件、

永仁五年丁酉五月　日　　　大法師賢空（花押）

【史料B】の封の上書には「青蓮院検校御坊処分帳」と記されている。青蓮院検校御坊とは賢空坊のことであるから、(8)この文書を保管した金剛峯寺側はこの文書を処分状として認識していたことがうかがえる。永仁五年（一二九七）賢空は長帳の旨にまかせて諸券文を進上するが、柏木四郎が領知している垣内の本券文がまだ届いていないので、手継証文だけ送付した。さらに念を入れ請求するが、届いたところであらためて送付したい、もし送ってこなければ、この「書分」すなわち【史料B】をもって永代知行の証文としたい、とある。すなわち、本券がないので、これまでの本券から分けた「書分」を作成したのである。

長帳とは、多くの所領を多人数に配分するとき作成するもので、先師の長い譲状を指す「長符」のことと考えられる。(9)同年月付の【史料C】から、先師の遺言で所領の再配分がおこなわれ、賢空が琳観房へ配分をおこなっ

たことがわかる。【史料B】はまさにこの際のものである。これまでの知行主だった賢空は、違乱なきように諸券文の提出が求められたが、本券が手元にないため、この処分状を本券の書分として作成し、あらたな公験としたのである。

　このように「書分」とは、本来あるべき本券が差し出すことのできない状態になった場合に、その代わりとなる権利証文として改めて作成するものであったことが推測される。

　「書分」についてはこれまで言及された研究はないが、文書作成のあり方としてここで注目しておきたい。先に述べた書分の事例は、例えば売買をおこなう際に、切り売りしたいが残りの類地があるゆえに本券を差し出せない、あるいは連券であるので手継を差し出せない例、など同様の事例として想起される。土地にまつわる過去の証文が引き渡されないということは、買得者にとって抜き差しならない問題となったはずである。その場合に、面を毀したり裏封するなどして相手方の当該権利を封殺することがおこなわれたのである。これまで見た「書分」が作成された文脈もまた同様であると考えられる。すなわち次の書分もそうした意味づけがされるものである。

【史料D】「永盛田地処分状[10]」

書別　負田買文事

合肆段者字西溝野辺

四至坪付在本券面

右、件田地者、尼智阿弥陀仏私領也、負所者松林院也、為二負田一町役一、毎年白布壱切六丈、所レ弁也、而地主四人合力、以二直米拾伍石一買二取件負所役一畢、但依レ為二売文一、一通任二地主領掌田数一、件売文毀レ面幷取二書分一、即於二正文一者、良識房之得業許在レ之、仍為二向後証験一、書分加判、放二新券文一之状如レ件、

嘉禎二年六月　日

永盛良識房得業（花押）

【史料D】は、嘉禎二年（一二三六）東大寺の得業永盛が作成した書分である。尼智阿弥陀仏の土地の負所役を永盛を含めた四人の地主が買い取った。それは売文（売券）を通じての行為であった。買主は四人、本券には特約条項として負田役の項目が記されていたのであろうから、その記載を毀し、あらたに書分を作成したのであろう。このうち正文となる売券は永盛が所持したというのである。この場合、買文（買得者の作成する売買時の券文）[11]としてあらたに券文を書き分け、おそらく下地保有者である智阿弥陀仏へ送付したのであろう。ここで指摘したいのは、あくまで正文は「売券」であり、すなわち、これを分身させた「書分」は案文の意味合いがあったということである。この案文に「加判」をすることにより「新券文」となり権利証文としての生命が吹き込まれたのである。すなわち書分とは、証文の控えを作成することであり、ここに証判を加えることにより、あらたな券文としての役割が付与されるのであった。なお智阿弥陀仏の西溝野辺の四段の地は東大寺大仏供料田であり、銭三貫文がこの時点で東大寺へ納められている[12]。

【史料E】「福得房・有包処分状[13]」

（端裏書）
「モリカ分田ノカキワケ政所町丁尻家田」

増福房死去後者、年〻仏事可二相営一者也、

宛行　処分帳事

合田地壹段者在字丁町尻鈴田、

四至限レ東黒谷　限レ南国為垣根
限レ西国為領　限レ北有包作

右、件田地者、半者増福房、半者有末之先祖相伝之地也、而限二永代一、守（ママ）ニ処分事已畢、無二他妨一可レ令二領

知一、仍為二後代亀鏡一、所レ放二書分一之状如レ件、

正嘉三年己未三月　日　　　福得房（花押）

有包（略押）

【史料E】も「高野山文書」のものであるが、正嘉三年（一二五九）増福房・有末が田地を守なるものに譲っている。これを一族の福得房・有包が連署で違乱なき旨を誓い、その証拠として書分をあらたにつくった。書分は端裏書に見えるように「かきわけ」と読む(14)。高野山膝下荘園は、高野山金剛峯寺による大検注とそれに基づく分田・分畠配分、すなわち仏事供養料田（畠）の塔頭寺院への宛がいの構図が室町初期に構築されている。金剛峯寺によって一段程度の小地片が各僧房に分配されていたことがわかり、これが死後仏事供料田として宛てられていたのである。

さて、守に配分された分田に対し、かつての受益者二者連署による書分は、すでに両者には所有権が存在しないことを明確にした券文であるにほかならない。

【史料F】「長允田畠売券(15)」

沽却　西松尾田畠事

合陸段者

大和国添下郡山田之内　四至在本券

字川副貮段　臥礼壹段　村岡貮段　小迫南上壹段

右、件田地元者、僧長允之先祖相伝所領也、而今依レ有二要用一、限二直米拾貳石本斗定一相二副本券等一、定慶院売進畢、但長允於二親父処分帳一者、依レ有二残地一不レ能二副進一、仍毀二本券面一畢、随雖レ令二本券進一、残所田畠者、本領主長允之許留置処也、此上請文取持置畢、仍為二後代証文一、放二新券文一之状如レ件、

建仁三年十月五日　　買人僧（花押）

【史料F】によると建仁三年（一二〇三）長允は売買に際して手継証文を一緒に添付した。残る田畠は、本領主長允の許に留め置いたため、本券の面を毀ち買主に送進している。そして、買主である定慶院が該当箇所を購入したという内容の請文を作成し、これを売主（本主）の証文としたものであると考えられる。

三　権利証文の作成と書分

早島大祐は中世の契約を考えるとき、「契約を結ぶ際の銭主と借主、買得者と売却者の関係といった、見えにくくも大きな裾野が広がって」おり、「残された文書は当時の社会を知るための一端に過ぎない」と指摘し(16)、中世的契約関係の洗い出しの重要性を説いている。

そこで、中世の契約において処分状というあらたな券文を作成する意義について考察したい。処分状はこれまで譲与や宛行といった意味で解釈されてきたが、売買関係のなかで現れる処分状について見てみたい。

【史料G】「近江奥嶋荘村人置文」(17)

定置　大嶋大座修理田事

　合壹段此内半者津田村人分也、

　在近江国蒲生下郡奥津嶋御庄内

　　字上水代西縄本参段目也、

右、件修理田者、両庄大座村人中、中庄自㆓字紀太郎手㆒買取天、加㆓借屋修理㆒也、而壹段買券お両村人書分テ、座衆中預置候処、嶋分お引失之間、為㆓向後亀鏡㆒、所㆓書改㆒也、若千万一称㆑有㆓本証文㆒、雖㆑致㆓違乱㆒、更不㆑可㆑被㆓信用㆒者也、仍置文如㆑件、

嘉暦元年丙辰五月二十三日

西念　青蓮　道円
道信　乗念

津田村人、為₂向後証拠₁署判、
錦守末　大中臣宗房

【史料G】は近江国大島神社の修理田一段の売買に関わる嘉暦元年（一三二六）の置文である。この田は大島神社の宮座の住人である奥津島荘村人、津田村村人両者の料田であった。もとは紀太郎から買得し、仮屋の修理をおこなう料田とした。一段の買券を両住人それぞれに書き分け、宮座中に預け置いた。島分を失脚したので、この文書はそれを書き改めたものという。

この文書に見えるように、料田の売買を記す買券を、おのおのの村人が二通に書き分けてそれぞれの券文としていたことがわかる。このように一通の正文を二通に書き分け、おのおのを権利証文として所持した文書を「書分」と称したのである。先に見た【史料D】のように、分身させた「書分」には案文の意味合いがあった。この案文に双方の住人が「加判」することにより「新券文」としての役割が付与された。

【史料H】「藤原某戸主売券」(18)

（端裏書）
「姉小路烏丸地券、山加中納言殿御子息侍従殿範継売券」

沽却　地壹処事

合弐部主余弐拾陸丈者

口漆丈、奥拾捌丈

在左京姉小路以北烏丸以西姉小路面、

右地、元者法住寺三位家領也、而三条殿（実親）御所為二近隣一之間、為レ令レ立二宿所一、故四条局被レ申二三品一之時、彼人殊難レ去依レ被二憑申一、件領之内西寄地書二分券文一、永被二渡申一畢、今依レ有二要用一、限二直銭参拾捌貫文一、所レ奉レ沽二却渡前兵衛佐殿一也、件券文去承久三年乱逆之時、引失之間、不レ能二副進一、仍為二後日之沙汰一、立二新券一之状如レ件、

寛喜四年三月十三日　　藤原侍従（花押）

三条実親の姉小路烏丸の地一所を、七条院女房（四条局）が求めた。実親は去渡し難いということであったが、女房の懇請で西側の地を分割し、券文を書き分けて永代去り渡した。この書分が券文となったのである。この出来事は建保三年（一二一五）のことであった[19]。その後、寛喜四年（一二三二）にこの土地を藤原範継が前兵衛佐に売り渡すことになった。このうち局の所持する書分は承久の乱で紛失してしまったので、その息女から次の案文を入手し範継が花押を据えて提出している。

【史料Ⅰ】「某家地去文案」[20]

（端裏書）「□進姉小路烏丸地券案　（花押）

奉二女房四条壺禰一之新券案如レ此候、件券承久乱逆之時紛失之由、息女中納言局被レ申、以レ之、仍為二御所望一、件案文進二覧之一、

寛喜四年三月十四日　（藤原範継）（花押）」

奉渡　地壹処事

合弐戸主余弐拾陸丈者

東西漆丈　南北拾捌丈

在左京姉小路以北、烏丸以西、姉小路面、（追筆）「後号四条局」

右、件地元者卿二位家領也、而被レ相二博大炊御門烏丸地一畢、今彼地内弐戸主余弐拾陸丈、所レ奉レ渡二七条院女房治部卿殿御壺禰一也、於二本券一者有二類地一之間、不レ令二相副一、仍為二後日証拠一、立二新券一之状如レ件、

建保三年十月十八日　　在判

このように証文が紛失した、あるいは、連券であるから「案文ニ裏封副進」(21)することにより正文の効力をもたせる事例はしばしば見られる。(22)【史料F】で見たように、処分状としての書分には、こうした要素が含まれているといえよう。

【史料J】「僧浄実・宗慶等土地処分状」(23)

（端裏書）「□□小検校
ナカミナミ」

宛行所分帳字中南垣内一処事

四至在者限レ南中溝、限レ西奥柿木○田尻（横）前黄道、限レ東蔵岸、（限）□レ北谷

（裏書）「中南十人カイケム」

右件山地者、僧浄実但（ママ）先祖相伝地也、三郎子所二分渡一実也、仍後日為二佐汰（ママ）一、放二券文一、不レ可レ有二他妨一者也、

応保三年癸未歳三月一日

僧浄実（略押）
僧浄経（略押）
僧浄禅（略押）
僧覚実（略押）
日置大子

同中子

〈継目〉

（端裏書）「ナカミナミ」

謹辞宛行所分帳事

　字中南垣内一所

四至在者限レ東蔵岸、限レ南中溝、限レ西高木前黄（横）道、限レ北谷

（裏書）「中南九人（十人）カイケム」

右件垣内一所、僧宗慶先祖相伝地也、而僧宗祐所二分渡一事実也、仍他人不レ可レ有レ妨者也〇状如レ件

　建保五年丁丑歳三月十三日

僧宗慶（花押）

僧宗祐

日置中子（略押）

同三子（略押）

【史料J】は紀伊国伊都郡中南垣内の僧等による渡状の連券で、形式的には文言に見えるように処分状である。渡状の形態をとっているが、本文裏書によると「中南十人カイケム」すなわち買券と記されており、この文書が「中南十人の僧等の買券」であると認識されているのである。

買券については第一章で触れたように、用例は散見される。これを分類すると、

(1)　端裏書等に記された買主側の銘文により売券を「買取時の文書」という意味で称する事例

(2)　売買関係が成立する際に発行される証文で買主が保持する売券に対し、売主側が保持する証文で「買取申」の書出文言や「買文如レ件」の書止文言を有する文書様式

と分類することができる。[24] 本文裏書の買券という表記によって、この渡状が売買時の証文であったと推定できるが、連券の後半である建保五年の渡状によると「僧宗慶」が本主であり、この土地を買得した買主が「僧宗祐」ということになる。この裏書によれば、売買をおこなった際の処分帳が「買券」とのちに称され保存されたのである。しかも、「ナカミナミ十人カイケム」すなわち売買関係にあった当事者双方（売主と買主）の「買券」なのである。

古文書が様式的には「吾人がある記号をもって意思表示をなしこれを相手方に交附するもの」[25] であることは言うまでもない。「交附」された受取人が請文や代価の請取状を「吾人」、すなわち発信者に発行することにより、相互にこの事案を承認することになる。こうして売買関係が保証されることになる。実際には通常の売買関係で請文や請取状が発行されることは稀であるので、煩雑を避けて奥書や裏書をおこなってこれに代えることも多かった。[26]

厳密な売買関係においては、売主と買主がそれぞれ売券、請文・請取状を個別に発行することになるのだろうが、この文書のように両者の行為、すなわち「売渡」と「買取」の両者の行為を包括して「買券」として称していることは興味深い。この文書は高野山膝下の寺僧集団内の土地配分であり、かならずしも一般的とは言えない。しかし集団内の配分を記す行為の総称としての処分状が、買券として考えられていたことは、中世における売却・買得の関係が決して一面的にとらえられていたのではなく、むしろ土地にまつわる双方向の権利として包括してとらえられていたことを暗示するものと評価できよう。

小括

本章は、中世における処分状についてその機能をあらためて述べたものにすぎない。

処分状のなかには、「書分」と記されるものがある。これは、売買や譲与のなかで本来副進されるべき本券が、類地があるため差し出すことのできない状態の場合に、その代わりとなる権利証文としてあらたに放券するものであった。また売買関係のなかで紛失した売買券文は、あらたに案文の書分を作成しこれを正文とすることがある。

処分（書分）は権利の譲与や宛行の意味であることは言うまでもないが、原初的には文書自体の効力（権利）を永続・維持させるための文書作成上の一様式であったことが推測されるのである。

（1）『続群書類従』一一下、公事部。
（2）佐藤進一『新版　古文書学入門』法政大学出版会、一九九七年、二四六頁）。
（3）飯倉晴武「九条家領の成立と道家惣処分状について」（『書陵部紀要』二九、一九七八年。のち『日本古文書学論集』九「中世編Ⅴ」吉川弘文館、一九八六年。飯倉『日本中世の政治と史料』吉川弘文館、二〇〇三年、所収）など。
（4）中村直勝『日本古文書学』中、角川書店、一九七四年、五六一頁。
（5）井原今朝男「中世請取状と貸借関係」（『史学雑誌』一一三―二、二〇〇四年、一六六～一八九頁）など。
（6）大日本古文書『高野山文書』又続宝簡集三四（『鎌倉遺文』一九三六五。以下『鎌遺』と略記）。
（7）大日本古文書『高野山文書』又続宝簡集三六（『鎌遺』一九三七四）。
（8）正安四年七月二十六日「定範垣内田野売券」（『高野山文書』又続宝簡集三六、『鎌遺』二一一三八）。
（9）相田二郎『日本の古文書』上、岩波書店、一九四九年、九〇一頁。
（10）大日本古文書『東大寺文書』四、四〇（『鎌遺』五一五〇）。
（11）買券については本書第一部第一章を参照。
（12）嘉禎三年六月二十七日「大仏供負田銭請取状」（大日本古文書『東大寺文書』四―四〇、『鎌遺』五一四四）。
（13）正嘉三年三月日「福得房・有包処分状」（大日本古文書『高野山文書』七八三、続宝簡集六八、『鎌遺』八三五九）。

(14)「塵芥集」一三五条（日本思想大系二一『中世政治社会思想』上、一九七二年）。
(15)「大東家旧蔵文書」（『鎌遺』一三八九）。
(16)早島大祐「ものはもどるのか――中世の融通と徳政――」（『室町・戦国期研究を読みなおす』思文閣出版、二〇〇七年）。
(17)「近江奥津嶋神社文書」（『鎌遺』二九五〇九）。
(18)「山城八坂神社文書」（『鎌遺』四二九四）。
(19)建保三年十月十八日「某家地去文案」（「京都大学所蔵文書」（『鎌遺』二一八八）。
(20)同前。
(21)康安二年四月二十日「源重長等連署寄進状写」（「妙興寺文書」『一宮市史』資料編五、一〇二）。
(22)本郷恵子「中世文書の伝来と廃棄――紙背文書と案――」（『史学雑誌』一一七―六、一九九八年）。五味文彦「控えをつくる」（久留島典子・五味文彦編『史料を読み解く』山川出版社、二〇〇七年）。村石正行「諏訪社に残された足利義政の願文」（『年報三田中世史研究』一四、二〇〇七年）。
(23)「中南区有文書」（『和歌山県史』中世史料二）。
(24)売券に対する買券の位置づけについては本書第一部第一章参照。
(25)伊木寿一『古文書学』慶應通信、一九四九年、二一一頁。
(26)「今堀日吉神社文書」の一連の売券などを見るまでもなく「代銭〇〇文受取了」と書かれた売券はよく散見される。中村直勝「文書の効力」（『日本古文書学』下、角川書店、一九七七年）。

第二部

売寄進と同日付売券・寄進状の作成

第四章　売買契約と売寄進

はじめに

現存の古文書の中で多くを占めるものに土地契約文書（土地証文）があり、その重要性は熱田公が述べている。[1]そのなかで、売寄進状と呼ばれるものがあることはよく知られている。

佐藤進一はこれを「実際には売却するのであるが、売券のほかに寄進状を作成し、徳政などのときには寄進状を表面に立てて、徳政の適用を免れようとするもの」[2]と定義している。こうした徳政忌避手段としての「売寄進」については、佐藤以前に三浦周行[3]や相田二郎[4]の簡明な概説がある。彼らの所説は、「売寄進」行為は結局、動産・不動産を問わず売却行為そのものなのであって、寄進状は、寄進行為が金銭授受を伴わぬものとして本来的に徳政除外対象である点から、徳政によってもたらされるであろう「自己利益の不当な棄破」を予防するための形式的手段にすぎぬということで一致を見ている。その意味では、売券のなかに違乱忌避文言として鎌倉後期以降にわかに現れ、南北朝・室町期に隆盛する「徳政忌避文言」とその趣旨は同一のものと理解できる。本章ではこの「徳政忌避手段」の売寄進を便宜上Ⅰ型売寄進と呼ぶ。

さて上記の定説に疑問を呈し、あらたな知見を加えたのは須磨千頴[5]である。須磨は売寄進を旧説以来の「いわゆる売寄進」と、そうでない「売寄進」とに分類されている。そして売寄進の性質が徳政時のみ寄進行為の有効性が認められるものであるとする旧来の「いわゆる売寄進」説を消極的評価であるとし、本来売寄進は、徳政の有無にかかわらず、常に寄進と売却がそれぞれ独立した行為として実効するものであると積極評価された。これが以後の理解となっている。[6] この「一部寄進・一部売却型売寄進」を本章ではⅡ型売寄進と略称する。

しかし本章で述べるように、売寄進の一つの形態として、当該物件を買得しそれを即時に寺院に寄進する形の所有権移動が少なからずある。これは寄進に主眼が置かれたもので、売却は寄進の意志を成就させるための一方途にすぎない。本章ではこの「買得即時寄進型」ともいうべき「複合して機能する文書」としての売寄進を取り上げて、寺院の土地集積活動の一端に触れてみたい。

一　売寄進状の実態

次の文書を見てみたい。これはⅠ型売寄進の典型である。

【史料A−1】「平忠兼寄進状」[7]

天満宮薩摩国分寺

奉二引進一同国薩摩郡成枝名内羽島浦田畠□(山)野河海等但若松名内水田等除レ之事

右、当浦者、忠兼重代相伝之私領也、而奉二引進□一之故者、以二去正和二年二月十日同十三日一、三昧僧神人命婦等為レ鋪二設催促一、令レ来レ臨二于忠兼許一之刻、不慮之外狼藉出来、雑掌就レ被二訴申一、上総介殿御代被レ尋二□子細一、有レ注二進関東一之処、被レ返二下彼注進訴陳状於鎮西一畢、而今遠江守殿御代被レ究二御沙汰之淵底一間、恐二冥慮一、以二私領壹所一、奉レ引二進于寺家一之上者、至二于忠兼子々孫々一不レ可レ成二違乱煩一、若又不レ憚二冥慮一、於レ申二異儀一者、為二不孝之仁一而可レ被レ申レ行二重科一、仍為二向後亀鏡一、引文如レ件

元応元年十一月一日

平忠兼(若松彦太郎)（花押）

【史料A-2】「平忠兼田畠売券」(8)

うりわたしたてまつるこくふの□

ありさつまのくにさつまこをりはしまのうらのてんはくさんやた、しわかまつミやうの内すいてんらはこれを□(除)事
みき、たうらハ、た、かねかせんそさうてんのしりやうなり、しかるをようえうあるによて、しろのせに三百くわんもんに、こくふの二郎殿に、えいたいをかきりて、うりわたし候をハぬ、し、そん〳〵まて、たのさまたけなく、ちきやうせられ候へし、くわんとう御けちいけほんせうもんにおいてハ、れんけんたるによて、はなちあたへす、あんもんをうつして、うらふして、そへわたすところなり、くけふけ御くうしハ、ふんけんにしたかて、ちきにきんしせられ候へく候、かやうにうりわたし候ところに、た、かぬかしそくらのなかに、いらんを申ともから候ハ、、なかくふけうのことしてしよ(自余)のそりやうをも申給らせ給へく候、よてこにちのせうもんのために、うりけんのしやうくたんのことし

元応元年十一月一日

忠兼（花押）（裏書略）

この二通の古文書は、薩摩国平忠兼（若松彦太郎）が元応元年（一三一九）に発した同年月日の寄進状と売券である。対象となる在所がともに薩摩国薩摩郡（成枝名）羽島浦田畠山野となっている点、また両文書が同年月日に発給されている点、ともに差出人（つまり寄進者あるいは売却者）平忠兼から、被寄進者（買得者）薩摩国分寺（国分二郎）への証文であるなどの点に鑑みて、両文書が二通で売寄進として機能していると推定される。その意味で、従来の「いわゆる売寄進」として位置づけることが可能といえる。つまり、徳政忌避の意図が買得者である国分二郎の側にあったのだと説明できる。

【史料A】は売券と寄進状で売寄進行為を表現していたが、いっぽうで売券と譲状を同時に作成し、譲与を偽装した、元応元年九月二十六日「信尊田地譲状」、同日「信尊田地売券」のようないわゆる売譲(9)もある。何ゆえ

に寄進状が忌避手段として使用されたかといえば、言うまでもなく寄進状が本来代償を伴わぬものであり、ゆえに徳政の埒外であったからである。すなわちこの場合、同様の意義をもつ譲状も寄進状と同様に徳政忌避手段型売寄進として売券と同時に作成されたと考えてよいと思われる。信尊の売譲文言を見れば、買得者（源氏女）の側は「御徳政の御新制」による債務棄破を恐れていたことは明白である。すなわち、売却者信尊に対して当該物件の徳政適用の放棄を誓わせ「御徳政の御新制ありというとも相違あるべからず」と一筆入れさせているのは、まさにこの証左であり、逆に考えれば買得者である源氏女は、この「徳政文言」のみでは飽き足らずに売券のほかにさらに譲状をも偽装作成せしめたものとも考えられる。

さて右に記した売寄進・売譲は、二通の文書で売寄進（譲）行為を示すものであったが、「今堀日吉神社文書」には単独で「売寄進状」として機能する文書が見える。

【史料B】「祐慶菜地売券」(10)

（端裏書）
「今堀」

奉㆓売寄進㆒菜地之事

合壹畔者此半分寄進分半分売地也、代五百文請取畢

在蒲生上郡得珎保内今堀郷字新まい垣戸在之

四至本文書あり

右件菜地、元者階戸越前公先祖相伝之地也、雖㆑然、依㆑有㆓直要用㆒、今堀惣永代売申所実正明白也、雖㆓然上者後々代々経㆒、（ママ不可有脱カ）違乱煩他妨者也、仍為㆓後日沙汰㆒、寄進売券之状如㆑件、

永正十年癸酉十一月吉日

祐慶（花押）

【史料B】は一通の文書に「売寄進奉る菜地の事」と売寄進という文言を文書に明言している。またこの文書

における売寄進行為が「菜地壹畔」[11]を半分は寄進し、半分は売却するという複合的な行為を指すことがわかる。この場合、このような売寄進が徳政忌避の為の所作であるという理解は成り立たない。なぜなら、同一文書に現実に祐慶により実行される「寄進」と「売却」両行為を記載することは、「売寄進」の事実を明確化することには成り得ても、決して徳政忌避手段には成り得ぬからである。従来の理解にあった、寄進が形式的なもので実際は売却―買得が主であったという売寄進に対する見解は、少なくともここでは成り立たないのである。厳密に「売却行為と寄進行為」とにそれぞれ独立していると言えよう。このような、当該物件の一部を売却し、残りの一部を寄進するという型の売寄進状、すなわち「寄進売券之状」を本稿ではⅡ型売寄進（状）とする。このほか「宝慈院秀音田地売寄進状」[12]中の文言に見える「此内貮段者、直銭中七貫七百廿文仁、永代大徳寺塔頭如意庵江売寄進」している事実、「南小路太郎五郎田地売寄進状」[13]「俗別当兼永売寄進状」[14]「渡会久弘売譲状」[15]なども同様である。『建内記』の「徳政条々」[16]によると、売寄進地が「改動あるべからざる地」、すなわち「売寄進地」が徳政の埒外、いうなれば徳政棄破を免除される地であることを定めたということであり、この売寄進行為が幕府にとってみればいたって合法的な行為であって、決して徳政忌避の性質をもったものではないのは自明である。すなわちⅠ型ではなく、このようなⅡ型売寄進と位置づけねば理解し得ないのである。

二　買得即時寄進型売寄進と「仲介者」

前節では、おもに須磨の理解に従って売寄進状を検討した。そこで、従来徳政忌避の所作として括られてきた売寄進のなかから、その例に漏れるもの、つまり一紙文書で一部寄進と一部売却の意味を有するものがあることが明らかになった。須磨は、売寄進状については結論的に「『いわゆる売寄進』とそうでない売寄進とに分けなければならぬ意味も、必ずしもなくなる」と述べ[17]、売寄進状が原則的に「一部寄進、一部売却」という機能をもつ文書であるとした。古文書学上で述べた場合、このような売寄進状の定義は有効かもしれないが、行為としての売寄進を考える場合は画一に過ぎる面がないわけではない。Ⅱ型売寄進に比して、Ⅰ型たる徳政忌避手段型の方が数多く存在することは明白だからである。(18)

さらに、以下【史料C－1】、【史料C－2】を挙げる。

【史料C－1】「実寿田地売券」(19)

（端裏書）「覚道房売券」

沽却　田地立券文事

合半者在高野政所下方市原村、字出走 定田五斗、当作人正力

四至在本券

右、水田者、実寿相伝領掌之私領也、而依レ有二要用一、直銭四貫文仁、永代所レ奉レ沽二却于道順房阿闍梨御房一也、仍相二副本券一通一、放二新券文一之状如レ件、

正中二年乙丑七月廿八日　実寿（花押）

【史料C－2】「良芸田地寄進状」(20)

（端裏書）「道順房寄進状」

寄進　御影堂陀羅尼田事

合水田半者在高野政所下方市原村、字出走 定田五斗、当作人正力

四至在本券

右、意趣者、為二宗祐蓮順房出離生死証大菩提、乃至四恩法界平等利益一、相二副本券二通一、所二寄進一之状如レ件

正中二年乙丑七月廿八日　阿闍梨良芸（花押）

右の正中二年（一三二五）の二通の文書は「高野山文書」所収のもので、同一物件・同年月日付で作成された寄進状・売券であるが、先の史料で見た売寄進状と違うのは、差出人・受取人が寄進状・売券共にそれぞれ同じである前述史料に対してこの文書は売券における被売却者と寄進状における寄進者が同一である点である。

売寄進の定義は、先に述べたように、「同一人物が同一の対象に対して、同一物件に関する売券と寄進状とを、同年月日付で別々に作成している場合を指していう」(21)のであるが、すでに検証した如く、売券の機能と寄進状の機能をそれぞれ有した一枚文書も存在するゆえ、すでにこの従来の徳政忌避説に引きずられた定義は的確ではないと考えられる。個別に文書を見れば、①実寿が四貫文で道順房（端裏書等からみて道順房＝良芸と思われる）に私領水田半段を売却、②道順房（良芸）が高野山に御影堂陀羅尼料田として寄進したことになる。一見すると単なる手継文書として看過してしまいそうであるが、実は売寄進に関して重要な示唆を与える手継文書である。対象となる物件が同一、さらに売却日と寄進日とが同一年月日であることを勘案すると、この一連の所有権移動は一種の売寄進なのではなかろうか。買得した日に当該物件が即時寄進された点から推し量れば、良芸には最初から御影堂への寄進の意思が存在していたことは明白である。そしてその意思を達するため、良芸に対していずれかの人間が土地の寄進あるいは売却をなすことをほかならぬ良芸自身強く期待していたと考えられる。この形態の売寄進を買得即時寄進型売寄進とし、便宜的にⅢ型と略称することとする。良芸はみずからの手元に土地を集積し、それを高野山に直接寄進をするという行為をとっている。以下こうした「仲介者」(22)について考えてみたい。

寛元元年七月日「僧永弘畠地売券」同年月日付「比丘尼心阿寄進状」(23)もこの型式をとっている。

【史料C-3】「僧永弘畠地売券」(24)

（端裏書）「添下□

キヨスミノ文、東大寺へ寄□（進カ）了」

「尼心阿」

沽却　清澄畠事

合壹段者

在大和国添下郡五条三里廿九坪内東縄本

四至 限レ東他領　限レ南類地 / 限レ西類地　限レ北他領

右、件畠者、僧永弘先祖相伝之私領也、年来領掌之間、敢無二異論一、而今依レ有二用要一、直米限二参斛一、永代奉
レ沽二却比丘尼真阿一畢、向後更以不レ可レ有二他妨一、仍為二後日亀鏡一、放二新券文一之状如レ件、

寛元元年七月　日　　　　僧永弘（花押）

【史料C－4】「尼心阿畠地寄進状[25]」

寄進　東大寺灯油料畠事

合壹段者

右、為二比丘尼心阿臨終正念、離苦得脱、往生極楽、慈父悲母出離生死、乃至法界平等利益一、限二永代一、令二
寄進一之状如レ件、

寛元〻年七月　日　　　　比丘尼心阿（花押）

この二つの史料は、寛元元年（一二四三）僧永弘が心阿に畠地を売却、直ちに比丘尼心阿が当該物件を東大寺灯油料畠として寄進している、言うまでもなく買得即時寄進型売寄進である。【史料C－4】に見えるように、心阿は自身の死後離苦得脱のため、さらに亡父母の菩提を弔うために寄進したと考えられる。これだけの史料からは深くを理解し得ないが、おそらく自身の死の近きを悟った心阿は、菩提を弔うための料田（畠）を四方に求め、そのなかでそれに応じた一人の僧から料畠を買得し、即時に寄進をしたのである。

さて、鈴木国弘によれば、文永から建武年間において、高野山御影堂を中心とした寺領集積の主体は入寺・山籠といった上位学侶であり、阿闍梨も多いという。(26) 例として、以下の史料を挙げよう。

【史料C–5】「山籠光性田地売券」(27)

（端裏書）「婆加賀谷券」

謹辞　売渡田事

合田半者在河北、山

四至在本券

右件田者、祐花房相伝田也、而依レ為二便宜一、荒川田ニ相賛（替）地也、而依レ有二要用一、興都維那師ニ限二永代一、乃米貳斛五斗所二売渡一也、仍為二後日証文一、相二具本券一、放二新券文一之状如レ件、

承久二年庚辰十二月　日　　　山籠光性（花押）

（裏書）「寄二進高野御影堂一了」

これは売券に裏書をして寄進状とした例である。承久二年（一二二〇）山籠光性が興都維那師に売却、興都維那師が高野山御影堂に寄進したものである。この場合、興都維那の買得と寄進の両行為の時間的間隔は判然としない。前述【史料C–1・2】のように即時型であるのか、あるいは長期的なタームのなかでの買得寄進であるのかは、ここからは読み取れない。買得即時寄進型売寄進とは、手継証文といわれるもののなかで最も即時性の強い所有権移動であると言え、その意味では権利移転の証拠である一般的な手継証文の範疇に入ることは言うまでもない。しかし重要なのは、買得する本人がその物件を当初から寄進する意識をもっていたかどうかである。買得即時寄進型売寄進とは「寄進するために買得する」ことである。この点については、以後の節で述べる。

ここで、【史料C–1】、【C–5】の売券に付されている文言形態について見ると、ともに由緒文言のみ記載さ

れているにすぎない。【史料C-3】にあっても売券としてはシンプルな形態のものである。それぞれ追奪担保文言が極めて少ない単純な形態の売券であり、おそらくは売買に対して買得者側には違乱が想定されていない、あるいはその可能性が少ないと考えられていたと思われる。推測が許されるなら、高野山寺院機構内の契約関係であることから売却者は物件が直ちに買得者によって寺院側に寄進されることを承認していたのではないか。この場合、むしろ売却は二の次のことであり、売却者は買得者を介した御影堂への寄進を第一に意識していたのである。

さて、今までは主に「高野山文書」のなかから「売却者と寄進者の同一でない売寄進」を取り上げたが、こうした事例は高野山に限ったことではない。

【史料D-1】「阿古女・浄鎮連署田地寄進状(28)」

（端裏書）
「□　四反田也」

越前国野坂庄櫛河郷内原田地事

合肆段者　宗三郎作也、東をかきり同作田幷道、南をかきり大道、西をかきり先寄進田、北かきる道

右田地者、山内将恒ちうたいの御領にて候を、阿こ女やう〱のひけいをいたし、おゝくのしゆかうれうそくを入、ちからをつくし候て、将恒の御寄進状をとり候て、後生菩提のために西福寺になかく施入申候、しかれハ阿こ女逝去の後ハ、忌日をねんころに御とふらい候て給候へく候、（中略）又阿こ女一期の後も、此田の内壱段をハおい（甥）にて候浄鎮僧知行候へく候、（中略）更他妨あるましく候なり、然ハ寄進之状如レ件、

応永六年四月八日　阿古女（略押）

僧浄鎮（花押）

須磨はこの文書を重寄進として取り上げている(29)。応永六年（一三九九）のこの文書からうかがい知れるのは、まず寄進の意思が（死後の忌日料経営のため）阿古女の側に強くあったということである。そのため数々の「秘計

を致し」て地頭山内将恒から西福寺への寄進状（この場合、阿古女にとって買得であろうと被寄進であろうと料田さえ得られればよかった）を得る(30)ことができたのである。この場合、結果的に阿古女（または甥浄鎮）は仲介者として西福寺へ寄進したことになるのである。この阿古女の行為を明確化しているのが次の文書である。

【史料D－2】「良如置文」(31)

又此四段之田地秘計之時、阿こめの方より定の料足弐拾貫文いたし候き、若寺家より違乱之義あらハ、此由を委細浄花院へ申入、可レ蒙二御下知一候、後証のために是まてくハしく申置候也、

門前宗三郎作之田内四段の事、重経寄進幷ニ将恒（経カ）判形をいたされ候しとき、阿こめそこはく（若干）の助成ニおひ候し、ありかたく候、永代当寺領ニ候へとも、阿こめ所望によて、一期のほと知行あるへきよし、状をいたし候ぬ、又阿こめ一期之後ハ、此田のうち一段、浄鎮僧存生之間知行あるへきよし、状にのせ候也、後代当寺の住寺も意儀あるましく候、穴賢々々、

（応永十六年）四月十日　　　良如（花押）

浄鎮御房

つまり、阿古女が二十貫文を料足として「いたし」、西福寺への田地四段の寄進の合力をしたことになる。寄進は阿古女の意思でもあり、また、被寄進は置文の内容から西福寺側の意思でもあったことがわかる。

【史料D－3】「観教下地寄進状」(32)

（端裏書）「観教寄進状」

寄進申下地之事

合田壹段　坪者宮西

右此下地者、山下殿御知行分ニて候を、参貫文進レ之候て、永代うり寄進の分ニ申定候、為二悲母祥観禅尼出

離生死証大菩提一也、但此下地、本坪ハ高座ニて候を、宮の西壹段ニ公方之儀としてかへ地ニ仕候て、永代立政寺へ寄進申候処実正也、殊諸役を除候てかい申候、うり券別在レ之、仏陀人ニかへらさる事候間、弟子等煩を申へからす候、仍為二後日一寄進証状如レ件、

文明拾五年癸卯十二月十四日　　観教（略押）

これは、文書のなかにも見える通り、売寄進の最たるものである。前出阿古女・浄鎮が秘計を致し酒肴料足を入れて寄進の承諾を得たように、この場合、山下殿の知行地の内一段の下地を、僧観教が文明十五年（一四八三）に三貫文を納め、諸役を除き抜地として買得したことにより、立政寺に永代売寄進をすることができたのである。観教の立場が「仲介者」であることは言を俟たない。

寛正六年八月日「原田常鏡寄進状案」(33)は、形式は寄進状であるが本文中に「連々自二寺家一承候、其子細聞開申上者、勝尾寺本尊へ彼於二坊屋敷一者、為二公私御祈禱一拾七貫文ニ永代売寄進申者也」とある通り、坊屋敷の売寄進行為を表すものである。しかもその売寄進される物件が、原田肥後入道常鏡本人の所有にある物件ではなく、「ひらかと坊」以下六人の所有する「坊屋敷」が対象物件となっている事実を見ることができる。文言から理解すれば、原田常鏡は勝尾寺側からの要請を受け、六人の「坊屋敷」を一七貫文で買得し、直ちに勝尾寺本尊へ寄進をするという、買得即時寄進型売寄進をおこなっているのである。言うまでもなく原田常鏡は「仲介者」という立場であり、しかも、その「仲介者」という位置づけは勝尾寺側によって規定される立場のものであったのである。勝尾寺の要請を受けた原田常鏡は、六人に対し屋敷寄進をなすべく寄進を勧めたことは容易に想像ができるのである。

また前述のように、寄進をなすよう諸人に勧進する例はしばしば見られるのであるが、例えば、早い例ではあるが貞永元年（一二三二）十二月一日「紀氏女畠地寄進状」(34)によれば、紀氏女は私領畠一段を勝尾寺に寄進をな

している。その直接の契機は「依二民部卿阿闍梨御房御勧進一」るものであったのである。また、おなじく「勝尾寺文書」における正応六年（一二九三）卯月十八日「顕心田畠寄進状(35)」によれば「請二十二人之僧侶一、荘厳千手千眼之道場、転読無二無三之妙経、然而無供之勧者、廃怠之至也、須レ求二檀那於十方一、勧二進供料於諸人一、則買二得田畠肆段一、肆段、相二副地子注文幷券契一永所レ令レ寄二進彼供膳料田一也」とある。顕心は十二人の僧侶に経転読を依頼したが、その経済的裏づけが必要な彼は後援者を求め、その費用を人々に勧進して廻った結果、供膳料田として田畠四段を買得即時寄進し得たという事実を看取できるのである。

さて、鎌倉末期における東国の売寄進の例として「長楽寺文書」を見てみよう(36)。該当するものは四件（『群馬県史資料編五』七四・九五・七五、一一三・五八、九二・五九、六一・九三）ある。これら売寄進は、新田一族である世良田氏がみずからの氏寺である長楽寺へ寄進をするものである。その際にこの寄進を仲介する者として大谷道海の存在がある。基本的には道海が世良田氏の土地を買得し、即時に長楽寺へ当該物件を寄進をしているのであるが、そのいっぽうで世良田氏は直接長楽寺への寄進状を作成している。例えば元徳二年（一三三〇）十二月二十三日「源（世良田）満義在家畠売券案」に「大谷入道〻海永代仁買得之、為二長楽寺修造一所レ奉二寄進一也」とあるように、売却者満義は道海が寄進をする意識を有することを認識したうえで道海に売却している。さらに同日付で寄進状が作成されている。こういった事例から考えれば、この一連の所有権移動文書は

(1)　道海を仲介とした買得即時寄進型売寄進であること

(2)　土地売却者である世良田氏は実は寄進する意識を強く有していた、逆に言えば世良田氏は長楽寺へ寄進する意識をもちながらも寄進する余力がなかった、そのジレンマを解決したのが道海を介した売寄進であった

ということがわかるのである(37)。

以上見てきたように、こうした仲介者の役割は、阿古女や浄鎮のように秘計を致すことであり、また一連の

「勝尾寺文書」に見られる勧進なのである。この結果、仲介者へ物件を売却する者は、仲介者が高野山なり西福寺・立政寺・勝尾寺なりへその物件を即時寄進することを承諾のうえで売却するのである。

買得即時寄進型売寄進は寺院に多く見られる。寄進が主で売却（買得）は二の次である。すなわち、三浦や相田、佐藤等の従来の「徳政忌避手段」という売寄進に対する説では説明がつかないであろうし、また、現在の学界の理解である須磨の「一部寄進、一部売却」という理解のされ方も若干の疑念を挟む余地があるのである。まず最初に寄進の意思があったのである。さらに言えば、被寄進者つまり寺院側に強い被寄進願望があり、それを成就させるために寺院は仲介者を介しての土地の集積をおこなったのではなかろうか。

こうした仲介者を介した売寄進が寺院の土地集積過程にしばしば見受けられることは、どのような意義をもつのであろうか。

荘園制的領域支配に三つの類型を示したのは小山靖憲である。[38]小山によると論理的には

(1)　中世村落を基礎とする支配

(2)　在地領主制を媒介とする支配

(3)　イデオロギー操作を随伴する支配

に分けられるという。高野山の場合、先学により「高野旧領論理」、すなわち、「空海御手印縁起」による高野山の寺領荘園拡大の意図が大きかったことが論証[39]されており、その意味では宗教領主として(3)のような支配、空海以来の旧領回復、御影堂を中心とする膝下一円進止を主張し、積極的に寺領集積がされていたと考えても大過あるまい。

すなわち、高野山の被寄進願望の根底には「旧領回復—膝下一円進止」の悲願があったのであり、その論理達成のために阿闍梨を主とした高野山の支配体系に組み込まれた学侶を仲介者として配し、土地集積の窓口として

の役割を果たさせたのである。「売却者と寄進者が同一でない売寄進」行為が高野山など寺院に多く見られるのも、寺院による学侶の職業的支配と宗教領主としてのイデオロギー支配がうまくかみ合って土地集積がおこなわれたと考えればさほど不思議ではあるまい。「長楽寺文書」の売寄進の場合も、そこに強く表されているのは、正和年間に発生した大火災により灰燼に帰した長楽寺を復興させるための「氏寺」論理である。この「氏寺」というオーソリティを発動して長楽寺は世良田氏に寄進を促した。しかし世良田氏は頼氏の代に幕府中枢の政変に連座して以来没落したので、氏寺復興のため本来無償という形の寄進をなすには無理があったと思われる。そこで生み出された方法が、仲介者として経済的余力を有する大谷道海を利用することであった。有徳人大谷道海を寺側の支配体系に組み込む(40)、すなわち売寄進という形で寺復興を試みたといえよう。

三　買得即時寄進型売寄進における買得と上分寄進

さて、前節では寄進を主目的とした売寄進、すなわち「寄進をするために土地を買得する」、買得即時寄進型売寄進について検証した。そこで、本節では、売寄進によって権利移転する対象物件そのものがいったい何であったのかを考察してみようと思う。その場合、徳政忌避型売寄進の場合と同じなのか否かを検討してみたい。菅野文夫によれば、中世においての売買・寄進の対象物件の多くが上分であったとされる(41)。

言うまでもなく徳政忌避型売寄進では、当該物件の徳政適用を免れるために売券のほかにさらに寄進状を作成させる行為がおこなわれる。本主側の違乱や煩言を回避するために、銭主側の先導で売買契約がとりおこなわれるのはよく知られるところであり(42)、このⅠ型売寄進も同様といえる。また、Ⅰ型売寄進が銭主側の権利保障行為である、という観点で見れば、売券・寄進状に記載される取引物権は当然ながら同一であることは言うまでもない。

そこで次の史料を見よう。これは岡山県矢掛町「備中洞松寺文書」中の文安五年（一四四八）の買得即時寄進型売寄進である(43)（傍線筆者）。

【史料E－1】「庄資冬田地売券」（図1）

うり渡申永代田之事

合壹段者在所せんたの池下

右彼田ハ、まんそう公事をはつして、永代よう〳〵あるによつて、船木の当住へ代代（ママ）物参貫三百文ニ沽渡申所実也、又ハ沽寄進と存する間、此文書をか□（た）□（く）仕候て進候上者、天下一同の御とくせいありと申共、いらん煩申ましく候、其外何事ありとも沽主と申候て子細を申ましく候、若しそんニおいてもいらん煩申候は、、盗賊之御沙汰ニあつかるへく候、仍為二後代しやう文一うりけんの状如レ件、

文安五年九月廿七日

「庄掃部助状」

資冬（花押）

【史料E－2】「正慶田地寄進状(44)」（図2）

（端裏書）「竹井飛州之内方寄進状一通

舟木寄進状　庄上殿ヨリ 田之在所せんたの池之下」

舟木洞松寺方丈ゑ

為二照菴妙用大姉菩提一、寄進申田之事、合壹段者、代参貫三百文ニ永代万雑公事ヲ籠而買得仕、文書相副而寄進申上ハ、年忌九月十五日毎年毎月如レ形、末代無二懈怠一諷経所レ仰候、恐々謹言、

文安五年九月廿七日

竹井飛驒入道内方

法名「正慶（花押）」（別筆）

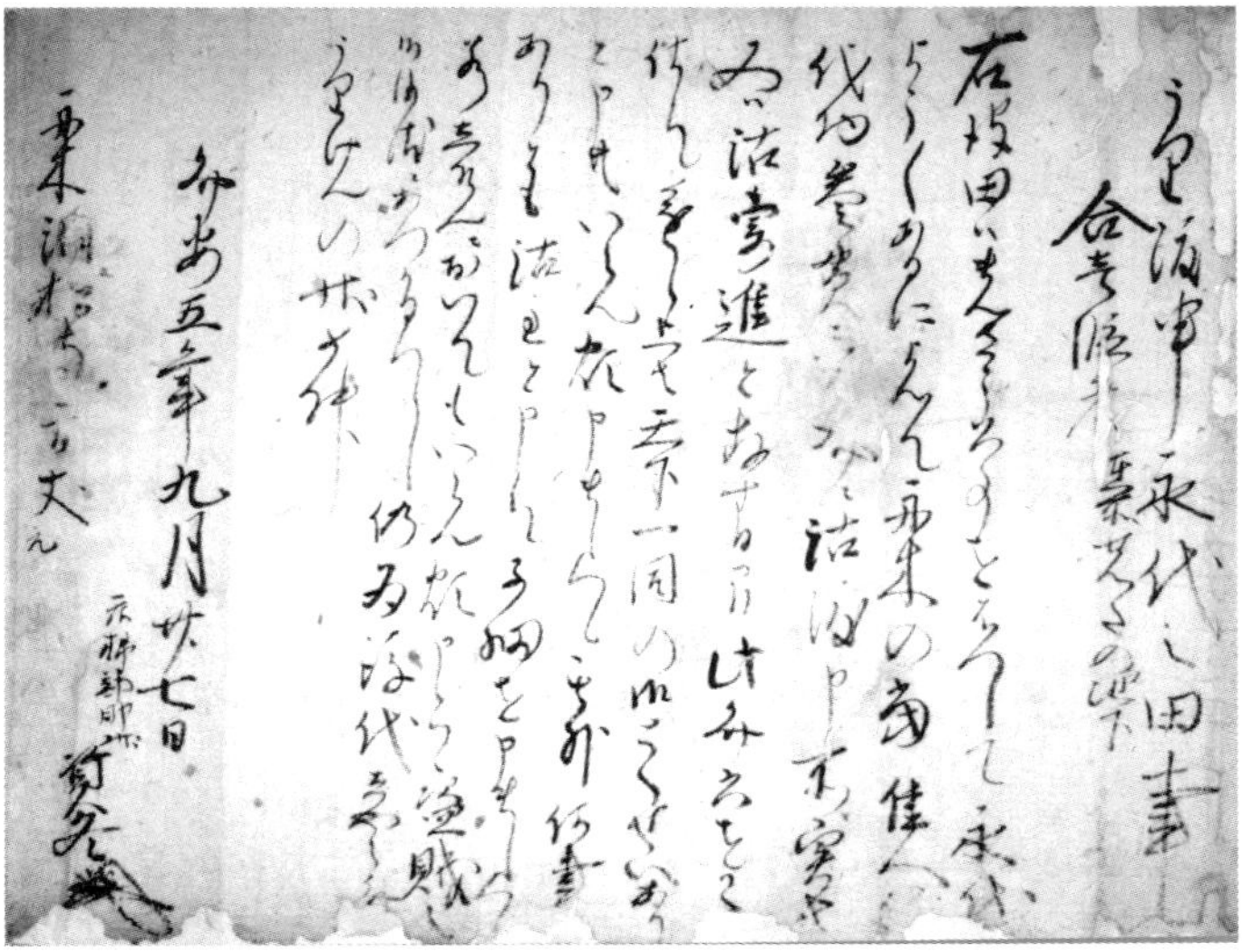

図１　庄資冬田地売券（洞松寺文書）

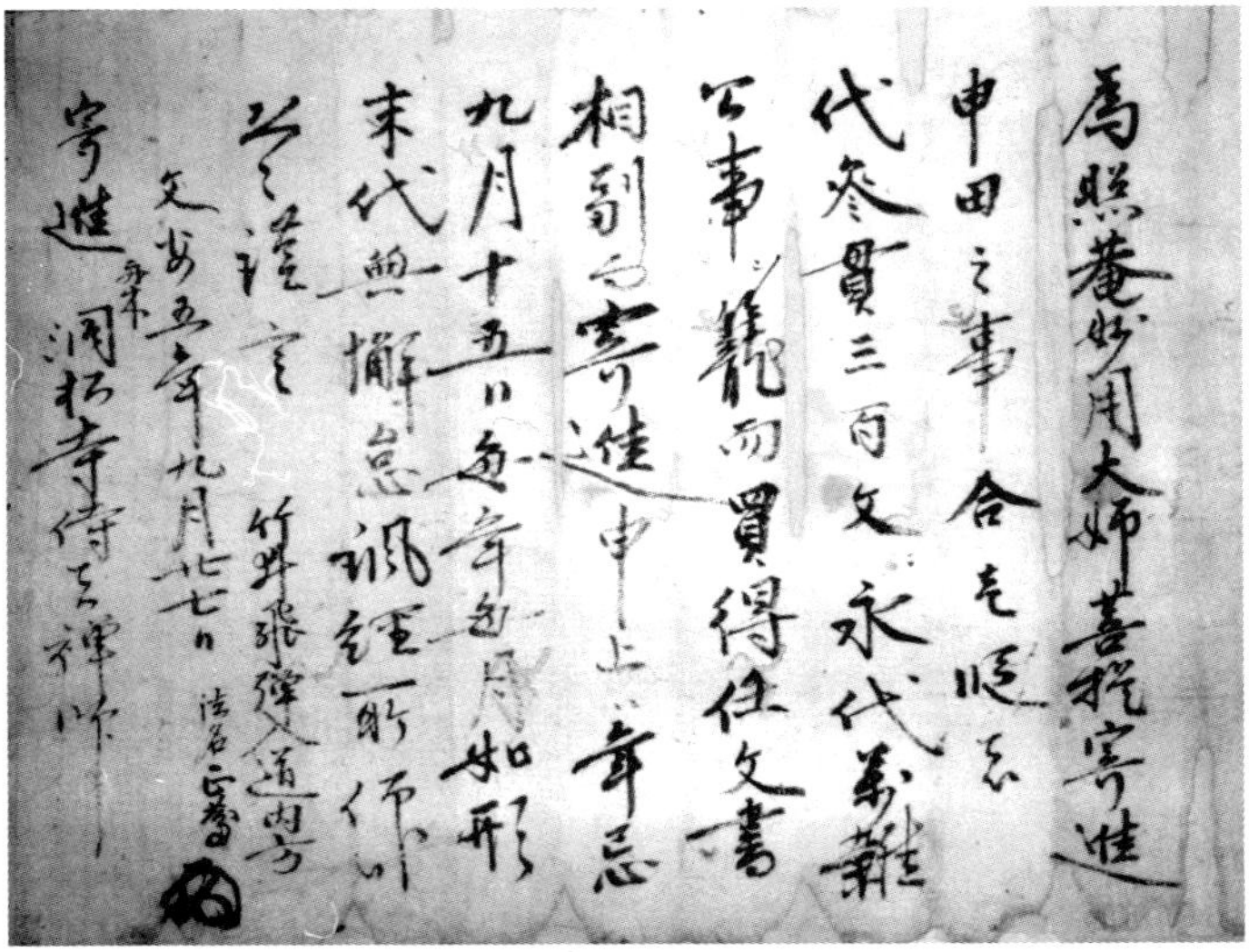

図２　正慶田地寄進状（洞松寺文書）

寄進　船木洞松寺侍者禅師

洞松寺は岡山県小田郡矢掛町横谷にある曹洞宗の寺院である。草創の時期は不明であるが、応永年間に喜山性讃が当時荒廃していた寺院を再興したといい、またその庇護者であったという庄駿河守がいる。すなわちこの庄氏こそがこの後の洞松寺の檀越であり「洞松寺文書」群を形成する主体となっている。

この同日付の売券・寄進状は、二通で売寄進として機能している。【史料E-1】で当該物件一段を舟木洞松寺へ代銭三貫三百文で売却をしている。そしてこの売買契約が「沽寄進（売寄進）」として把握されているのが注目される。そのいっぽうで同日付の寄進状である【史料E-2】からは、舟木洞松寺へ正慶が当該物件一段を寄進した事実を知り得るのである。すなわち【史料E-1】にいう「沽寄進」の意味合いは、当該物件一段の所有権が庄資冬→正慶→洞松寺へと移動したことを示すと考えられる。仲介者として正慶を介した買得即時寄進型売寄進として理解できるのである。「洞松寺文書」は売寄進文言が記載されている買得即時寄進型売寄進の事例が豊富に残される文書群として貴重である。

【史料E-1】に見えるようにこの契約は売寄進であるが、文言中に徳政文言が付帯されていることから徳政忌避の意味合いがあったとも考えられる。ただ、「洞松寺文書」の売券の九割にはこの文言が記載されており、単に地域的慣用文言として付帯されていただけとも考えられるので、にわかに断定はしかねる。

問題は史料中筆者が傍線を施した箇所である。【史料E-1】では庄資冬が当該物件一段を「まんそう公事（万雑公事）をはつして（外して）」、洞松寺へ売寄進した。いっぽうで、【史料E-2】では正慶が当該物件を「万雑公事ヲ籠」て買得したとある。この一連の動きを次のように解釈し得よう。

庄資冬は洞松寺に一段の田地所有権を移譲したが、その行為は、正慶が当該物件を買得し、正慶によって洞松寺へ寄進をなした一連の過程を示している。この場合、正慶は、庄氏から下地そのものを買得し、その下地の支配権を留保したうえで、一定の得分を寺に寄進するという形をとっているのであろう。庄氏は、売寄進という形が表しているように、実際は正慶に売却したにもかかわらず意識的には「万雑公事をはづし」た寄進を意図していたのであろう。すなわち、この当該物件に付課される万雑公事の負担者は正慶そのものである。そして結果的に洞松寺へは上分寄進がなされるのである。

翌文安六年四月二十一日「水河（川）貞久・貞納田地売券」（a）、同日「竹井玄保田地寄進状」（b）も同様に、水河氏が竹井に田地一段を売却、竹井は即日当該物件を洞松寺へ寄進している構図が読める。またこのとき、水河氏はこの一連の所有権移動を売却としてではなく「うり寄進と存」じていたと、あえて（a）に記している点を注目すべきである。意識として親である「興山道隆」のための寄進意識が強かったのである。さらに、竹井の寄進状（b）には、「地主沽券文内ニ当ほいたつるわか殿之判をさせ申、限二永代一かいとり申、寄進申候」とあり、庄鶴若丸の判を売券に付させ当該物件の認証を与えた、そして寄進をしたということになる。この鶴若丸の判については『岡山県古文書集』では翻刻されていない。しかし、筆者調査の結果、史料（a）には「うり渡申永代之田之事」と書かれた本文事書の直下に、約一・九センチ四方の黒印（印文「萬福」）がある。おそらくこれが（b）に記述された庄鶴若丸の判であることは間違いなかろう。竹井玄保は水河氏の売券（実際は洞松寺と竹井とに対する売寄進であった）に承認印（おそらく本主違乱を回避するため）を得たうえで、あらためて竹井自身の寄進状を即日（もちろん文書上での「即日」の意味である）に作成したことが知られる。

さて、「下地買得、得分寄進」の例は「上野国長楽寺文書」に見える売寄進にもいえる。

【史料F-1】「源義政在家田畠寄進状」(45)

奉寄進　世良田山長楽寺

上野国世良田郷後閑三木内作人子善後家在家一宇（田五段 畠弐町八反）　毎年〻貢合拾貫文間事

右所者、代〻相伝当知行無二相違一地也、而且為二祈禱一、且為二亡者菩提一、長楽寺所レ奉二寄進一也、子〻孫〻敢不レ可レ有二子細一、若至二于違乱煩之輩一者、永可レ為二不孝之仁一、仍寄進之状如レ件、

延文四年己亥卯月十日

散位源義政（花押）

【史料F-2】「源義政在家田畠売券」(46)

買渡　私領事

上野国世良田後閑三木内作人子善後家在家一宇田伍段并畠武町八段間事

右所領者、相伝当地行無相違地也、而依レ有二要用一、直銭伍拾貫文限二永代一所レ申二了哲都聞売渡一実也、如レ此売申之上者、更不レ可レ有二子細一、若於二子々孫々中一至下于致二違乱一輩上者、永可レ為二不孝之仁一者也、仍為二向後亀鏡一、売券之状如レ件

延文四年己亥四月十日

散位源義政（花押）

【史料F-3】「沙弥道行寄進状」(47)

奉二寄進一　世良田長楽寺

上野国世良田郷後閑三木内作人子善後家在家一宇田五段并畠武町八段

右彼所者、世良田殿重代御領也、以二直銭五十貫文一買二-給之一、所レ奉レ寄二-進長楽寺一也、仍本主御寄進状売券状同進二-上之一、仍状如レ件、

延文四年己亥四月廿日

沙弥道行（花押）

【史料F】は典型的なⅢ型売寄進状である。これらの史料は延文四年（一三五九）四月、源（世良田）義政の有する世良田郷の在家・田五段、畠八段に対する所有権を移譲するという一連の動きを示すものである。なお、義政は貞治三年（一三六四）に反乱を起こし足利基氏に討たれている人物である(48)。

義政は長楽寺に対する寄進状【史料F-1】を作成するいっぽう、当該物件の同日付の売券【史料F-2】を作成している。この際、売券の宛所が長楽寺であればI型売寄進と見なすことができる。しかし、一瞥してもわかるように、売券の充所は了哲なる人物であり、五〇貫文の銭で売却をしているのである。また、いっぽうでその一〇日後には同一物件に関するもう一通の売券が沙弥道行から長楽寺に対して作成されている（【史料F-3】）。【史料F-2】における了哲と【史料F-3】の沙弥道行の相互間の関連は知ることができない。「禅刹住持籍」に[49]よれば長楽寺における歴代住持は「了」字を用いる僧が多いことがわかるが、そこから類推すれば、了哲は住持ではないにしろ、その弟子に連なる寺僧であったであろう。

いっぽう、沙弥道行について見てみる。貞治四年（一三六五）七月五日「長楽寺寺領注文」[50]を見ると、「一所　後閑三木村内延文四年四月十日地頭義政寄進買領主道行奉レ進也」とある。買領主とは同じ注文に見える「一所　那波郡内　元徳三年七月十三日買得領主紀氏寄進」と同様に、買得領主すなわち、当該物件を買得し一定の得分を留保しつつ寄進をなす領主のことであろう。この元徳三年（一三三一）七月十三日の寄進状は現存しないが、買得安堵下知状[51]によると当該物件は同じ七月十三日に高山弥四郎より買得したものであることがわかる。すなわち、買得即時寄進を示していることは明白であり、ここから勘案すると、買得領主とは再三述べてきた「仲介者」と位置づけされるものと思われる。

さらに、同じ延文四年（一三五九）四月十六日、長楽寺の政所によって、義政によって放たれた当該物件が長楽寺へ引き渡されていることがわかる[52]。ここまでの動きをわかりやすくすれば図3の通りである。これより考えれば、寄進する意図のある義政の放った物件は、まず手続き上、売券として了哲の手に渡る。そして了哲、もしくは沙弥道行が、この物件を長楽寺へ移譲するに際して長楽寺の末端の寺務機構である政所の審査を受けることになる。そこで、義政の寄進の意思、すなわち「任二正員御寄進之状一」せて長楽寺に当該物件を移すことが形式

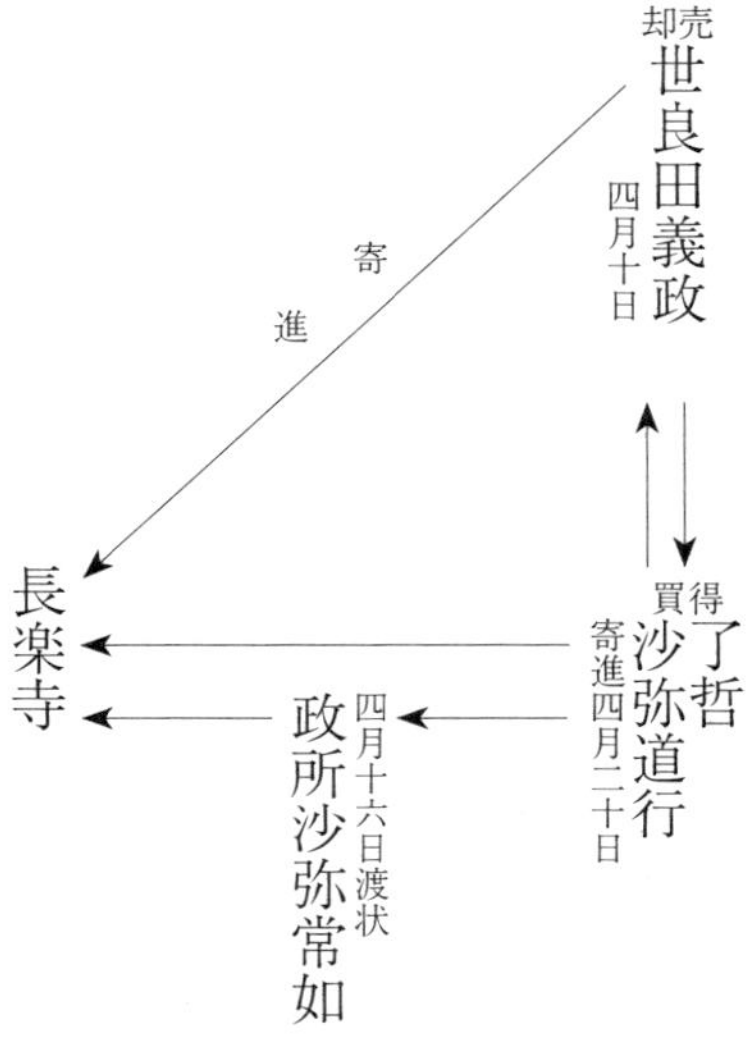

図3　源（世良田）義政の売寄進

的に承認される。ここで初めて義政の長楽寺への寄進が名実ともに正式になされる。了哲にしろ沙弥道行にしろ、おそらく両者を「仲介者」として位置づけて大過ない。なお、図3に示したように、ここではこの仲介者を長楽寺政所と別々に併記して理解をしたが、これをあえて分けて考える必要はない。さらに了哲、道行も長楽寺末端の支配機構に属していたのではないか、と考えられはしないか。その際了哲はまさに寺側の立場、いっぽうの道行は「買得領主」ともいわれるような在地領主として、おもに年貢収取を取仕切る政所の立場にあり、道行は買得した下地の収益の一部を寺へ寄進したのである。

弘長元年（一二六一）八月二十二日「白蓮田地寄進状[53]」を見ると、「右、件水田者、自二本主尼念阿弥陀仏手一以二直銭拾貫文一、沙弥白蓮所二買取一也、限二永代一、買二取此田一志者、至二于未来際一、無二退転一、為レ奉レ寄二進大仏殿灯油料田一」とあり、この寄進状からは、永代買得した物件を寄進する意味が明確に読み取れる。白蓮が下地そのものを念阿弥から買得したのは、そこからの上分の一部を「大仏殿灯油料」として寄進（得分寄進）をおこなうためであったことが看取される。

以上見てきたように、Ⅲ型売寄進の売券・寄進状は、券文上では譲渡対象物件は同一であるが、実際は買得分が下地、寄進分が上分の一部、とに分離されていることが判明した。

小括

本章における考察の概要は以下の通りである。

まず、三浦、相田、佐藤らが指摘した「徳政忌避手段」としての売寄進、須磨の述べる「一部売却・一部寄進」を示す一枚文書としての売寄進状の妥当性を述べた。しかし、筆者はこの分類にかならずしも当てはまらない「買得即時寄進型売寄進」の存在を指摘した。徳政忌避型は売却行為の隠匿行為として寄進状を別途作成する行為、すなわち売券作成が主で寄進状作成は従（売却＝主、寄進＝従）である。いっぽう、買得即時寄進型売寄進では、寄進の意識が本主に強く存在をしたが、注(22)の勝尾寺文書の売寄進で論じたように、物件を第三者に買い取ってもらい寄進の合力をしてもらう行為もみられる。言うまでもなく、寄進が主たる行為であり、売買行為はそれに付随するものである。このとき、寄進の合力をする第三者を「仲介者」とした。「仲介者」は上分を改めて寄進するのである。

こうした売寄進行為は特定寺院に多く見られ、「仲介者」の多くが寺僧もしくは寺関係者とみられる。このことが地域的な慣習の規定を受けた証左であるか否かは判然としない。しかし、高野山の場合、阿闍梨や山籠、入寺といった上位学侶が寄進の主体であり、また長楽寺では、有徳人大谷道海を末端の寺務機構としての政所職に配して売寄進を遂行させている。ともに寺側の意向を受けたものによる寄進の合力であり、売寄進は寺主導のもとでおこなわれたものと考えられる。前者は宗教領主としての「イデオロギー操作」が大きく介在していよう。例えば「御手印縁起」をもってする御影堂を中心とした「旧領回復―一円進止」の論理を遂行させる意識が高野山に強くあり、買得即時寄進型売寄進もそうした寺側の論理の文脈上でとらえ得ると考える。また、次章で詳述する長楽寺の場合も、正和年間の壊滅的打撃から寺を復興せしめるため、氏寺という論理を振りかざし、長楽寺主導のもと、世良田氏に寄進を勧めたのである。しかし、世良田氏は頼氏以来没落傾向をたどったため、この寄進は大谷道海を介した売寄進として結実した。越前西福寺の場合も、阿古女・浄鎮は寺側の立場で計略を巡らしたといえる。「西福寺文書」応永十二年（一四〇五）八月五日「良如置文」には「就二此田地一、自二地頭方一被レ出二安堵状一畢、彼状当寺請取置者也」とあり、これより見ても西福寺側の主導で土地集積がおこなわれたのは明らかである。

　買得即時寄進型売寄進で移動するものは、売買行為では下地、寄進行為においては下地からの上分の一部である。このことは仲介者が「長楽寺文書」に見えるような「買得領主」の立場で現地を取り仕切り、寺院経済の一端を担うことを意味するのである。

　このとき、下地を売却する人物を求める必要が生じる。正応六年（一二九三）卯月十八日「阿闍梨顕心田畠寄進状[54]」によれば「須求二檀那於十方一、勧二進供料於諸人一、即買二得田畠肆段一（割注略）、永所レ令レ寄二進彼供膳料田一也」とあり、寄進するための料田を四方八方に探し求める姿がうかがえ、買得した田地を料田に寄進したことが判明する。また、永正十七年（一五二〇）八月十四日「阿闍梨祐増田地寄進状[55]」の記事が興味深い。祐舜は明王堂上葺料所とする田地を買い、寄進しようとするが、彼の存生中は「依二田地不レ調、無二其儀一」かった。そこで弟子の祐増は、先師の跡を継ぐものとして、田地を買い揃えて寄進をなした、とある。先に寄進する意思があり、それを実行するために物件を探し求める構図がここでも看取できる。

　以上の考察により、売寄進にはⅠ徳政忌避手段型、Ⅱ一部売却・一部寄進型のほかにⅢ買得即時寄進型が存在することが確認された。従来の通説とされる徳政忌避手段型については、明確な実証がないにもかかわらず通説とされてきた。この通説の間隙を縫ったのが須磨であったわけだが、買得即時寄進型売寄進については、第五・六章で具体的に論じることとする。いずれにしても、売寄進＝徳政忌避手段として一律に論ずることは困難であることを指摘し、ひとまず本章を閉じたい。

（1）熱田公ほか『日本古文書学論集』九「中世編Ⅴ」（吉川弘文館、一九八七年）四〇一頁における解説。
（2）佐藤進一『新版　古文書学入門』（法政大学出版局、一九九七年）二七五頁。
（3）三浦周行『法制史の研究』下（岩波書店、一九四四年）八八〜八九頁。
（4）相田二郎『日本の古文書』上（岩波書店、一九四九年）九一〇頁。氏はさらに「実際売却するのでありながら、表面を立派な手段を以て飾る為めに寄進状を添へたとも考へうる」とも推測されている。
（5）須磨千穎「美濃立政寺文書について――田畑寄進状等の整理と「売寄進」管見――」（『史学雑誌』七八―六、一九六九年。須磨『荘園の在地構造と経営』吉川弘文館、二〇〇五年、所収）。この論文では、実例は検証していないという前提であるが、寄進の事実が売買・買得行為に先行する形の売寄進状が「たとえ永仁の徳政令発布以前に存在していたとしても決して不思議なことではないであろう」とし、従来の「唯徳政忌避の為の手段たるのみ」として売寄進状を位置づけることに疑問を呈せられたのである。
（6）『国史大辞典』（須磨執筆）の項。また伊藤清郎ほか「荘園関係基本用語解説」（『荘園入門』「講座日本荘園史一」吉川弘文館、一九八九年）の「売寄進」の項（伊藤執筆）では、これを踏まえながら、結局は寄進が従で売却が主であるとされている。筆者は本来的には須磨説のように「一部売却一部寄進」とするのがよいと考えるが、しかしながら本論文で論じる「寄進が主で売却は従」の形態もあり、一律に規定するのは困難である。なお、勝俣鎮夫「地発と徳政一揆」（『戦国法成立試論』東京大学出版会、一九七九年）は、売寄進の一例としてすでに寄進した物件に対して代替りごとに存在する本主の取り戻し行為と再寄進が挙げられている。これも寺院側が先行する被寄進の事実を買得行為を加えることでより確固たるものにしようとした一連の動きを示すのであり、「寄進が主で売却は従」の形態である。
（7）「薩摩羽島文書」（『鎌倉遺文』二七二九七。以下『鎌遺』と略記）。
（8）「薩摩羽島文書」（『鎌遺』二七二九八）。
（9）「信尊田地譲状」（「東寺百合文書」ウ函、『鎌遺』二七二五三）。「信尊田地売券」（「東寺百合文書」ウ函、『鎌遺』二七二五四)。

(10)「今堀日吉神社文書」五五一。仲村研編『今堀日吉神社文書集成』(雄山閣出版、一九八一年)。

(11)「畔」は「今堀日吉神社文書」をはじめ近江湖岸地域特有の地積標記である。拙稿「土地証文にみえる「畔」の分布」(『年報三田中世史研究』二、一九九五年)。

(12) 文明十一年九月三日「寶慈院秀音田地売寄進状」(大日本古文書『大徳寺文書』三、一五〇七)。

(13) 宝徳二年二月十三日「南小路太郎五郎田地売寄進状」(「東寺百合文書」ユ函。第一二回東寺百合文書展『中世の契約』京都府立総合資料館、一九九五年より所引)。

(14) 嘉吉元年五月三日「俗別当兼永売寄進状」(京都大学文学部博物館の古文書第三輯『細川頼之と西山地蔵院文書』一九八八年)。

(15) 文永九年二月十五日「渡会久弘塩浜売譲状」(「遠江国御神領記」『続群書類従』三三上、所収)。

(16)『建内記』嘉吉元年閏九月十二日条所載の同年閏九月一日「徳政条々」。

(17) 須磨前掲注(5)論文。

(18) 例えば大日本古文書『大徳寺文書』所収の売寄進状(三〇通)を見ると、十四世紀後半に集中して存在していることがわかる。またそのほとんどがI型売寄進状である。なお、全国的規模で見た場合、I型売寄進の早例は、承元三年十月二十三日清原末則売譲状(『鎌遺』一八二二、一八二三)と思われるが、徳政忌避手段たるI型の上限を承元年間(十三世紀最初頭)に持っていくことができるかどうかは疑問である。むしろこれまでのように同一主体・同一客体・同一年月日・同一物件の二通の売寄進をI型売寄進と即断することはできないのであるが、その点についてはさらに検討を要するので後日を待ちたい。また、一紙文書に「売寄進」文言が記載されているからといって即「徳政忌避」に非らざるものと断ずることはできない。例えば長禄二年十一月十三日「弥四郎田地売寄進状」(「若狭長源寺文書」『小浜市史』社寺文書編、一九七六年)には「縦又天下一同永地之雖二徳政行一、売二寄進仏陀一申上者、相違不レ可レ有候」とあり、徳政忌避を意図している。

(19)「高野山文書」又続宝簡集三五(『鎌遺』二九一五九)。

(20)「高野山文書」続宝簡集六(『鎌遺』二九一六〇)。

(21)　須磨前掲注(5)論文。

(22)　「仲介者」の設定について若干の説明を必要とするだろう。そもそも、売寄進という行為が、「同日」に「寄進」という行為と「売却」という行為が同一物件に関しておこなわれるものであるとすると、本論文で述べる買得即時寄進型売寄進状（Ⅲ型）も売寄進の一形態であると考えられる。とくに買得即時寄進型の場合、本来二者対応関係の売寄進が原則であったものが、その二者関係の中間にワンクッションをおいた形で存在をするのが「仲介者」であると定義をしたい。売却者「甲」には本来寄進意図が明確に存在していた。しかし、寄進という行為が代償を伴わないものであるゆえ、経済的自力が存在しないものには寄進ができないのである。「仲介者」は「甲」の寄進意図をくみ取り、当該物件を買い取りそれを寺院へ寄進することで「甲」の寄進の合力をするという役割を果たしているのである。例えば「勝尾寺文書」正和五年正月二十七日「沙弥道蓮田地寄進状」には「右寄進意趣者、雖レ有二其志一、依レ無二自力一、奉レ勧二諸人一、所レ奉レ売二寄御檀供之料田一也」とあり、寄進する意識はあるがその経済的自力が無いゆえに「仲介者」を十方に求め、当該物件を買い取ってもらい寄進する事実を見て取れる。当史料から見てもわかるように、直接寄進をしたのは「仲介者」であるが、間接的には売却者「甲」も寺院に寄進をした意識を有することになる。

　ここで【史料C-1・2】に見える「仲介者」道順房良芸について付言しておこう。道順房に関しての直接的な史料はほぼ皆無である。延元二年九月三日「官省符在家支配帳」（『又続宝簡集』八九）に有職免の在家・入寺免の在家をそれぞれ一宇を所持していることがわかる。のちの官省符荘検注帳のうち、（応永元年カ）「小田村田・畠・在家帳」（『高野山大学密教文化研究所紀要』三、一九八八年所収）にも、「大　地主丹生松　地子道順房　乍十郎」と現れる。両史料は年代的に離れており、かならずしも同一人物かどうかは不明であるが、作人の名前が「十郎」と同じであることから、同一人であろう。建武二年五月十三日の起請契状にも良芸の名が見える。

(23)　「僧永弘畠地売券」（『百巻本東大寺文書』九四、『鎌遺』六二一一三）。「比丘尼心阿畠地寄進状」（『百巻本東大寺文書』一五、『鎌遺』六二一二）。なお、このように、甲という人物が乙に売却をし、買得した乙が即時に丙に対して寄進をする形態の存在を念頭に置けば、同年月日付の売券・寄進状であっても、文書自体の機能した順序を勘案すれば、①売却行為→②寄進行為となるはずであるから、この史料の場合『鎌遺』所収においては「僧永弘畠地売券」を『鎌遺』六二一二、「比丘尼心阿畠地寄進状」を『鎌遺』六二一三に訂正すべきである。

(24)「百巻本東大寺文書」九四(『鎌遺』六二一三)。
(25)「百巻本東大寺文書」一五(『鎌遺』六二一二)。
(26)鈴木国弘「宗教領主(高野山)変質史の一断面――いわゆる「陀羅尼料田寄進状」の分析――」(『日本大学中世史研究』第三・四合併号、一九七〇年)。当時の阿闍梨の位置づけについて述べる。和田昭夫によれば当時の学侶の階位は「検校―阿闍梨―山籠―入寺―三昧―久住者―衆分」であった(「中世高野山教団の組織について」〈豊田武編『高野山領庄園の支配と構造』巌南堂書店、一九七七年〉)。阿闍梨とは多くの学僧の模範であり、学問教授の立場であって、高位の学侶僧であったことがわかる。そもそも阿闍梨の設置には勅許が必要であったため、高野山の場合、阿闍梨の数も鎌倉時代前半までは大略一〇名前後であったが、鎌倉後期からは急激にその数が増え、以後八五名前後になっている。また、史料としては時代的には新しいが「諸宗階級」の「高野山学侶法式」(『続々群書類従』第一二所収)によれば阿闍梨は「世寿凡自五十歳前後至七十歳前後」の者がなり、また「阿闍梨ニ闕座有之時ハ、入寺ゟ座順に昇進仕候」ということから、阿闍梨職がおそらく定員制であり同職内においても厳然とした構成順位があることがうかがえる。また、高野山においては入寺以上がみずからの寺を持つ権利があることが知られているが、御影堂への寄進の主体者の多くが入寺以上である点から、御影堂と入寺以上の学侶との関連の重要性が指摘される。
(27)「高野山文書」続宝簡集四(『鎌遺』二七〇一)。
(28)「西福寺文書」(『福井県史』資料編八)。
(29)須磨前掲注(5)論文。越前西福寺は応安二年に建立された浄土宗の寺院で、開山は良如である。一方、山内氏は室町幕府奉公衆として活躍し野坂荘櫛川郷地頭職を保持していた。西福寺は山内氏の氏寺の役割を果たしていたという(『福井県史』通史編の記述による)。
(30)阿古女と浄鎮について付言しよう。【史料D-1】とは別の土地に関する史料であるが、応永三年二月三日「良如置文」によると、「浄善はみずからの所有する野坂荘櫛川郷本御所田一所を西福寺に寄進する。寄進に際してその田地の作職を浄善の息女阿古女と道通(櫛川彦三郎)に宛行う。阿古女・道通は本所に年貢一石、西福寺へは二石を弁うべき」ことが明記され、これを開山の「格」として以後の住持が背くことのないよう注されている。この文書には文安元年十月日の裏書があり、良如の格の如くたるべきように当時の西福寺住持浄鎮が署判をしている。浄鎮は良如の跡を継ぎ住持となる人物であり、享徳四年に没している。応永十二年六月五日「良如置文」によれば、浄鎮は馬見鼻大日堂下地など四カ所を「依レ有二忠節之功一」って一期知行が認められているなど、着々と寺領経営に参画している姿が見て取れる。前述【史料D-1】も、阿古女が秘計を巡らして地頭山内氏からの寄進状を獲得したことには間違いないが、浄鎮が阿古女の甥であることから、この経略は、阿古女だけでなく浄鎮も深く関わっていたと推知されるのである。こうした経緯で、阿古女死後の浄鎮の知行についても、良如により認められたといえる。

(31)「西福寺文書」（『福井県史』資料編八）。

(32)「立政寺文書」（『岐阜県史』史料編古代・中世一）。

(33)寛正六年八月日「原田常鏡寄進状案」（『箕面市史』史料編二「勝尾寺文書」）。

摂州勝尾寺内坊屋敷事、連々自二寺家一承候、其子細聞開申上者、勝尾寺本尊へ彼於二坊屋敷一者、為二公私御祈禱一拾七貫文二、永代売寄進申者也、此上者於二向後一不レ可レ有二違乱妨一者也、仍彼坊屋敷人数事、

ひらかと坊　つしの坊　とうえん坊　ほうかう坊　栗本坊　しやうらく坊

以上六人此中へ寄進状如レ件、

寛正六年乙酉八月　日　原田肥後入道　常鏡在判

阿部猛「中世における寺院経済維持の形態——摂津国勝尾寺の場合——」（『北海道学芸大学紀要』第一部第一〇巻第一号、一九五九年）は「勝尾寺文書」所収の土地所有権移動文書に関して示唆的な論稿である。なおこの「原田常鏡寄進状」は「勝尾寺」ではなく「勝尾寺本尊」に対するものである。このような記載がされる理由は判然とはしないが、売寄進された当該物件が「坊」の屋敷である点から考えると、笠松が述べるように、本尊が「坊」すなわち僧個人と対立する概念であることには間違いがなさそうである（笠松宏至「仏物・僧物・人物」『思想』六七〇、一九八〇年。のち笠松『法と言葉の中世史』平凡社、一九八四年。平凡社ライブラリー版、一九九三年、所収）。

(34)貞永元年十二月一日「紀氏女畠地寄進状」（『箕面市史』史料編一「勝尾寺文書」一九六八年、『鎌遺』四四一〇）。

(35)正応六年卯月十八日「顕心田畠寄進状」（『箕面市史』史料編一「勝尾寺文書」一九六八年、『鎌遺』一八一七三）。

(36)「長楽寺文書」については過去厚い研究蓄積がある。本書第二部第五章注(2)参照。

(37)本書第二部第五章参照。

(38) 小山靖憲「荘園制的領域支配をめぐる権力と村落」(『日本史研究』一三九・一四〇合併号、一九七四年。のち小山『中世村落と荘園絵図』東京大学出版会、一九八七年、所収)。

(39) 鈴木注(26)論文。小山靖憲「高野山御手印縁起と荘園制」(『紀州経済史文化史研究所紀要』第八号、一九八八年。のち安藤精一編『紀州史研究』五、国書刊行会、一九九〇年、所収)、木村茂光「荘園領主制の成立と住人集団――高野山領官省符庄の成立過程――」(『歴史学研究』三八九、一九七二年。のち木村『日本古代中世畠作史の研究』校倉書房、一九九二年、所収)など、研究蓄積は枚挙にいとまない。

(40) 「長楽寺文書」嘉暦四年四月十三日「恵宗宛行状案」で道海は新田荘内八木沼・田嶋等の政所職に任じられている。これは、みずから買得し即時寄進した地の現地支配人に長楽寺によって任じられたことを示す。ここから、道海の買得分が下地そのものであり、長楽寺への寄進分が、みずからの支配によって収取する上分の一部と判明する。

(41) 菅野文夫「中世における土地売買と質契約」(『史学雑誌』九三―九、一九八四年)。

(42) 笠松宏至「中世在地裁判権の一考察」(寶月圭吾先生還暦記念会編『日本社会経済史研究』中世編、吉川弘文館、一九六七年。のち笠松『日本中世法史論』東京大学出版会、一九七九年、所収)。

(43) 「洞松寺文書」は岡山県指定文化財である。本書で使用する史料は藤井・水野編『岡山県古文書集』第一輯を底本としたが、平成七・十四年の調査とその際撮影された写真により適宜補訂した形で利用した。「洞松寺文書」の性格と売寄進については本書第二部第六章参照。

(44) 「正慶田地寄進状」の文書名は『岡山県古文書集』第一輯では「竹井正慶寄進状」になっている。「竹井飛驒入道内方法名正慶」という発給者名からの命名であろうが、この翌年の売寄進状では竹井飛驒入道は「玄保」である。これ以後「竹井玄保」の名は「洞松寺文書」にたびたび現れるのに対して、「竹井正慶」とする史料は皆無である。年欠「洞松寺文書目録（断簡）」によっても、竹井玄保の寄進状には「竹井玄保寄進状一通」と記載されている。いっぽう、【史料F-2】の文書については「目録」では「竹井飛州之内方寄進状一通」と書かれ、竹井正慶とは記されていない。「竹井飛驒入道内方」という記載を尊重すれば、正慶は竹井飛驒入道その人と考えるのではなく、玄保の内室もしくはその一族と考える方が自然であろう。なお、竹井玄保は洞松寺のみならず近隣の法泉寺へも買得即時寄進している。享徳元年十二月吉日「竹井玄保山地寄進状」(「法泉寺文書」『曹洞宗古文書』下、筑摩書房、一九六二年)。

(45)　『群馬県史』資料編五、七四号文書。
(46)　『群馬県史』資料編五、九四号文書。
(47)　『群馬県史』資料編五、七五号文書。
(48)　『新田町誌』第四巻、三七三頁以降にこの乱の推移が記述されている。
(49)　「禅刹住持籍」(「記録」『群馬県史』資料編五)。
(50)　貞治四年七月五日「長楽寺住持了宗寺領注文」(『群馬県史』資料編五、一一一)。
(51)　元徳三年十一月二十三日「関東下知状案」(『群馬県史』資料編五、一四)。
(52)　延文四年四月十六日「僧法清・沙弥常如渡状」(『群馬県史』資料編五、一〇一)。
(53)　弘長元年八月二十二日「白蓮田地寄進状」(「百巻本東大寺文書」九一、『鎌遺』八七一二)。
(54)　注(35)と同じ。
(55)　永正十七年八月十四日「阿闍梨祐増田地寄進状」(村山修一編『葛川明王院史料』吉川弘文館、一九六四年)。

第五章　長楽寺復興運動と売寄進

はじめに

前章で筆者は売寄進について「Ⅰ徳政忌避型、Ⅱ一部寄進・一部売却型、Ⅲ買得即時寄進型」の三類型化ができるとし、このなかで買得即時寄進型売寄進は、「土地所有権が売却された後、ただちに買得者は当該物件を寺院に寄進する行為である」とした(1)。同一物件に関して売券・寄進状（もしくは譲状）が同時に作成される点が売寄進（売譲）の最大の特徴であり、また中世社会特有の契約関係であると言えるが(2)、中世的土地所有権の特質を考える場合、この中世特有の所有関係を洗い出すことが重要であろう。

そこで、一般に売寄進といわれる同一物件の同日付売券・寄進状に着目すると、そのなかには「売却者、買得者（同時に寄進者でもある）、被寄進者」の三者の同日における所有権移譲関係を見いだすことができるものが数多く存在する。この一連の行為の特徴は次の通りである。本主には売却ではなく寄進行為による土地所有権移譲を念頭に置きながらも、経済的な事由によって寺へ直接寄進するのでなく、第三者に請い当該物件をいったん買い上げてもらい、その後寺院へ第三者が寄進する。しかし本主は寺院への料田寄進による結縁を求める信仰上の意図がいっぽうでは強いのであるから、意識的には買得者を介した寄進を念頭に置き、寄進行為への参加意識を有していたのである。売却者（寄進者）と買得者（被寄進者）という二者対応関係であるか、あるいはその二者対応関係に寄進を介助する第三者の存在を含めた三者関係であるかの違いはあるにしろ、これは須磨千穎の述べた「半分売却、半分寄進」と通ずるところがあるとした。この際、本主の所有権移譲の介助をなす立場を便宜的に「仲介者」と呼ぶ。このような動きは、所有権の移転を即日におこなう行為であるという点を強調するなら、所有権移動文書のなかで最も短期に作成される連券の一形態を示している。連券が中世的土地所有の特質の一面を示すものであるなら、売寄進は中世特有の所有権移動の形態をよく示すと考えられよう。そこで売寄進の典型例を抽出・検討するために「長楽寺文書」(3)を取り上げることとする。

本章では、正和年間に発生した長楽寺火災と大谷道海のおこなった土地集積活動を売寄進による土地所有権移動問題と位置づけるという、先学とは異なる視点で当該文書を考察することに主眼を置くのであるが、そもそも、すでに「長楽寺文書」には数多くの売寄進状が存在することが指摘されている(4)。ただしそれが徳政忌避型売寄進に限定されて言及されていることは言を俟たないのである。そこで如上の視角から長楽寺における売寄進について考察を試みたいと思う。

一　長楽寺における土地売買契約文書

まず、本節では、「長楽寺文書」における売寄進状を考察する前提として、「長楽寺文書」所収の土地契約文書全体を考察する。そこから、土地契約文書全体のなかで長楽寺における売寄進状がどのように位置づけられるのか、という問題を解く糸口を見つけたい。表1のように「長楽寺文書」中の土地契約文書は、売券一一通、寄進状三八通、譲状四通、去状一通、計五四通である。さらに図1のように四半世紀ごとに売券・寄進状の分布を見ると二点を指摘することができる。

まず第一に、売券に関しては、作成のピークは十四世紀第1四半期を中心とした十四世紀前半にあるのである

表1　「長楽寺文書」所収土地契約文書一覧

	文書番号	年月日	主体	客体	動機	地目	地積	在所
1	一二二	仁安三・六・二〇	新田義重	らいわうこせん	譲	空閑		女塚・押切・世良田・上平塚・三木・下平塚
2	四七	建長四・七・五	藤原時家	長楽寺	寄	水田	一町	武蔵国中条保内
3	九八	建治二・一〇・一	鳥山時成	ねをい御前	譲	田・在家		
4	四八	建治三・一二・二三	尼浄院(世良田頼氏女)	長楽寺	寄	田・在家	三丁・一宇	
5	四九	弘安三・二・一二	源輔村	長楽寺	寄	御堂地		新田庄今井堀内
6	九九	弘安五・三・一〇	鳥山時成	尼念空(時成妻女)	譲	田・在家	六丁一段・四宇	新田庄鳥山郷
7	五〇	弘安一〇・一一・一三	源資村	長楽寺	寄	屋敷堀内		新田庄内上今井内
8	五二	永仁五・六・一一	尼慈円・尼念空	長楽寺	寄	在家	二軒	越後波多岐庄内
9	五三	永仁五・六・一一	尼慈円・尼念空	長楽寺	寄	田・在家	二丁三段・一宇	新田庄鳥山郷内
10	五四	正安元・八・一一	沙弥静真	長楽寺	寄	田	三段	武蔵国比企郡南方将軍沢
11	五五	寛元二・五・六	僧了見	長楽寺	寄	名田	一丁	上佐貫庄飯塚郷
12	五六	徳治二・二・一一	源成経	長楽寺	寄	畠	一町一段	世良田四日市北
13	八四	徳治二・二・一一	源成経	長楽寺	売	畠地	五段半	世良田四日市場北・堀籠
14	八五	徳治二・五・二九	源成経	たけふちの三郎太郎	売	畠	一丁四段半	世良田宿北堀籠
15	八六	正和三・五・二八	新田朝兼		売	畠・在家	五丁六段・三宇	八木沼郷内
16	八七	正和四・二・二三	新田朝兼		売	畠・在家	三町八段・二宇	八木沼郷内
17	一二一	文保元・一〇・一	如阿	筑紫二郎左衛門しやくゆう	譲	庄		丹後国河上新庄
18	八九	文保二・一〇・六	新田義氏・重広	(新田泰氏)	去渡	田畠・在家	二丁三段・一宇	新田庄西谷村内
19	九〇	文保二・一〇・一八	源頼親		売	田畠・在家	二丁九段・一宇	新田庄村田郷内
20	八八	文保二・□(一〇)・六	新田義貞		売	畠・在家	一五丁七段・七宇	新田庄八木沼内
21	九一	元応元・九・二四	佐貫梅原時信	あまこせん(仙心ヵ)	売	田畠	一町	佐貫庄梅原郷内
22	五一	元亨二・一一・二〇	尼浄院(世良田頼氏女)	長楽寺	寄	在家	二宇	新田庄女塚村内
23	五七	元亨三・一〇・一七	世良田満義	長楽寺	寄	畠	一町八段	新田庄小角田村内
24	六二	元亨三・一一・九	大谷道海	長楽寺	寄	畠地	一町八段	新田庄小角田村内
25	六五	嘉暦二・一〇・二九	牧翁了一	普光庵	寄	在家	一宇	新田庄中今井郷内
26	六六	嘉暦三・四・五	那波宗元	長楽寺	寄	郷	一円	那波郡飯塚郷
27	六七	嘉暦三・四・八	三善貞広		寄	田畠・在家		佐貫郡内高根郷内・下野国羽田郷内

28	五八	嘉暦三・六・一	世良田満義	長楽寺	寄	田畠・在家	一宇・四丁三段	新田庄小角田村内
29	一一三	嘉暦三・六・一	世良田満義	大谷道海	売	田畠	二町六段	新田庄小角田村内
30	六九	嘉暦三・八・二六	小此木盛光妻紀氏	長楽寺	寄	田畠・在家	三三町一段六〇歩一三宇	新田庄八木沼郷・飯塚郷・東田島村内
31	七〇	嘉暦三・一〇・一八	了重	長楽寺	寄	在家・田畠	一町七段・一宇	新田庄小角田
32	六三	嘉暦三・一〇・一八	大谷道海	長楽寺	寄	在家・田畠	二丁六段・一宇	新田庄小角田
33	六四	嘉暦三・一一・八	大谷道海	長楽寺	寄	在家・田畠	三八町二段一二〇歩・一八宇	新田庄八木沼郷・村田村・下江田村・西谷村内
34	五九	元徳二・四・二一	世良田満義	長楽寺	寄	畠	二丁一段	新田庄小角郷
35	九二	元徳二・四・二一	世良田満義	長楽寺	売	畠	二町一段	新田庄小角郷
36	六〇	元徳二・八・二	世良田満義	長楽寺	寄	在家・田	三段・一宇	武蔵国比企郡南方将軍沢郷内
37	六一	元徳二・一二・二三	世良田満義	長楽寺	売	在家・畠	二町五段・一宇	新田庄小角郷内
38	九三	元徳二・一二・二三	世良田満義	長楽寺	寄	在家・畠	二町五段・一宇	新田庄小角郷内
39	七一	元徳四・三・一九	由良景長妻紀氏	長楽寺	寄	田畠・在家	六町九段半・二九宇	新田庄小泉郷・那波郡内
40	七二	元弘三・七・二〇	江田行義	長楽寺	寄	得分地	二〇貫文	新田庄平塚村内
41	一七	建武五・九・六	足利尊氏	長楽寺	寄	地頭職		新田庄平塚郷
42	七三	暦応二・一一・一三	了仙	東福寺正統庵	寄	在家・田	一宇・五段	那波郡今井郷内
43	二七	観応二・九・二一	足利直義	長楽寺	寄	寺領		武蔵国賀美郡長浜郷
44	一八	文和二・三・一九	足利尊氏	長楽寺普光庵	寄	在家・畠等	二五丁七段五〇歩・一二宇	
45	七四	延文四・四・一〇	世良田義政	長楽寺	寄	在家・田畠	三町三段・一宇	世良田郷後閑三木内
46	九四	延文四・四・一〇	世良田義政	了哲	売	在家・田畠	三町三段・一宇	世良田郷後閑三木内
47	七五	延文四・四・二〇	沙弥道行	長楽寺	寄	在家・田畠	三町三段・一宇	世良田郷後閑三木内
48	七六	延文五・四・一五	源義冬		寄			
49	七八	康安二・八・一一	平賀重光	長楽寺正伝庵	寄	田	一町	上今井郷内
50	七九	応安六・二・九	沙弥道贏	長楽寺大通庵	寄	善昌寺		窪井村内
51	八〇	康暦三・四・一	世良田憲政	長楽寺	寄	畠	一町	新田庄世良田後閑内
52	八二	明徳三・八・一一	岩松頼宥	長楽寺	寄	在家・田畠		新田庄亀岡郷内
53	三〇	応永八・一・七	足利満兼	咲前社	寄	畠	一町	平塚郷
54	八三	天正一一・三・六	由良国繁	長楽寺	寄		五貫百四〇文	新田庄内渕岡

※『群馬県史』資料編五より作成。番号は『県史』「長楽寺文書」の通し番号。

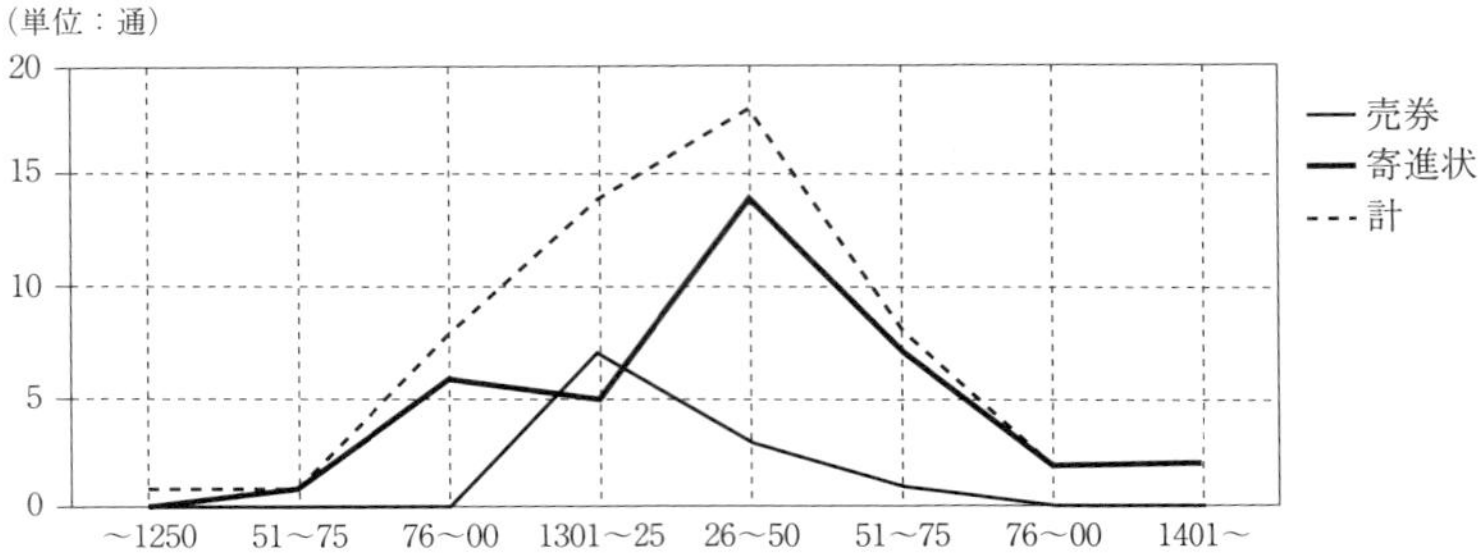

図1　「長楽寺文書」中の売券・寄進状の分布

が、その売券のうちに、本来明記されるべき銭主名が見えないものが存在するということである。第二に、売券のピークの後、今度は寄進状作成のピーク（一三二五～四〇年）が訪れ、寄進状はその期に集中して存在しており、その宛先は当然のことながら長楽寺である、ということである。ここから、長楽寺文書における土地所有権移動文書は十三世紀第3四半期から十四世紀第3四半期までのおおよそ一〇〇年間に集中して存在していることが知れるのである。

まず第一の点、すなわち、銭主不記載の点から考えてみよう。何ゆえ、本主は取引の際買得者である対象者の名を記さなかったのであろうか。売る相手が明確であるがゆえ、あえて文言に一筆入れる必要もなかったのだろうか。仮にそうだとして、その場合本主は良いにしても、銭主側はその後の違乱を想定してはいなかったのであろうか。当事者として当然だったから銭主としては名を入れても入れずとも違乱など起こらないと考えたのか。

それでは、この場合の銭主ははたして長楽寺なのであろうか。例えば、正和三年（一三一四）五月二十八日、翌四年二月二十二日には、新田朝兼（六郎太郎。義貞の父）が「新田庄八木沼郷内在家三宇畠五町六段」と「新田庄八木沼郷内道念給分跡在家一宇幷弥三郎跡在家一宇已上貳宇内畠参町捌段事」をそれぞれ七〇貫文、五〇貫文で売却しているが[5]、この二通の文書においても銭主の名前は見えず省かれている。しかしながら、同年の買得安堵の「関東下知状」によれば[6]、この当該物件の銭主が由良孫三郎景長妻であったことがわかるのである。

また同様に銭主不詳の売券に、文保二年（一三一八）十月十八日「源頼親田畠在家売券」(7)があるが、この場合の銭主も同年十二月二十三日「関東下知状案」によって、由良孫三郎景長妻紀氏であることが判明する。(8)この十二月二三日の買得安堵状によると、頼親の当該物件のほかにも、本主新田孫太郎貞義なる人物が景長妻に文保二年十月六日に八木沼郷内の田畠在家を永代売した事実が看取でき、幕府は頼親・貞義両名を召し寄せ景長妻への売却の事実を確認のうえ買得安堵おこなった。この新田貞義なる人物がいずれかの人物に比定できるかは判然とはしない。しかし、「長楽寺文書」の内にもう一通、銭主不記載の「新田義貞在家・畠売券」がある。この文書の発給日は「文保二年□月六日」で月が読み取れないが、本文中に「自二今年戊午年十月六日一限二［　　］一弐拾参貫文、所二売渡一実也」とあることから十月六日の売却であることは間違いないこと、義貞と貞義の人名についても、買得安堵状に見える「貞義沽券」が長楽寺文書中には見えないことから、貞義は義貞の誤記である可能性が高い。関東下知状が案文であるという点から言えば、案文作成時において何らかの誤写の混入する可能性もかならずしも否定はできないだろう。ゆえに「新田義貞在家・畠売券」によって所有権が移動した物件は、実は景長妻によって「新田孫太郎貞義今年十月六日永代放券之間、氏女買取」と申請し受理された買得安堵の地であることになる。この由良景長妻紀氏は、元徳四年三月十九日にこれまで買得してきた田畠・在家を一挙に長楽寺へ寄進をしているのである。(9)この元徳四年三月十九日の寄進状によれば、「去正和年中灰燼之時、既可レ為二荒廃之地一之処、氏女之親父道海発大願」とあり、由良景長妻紀氏が道海、つまり次節で触れる大谷道海の娘であったこと、そして正和年中に長楽寺が火災に遭って灰燼に帰し荒廃した事実、そしてその荒廃から寺を復興せしめるために景長妻が土地を買得したこと、さらにその行為が大谷道海の大願であったことがうかがい知れる。すなわち、景長妻は正和三年から土地買得の動きを見せているから、親父の発願である長楽寺復興のために火災直後から土地集積をおこなっていることは明らかである。十四世紀第1四半期に売券作成のピークを迎えることはすでに述べたが、これは正和年間（一三一二〜一七）に襲った長楽寺の壊滅的危機を救うための復興運動の第一段階、すなわち土地集積の段階を明確に示すものといえる。そして約一〇年後に景長妻が集積した物件を長楽寺に寄進する時期が長楽寺復興運動の第二段階であり、「長楽寺文書」における寄進状作成のピークを迎える十四世紀第２四半期にあたる。

同様の動きを見せる女性に小此木盛光妻紀氏がいる。彼女は嘉暦二年（一三二七）に入道妙西から買得した在家・田畠を、翌年買得安堵された直後に長楽寺へ寄進していることがわかる(10)。小此木盛光妻紀氏も、大谷道海の娘景長妻紀氏と同様紀姓を名乗っており、また景長妻と同様の時期に土地集積・寄進をおこなっていることから、盛光妻も大谷道海の娘の一人である可能性がある。山本隆志によると、由良氏は新田荘由良郷の、小此木氏は佐位郡小此木の在地領主クラスに位置する御家人であると推定されており、妻が幕府に買得安堵を申請しているのもこの御家人の妻という立場ゆえであるとされる(11)。久保田順一は道海が由良氏・小此木氏・船田氏といった新田一族との密接な関係を前提として経済活動をおこなったことを推測している(12)。大谷道海を世良田宿の有徳人と見做すことでは現在大方の一致を見ているようである(13)。

以上、「長楽寺文書」所収の土地契約文書を見てきたが、売券・寄進状とも長楽寺復興運動に関わるものがほとんどであることが明らかになった。また、長楽寺の火災も、残存の文書から推測すれば、紀氏・小此木氏による買得寄進に関わる事案の最初である正和三年の新田朝兼の土地売却前に発生したと考えられる。すなわち、正和年間以降の売券・寄進状が長楽寺復興に際しての具体的証文類であると考えてよかろう。十四世紀第１四半期に迎える売券作成の山と第２四半期に迎える寄進状作成の山は、大谷道海が大願を発しておこなった長楽寺復興運動の段階を示していると述べたが、続いて、次節においては、この大谷道海が直接おこなった「買得即時寄進」の一連の動きを具体的に追い、その長楽寺における位置づけを試みたいと思う。そしてこの一連の道海の動きを、「売寄進」という視点から考えてみたいと思う。

二　長楽寺の復興と売寄進

前節では十四世紀第1四半期における売券の増加と、続く第2四半期における寄進状の増加を、正和年間の火災に端を発した「長楽寺復興運動」に位置づけられるものであると推定した。その意味からも、「長楽寺文書」における土地所有権移動文書は、おのずから長楽寺復興運動そのものの歴史を示すと言ってもよい。

このなかでもとくに大きな役割を果たしたのが大谷道海である。彼はみずから土地集積をなしているが、さらに娘の由良景長妻紀氏を土地集積に利用していた事実は前節で述べた通りである。それでは、実際に大谷道海はどのように土地集積活動をしていたのであろうか。また、その大谷道海の行為は、長楽寺においてどのような位置づけが可能であるのだろうか。具体的に史料を追って考えてみたい。

【史料A-1】「源満義田畠売券」（『群馬県史』一一三、以下『県史』と略）

小角田村之内田畠弐町六段、永代ニ沽渡、直銭
　合玖拾貫文者、
右、大谷入道〻海方より、無二未進一六月一日請取畢、仍状如レ件、

嘉暦三年六月一日　御使平六定安（花押）
（源満義）（花押）

【史料A-2】「源満義田畠在家寄進状案」（『県史』五八）

「同前」

上野国新田庄世良田長楽寺永代奉二寄進一、同
庄之内満義知行分小角田村之内田在家事

（中略）

合田畠弐町六段壹年得分拾七貫文所

右件田畠者、長楽寺奉二永代寄進一畢、依レ為二先
祖代々氏寺一、彼地寄進者也、然者至二于子々孫
々一、於二此所一者、不レ可レ致レ煩、若背二此旨一輩
者、満義跡一分不レ可二知行一、仍為二末代亀鏡一、
自筆之状如レ件、

嘉暦三年戊辰六月一日

源満義在判

【史料B－1】「源満義畠地売券」（『県史』九二）（図2）

永代沽渡上野国新田庄満義所領小角郷内畠弐町
壹段所当合拾肆貫文也在所観音堂西五郎跡新畠也

合直銭柒拾貫文者

右、件畠者、大屋（谷）四郎入道々海買得之、世良田
長楽寺仁可レ奉二永代寄進一之由、依レ申レ之、沽
渡畢、然之間、及二于子孫一、於二彼所一不レ可レ有二

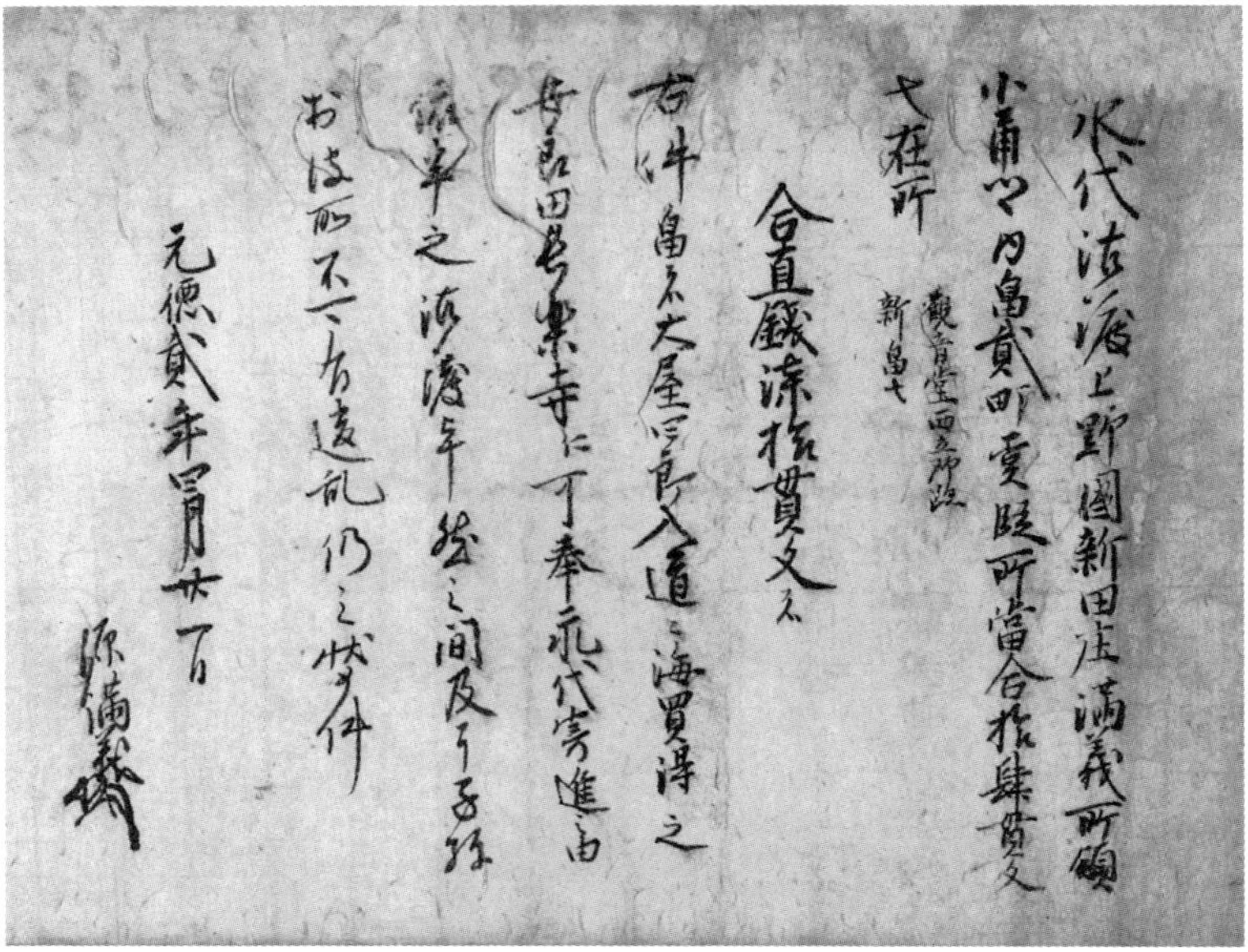

図2　源満義畠地売券（長楽寺文書）

違乱一、仍之状如レ件、

元徳弐年四月二十一日

源満義（花押）

【史料B－2】「源満義畠地寄進状案」（『県史』五九）

「同前」

奉三世良田長楽寺永代寄進一上野国新田庄満義所領小角郷内、畠弐町壹段壹年所当拾肆貫文也、在所観音堂西五郎跡新畠也
右、件畠者、故為二参州妙応菩提一、彼寺仁奉二永代寄進一者也、然者、為二彼菩提一云、氏寺云、於二彼地一者、
至二于子孫一不レ可レ致二違乱一、若背二此之旨一輩者、可レ為二不孝仁一、仍自筆之状如レ件、

元徳弐年卯月廿一日　源満義在判

【史料C－1】「源満義在家畠地売券案」（『県史』六一）

（前略）

合柒拾五貫文者

右、平三郎作在家壹宇・畠壹町伍段并又太郎入道跡畠一町所当合拾五貫文所ぉ、大谷入道々海永代仁買得之、
為二長楽寺修造一所レ奉二寄進一也、然者、於二彼畠等一者、至二于子々孫々一、不レ可レ致二違乱一、若背二此之旨一輩者、
永為二不孝之仁一、満義跡雖レ為二一寸一歩一、不レ可二知行一、仍為二後年一、以二自筆一沽眷之状如レ件

元徳弐年庚午十二月廿三日　源満義在判

（奥書）「此正文者在二道海之許一」

【史料C－2】「源満義畠地寄進状案」（『県史』九三）

（前略）

右、依レ為二氏寺一、為二末代修造一、永代奉二寄進一者也、然者、雖レ及二子々孫々一、不レ可レ致二違乱一、若背二此之旨一輩者、永為二不孝之仁一、満義跡雖レ為二一寸一歩一、不レ可二知行一、仍為二後代亀鏡一、自筆之状如レ件、

元徳二年庚午十二月廿三日　　源満義在判

本主である世良田満義は家時の子で教氏の孫にあたり、世良田孫二郎を称している（『尊卑分脈』）。請取状である【史料A-1】を見ると、源満義は田畠二町六段を直銭九〇貫文で大谷道海に売却している。いっぽうで同一物件・同一年月日付で長楽寺へ寄進状を作成しているのである（【史料A-2】）。とくに【史料A-2】の文言中に「先祖代々氏寺たるに依り、彼の地を寄進するもの也」とあるように、世良田氏と長楽寺との関係が強調されていることが注目されるだろう。元徳二年（一三三〇）四月二十一日付の【史料B-1】でも、満義は長楽寺に小角郷内畠地二町一段を直銭七〇貫文で売却している。その理由として「大谷四郎入道道海これを買得し世良田長楽寺に永代寄進奉るべき由、これを申すに依」るとし、満義の売却は道海による寄進を前提とした者であったことが看取できるだろう。また同年月日付けの寄進状【史料B-2】では、当該物件を「故参州妙応の菩提の為」に寄進する旨とともに氏寺であることがここでも強調されているのである。

参州妙応とは、世良田満義の曾祖父、世良田頼氏である。世良田頼氏は『吾妻鏡』に五三回登場し、あるいは宗尊親王の供奉人として登場したり[14]あるいは蹴鞠奉行に任じられるなど[15]、鎌倉の中枢にいた人物であると考えられるが、文永九年（一二七二）の名越時章謀反に連座し佐渡に流された[16]。名越時章・教時が無罪でありながら誅殺されたことを考えれば、世良田頼氏も幕府の内部闘争、とくに得宗専制強化の犠牲となったわけだが、この結果世良田氏は没落の道を進むことになる。この頼氏の菩提を弔うことを記しているのは、往時の世良田氏の活躍を現在の落日と対比して満義が偲んでいるようにも思える。いずれにしても、満義は道海が当該物件を買得即

時寄進する意図を有していることを承知しつつ道海に売却し、一方で長楽寺への寄進状の寄進主体者となっているのは確かである。

続く元徳二年の【史料C－1】では、小角郷内の在家田畠を直銭七五貫文で大谷道海に売却している。「大谷入道道海永代にこれを買得し、長楽寺修造の為寄進奉る所也」との文言が示しているように、ここでも満義は、道海が当該物件を「長楽寺修造のため」買得後即時寄進する意識をもっていることを承知しつつ道海に売却をしているのである。にもかかわらず、同一年月日付で満義みずからが寄進状の寄進主体者となっているのである（【史料C－2】）。ここでも「氏寺」という概念が掲げられ、また正和年間に灰燼に帰した寺の修造のためである、と一筆入れられている。

さらに、嘉暦三年（一三二九）十一月八日の寄進状(17)によれば、道海は自身の娘由良孫三郎景長妻紀氏の名義で土地を買得し、それを幕府に買得安堵の申請をなした後、道海が長楽寺に寄進したことが判る。前節で述べた氏女の一連の買得寄進が実は道海によるものであったことがここからも看取できよう。そして「道海元より寄進の志に依り買得」という表現、また「氏女之親父道海大願を発し、公方の御助成を申さず」という文言(18)から、これら一連の売寄進が道海一人でなされたと考えられる。

これら一連の売寄進文書から以下のことが想像される。すなわち、世良田満義には最初から氏寺である長楽寺への寄進意図が存在していた、しかし第一に本来無償という形の寄進を世良田氏は直接おこなえなかったこと、第二に道海が火災により焼失した長楽寺を復興するために長楽寺側に立って土地を集積していたこと、この二点から両者の意向がこうした「売寄進」行為となって結実したと思われる。さらに売券作成時に反映される銭主側の意向の大きさを考えれば(19)、こうした「売寄進」行為を主導したのは長楽寺側であったのではないかと推測される。壊滅的危機に瀕した寺側が「氏寺」というイデオロギッシュな理念を振りかざし世良田満義に対して氏寺復興の賛助を促したのであり、それを「仲介者」として仲介したのが道海本人であった。

前章で高野山における売寄進を考えた際、その「仲介者」の位置づけが高野山の上位学侶であったことから、おそらくその売寄進に際しての資財も高野山寺院経済により捻出されていたと推測した[20]が、逆に長楽寺の場合、大谷道海は長楽寺とは本来無縁の新興の有徳人であったわけで、むしろ長楽寺はこの有徳人の持つ経済的余力を利用することで長楽寺復興を試みたと考えてよかろう。これだけの大事業を「公方の御助成を申さ」ないで一人でなしたのである。事実、道海は嘉暦四年には寺住持から新田荘内八木沼・田嶋等の政所職に任じられ[21]、長楽寺末端の支配体系に組み込まれたのは、寺側が売寄進の「仲介者」として経済的富裕者を寺院支配体系に組み込み、その経済的賛助を得る形で売寄進をおこなったことの傍証といえる。さらに、嘉暦三年に道海に宛行われた種々の特権を「子孫等に残す所道海の跡を相伝すべ」く一筆入れられた点[22]からみて、世良田義政の売寄進の「仲介者」である政所沙弥道行[23]は、この大谷道海の系譜を継ぐ者ではないかと推測できる。次章で述べるように、売寄進は表面上は売買関係であるが、実際は補任・諸役負担関係であったのである。

以上、「長楽寺文書」の契約文書の一つの特徴として、正和年間に起こったとされる長楽寺の火災に端を発した「長楽寺復興運動」に直接連なった性格をもつものであると推定した。その復興運動も大きく第一期と二期に分かれ、第一期は売券作成の一つのピークを示し、第二期は長楽寺へ直接寄進される寄進状作成のピークを示している。とくに、第一期は長楽寺への寄進をなすための物件を集積する、言わば「寄進前段階」であった。こうした運動を推進したのが世良田宿有徳人大谷道海で、長楽寺側はこの経済的富裕者の経済的余力を利用して復興を試みた。いっぽう頼氏が謀反に連座して没落した世良田氏は満義の代に氏寺長楽寺の復興の主体とはなり得なかった。満義は寄進を主目的とし、実際、長楽寺への寄進状をみずから作成しながらも、一方で「仲介者」に当該物件の売却をし寄進の合力をしてもらう、すなわち売寄進によってこの問題を解決をした。その際長楽寺は

「氏寺」というイデオロギー的概念を振りかざし、世良田氏に寄進を強く勧めたのである。

いっぽう道海は、これら集積した土地に対する政所職となった。このことは道海が名実ともにこの時点において、長楽寺の寺院支配の末端に位置づけられたということにほかならない。さらに、みずから買得即時寄進をした当該物件の政所職となることは、すなわち、当該物件の年貢収取分を直接、寺復興の資財とするための極めて便宜的所作であって、道海の実質的な直務支配そのものを示していると考えられる。つまり道海から長楽寺へ移譲された所有権とは、得分権移動であったと考えるのである。世良田満義の一売券の奥書に(24)「此正文者、在㆓道海之許㆒」と記されているのは、まさにこの点を示している。本来はこうした一連の売寄進文書の正文は長楽寺に残るべきものであるが、これらが長楽寺の寺院支配体系のなかに組み込まれた本来寺外の人間によってなされた一連の売寄進行為の証文であったこと、さらにその道海が在地を掌握したことから、こうした文書が道海の手元に保管され、寺には案文のみが伝えられたと考えられよう。青木啓明はこの点について、道海の手元に原本が残されたのは買得地について道海みずからが買得安堵申請を幕府におこなったからだとする(25)。いずれにしても長楽寺復興関係の文書に案文が多いのは、道海による売寄進により獲得した直務支配に関わりがあると考える。

長楽寺文書における売寄進では大谷道海の「仲介者」としての役割が大きな意義をもつことは言うまでもない。長楽寺側が満義に対して「氏寺」というオーソリティを掲げるいっぽうで、在地の有徳人大谷道海を寺院経済の賛助者として位置づけ利用することで、復興のための資財を得るための一連の売寄進をなし得ることができたのであると考えるのである。

おそらく、Ⅲ型売寄進における売却者は、満義の如く本来的に寄進の意識を有していたと考えてよいだろう。また「仲介者」に位置づけられる買得寄進者も、当該物件を即時寄進している点から当初より寄進の意識を有していたとみて大過ないだろう。むしろ、売却者は、「仲介者」が当該物件を買得後即時寄進することを確認したうえで当該物件を売却をしているのであり、その意識は「仲介者」を介した寄進であったのである。本来代償を伴わない寄進をおこなうことをせず、「仲介者」による寄進の助力を得た形で、すなわち「Ⅲ型売寄進」という形で寄進の意識を達成したのだった。

小括

中世人の文書をめぐる意識・観念に関わる論考が相次いで発表されるなかで、中世の土地を介した契約文書の研究が進展してきた。序章で述べたように、中世特有の事例の抽出がこの分野の研究の深化に有効である。売寄進については、中世特有の契約であることから、さらに研究を深めることが求められていると言える。

長楽寺における大谷道海のような「仲介者」によって寄進の助力を得る事例はほかにも散見される。「勝尾寺文書」には「右、寄進意趣者、雖レ有二其志一、依レ無二自力一、奉レ勧二諸人一、所レ奉レ売二寄御壇供之料田一也」(26)とあり、「寄進する意識があるにもかかわらず、経済的自力がないので諸人に勧進して当該物件を一度買い取ってもらってさらに供料田として寄進をした」という意のこの文言から、買得即時寄進型売寄進状の本質をうかがい知ることができると思われる。益田宗は「『本当は寄付したいのだが、目下、手許不如意につき多少の御支払をお願いする』などといった具合の、世の人のいつにかわらぬみゝつちさを「売寄進」と名づけて学問研究の対象としているのではない」(27)と即断されているが、これもまた「売寄進＝徳政忌避手段」という意識に裏づけられた理解である。

また、一通の文書のなかで、買得即時寄進型売寄進を示す文書もある。「紀伊安養寺文書」に「件江ぉ寺僧等仁相綺、古江見寺令二買寄一志趣」とあり、紀伊古江見寺前の江を寺僧に働きかけて、寺の僧侶に買い上げてもらい寄進をしている。(28)「高野山文書」の一通の寄進状に「為レ奉レ結二大師縁一、夫妻合力、所レ令二買寄一也」とあり、そこからは弘法大師との結縁のため、夫婦が合力して当該物件を買い上げ寄進していることがうかがえるし[29]、「東大寺文書」の「限二永代一買二取此田一志、至二于未来際一、無二退転一、為レ奉レ寄二進大仏殿灯油料田一也」からは沙弥白蓮が最初から寄進をする目的で土地を買得している例[30]を挙げることができる。

売寄進が「同一物件に関する同日付の売券・寄進状である」とすれば、売寄進の早い例として知られる治承元年（一一七七）六月二十八日の売寄進、承元三年（一二〇九）十月二十三日の売寄進の例[31]など、十二世紀末・十三世紀初頭の売寄進状を徳政忌避手段とすることは困難である。須磨が言うように、「売寄進」の概念は基本的には「売ることと寄進すること」つまり「一部寄進・一部売却」で首肯すべきことと考えざるを得ない。しかしそこから状況によって派生する異形態、すなわちⅠ徳政忌避型のような売却するのに売券と寄進状二通を添える形態、あるいは今回述べてきたようなⅢ「仲介者」を介した土地集積を具現するいわゆる買得即時寄進型の形も、確かに存在するのである。文書作成の形態で考えると、Ⅰが買主の権利保全のための「手段」、すなわち売券と寄進状（売券と譲状）をそれぞれ一通ずつ作成することで徳政忌避をおこなおうとした文書作成のあり方であるのに対し、Ⅲは仲介者を介して寄進を成就させた売寄進を一通の文書のなかに記していることから、買得寄進によって土地所有権が移動したという、いわば「結果」を表すものである。このように売寄進といっても、それぞれ性格にも差異が認められ、文書形式も一律に考えることはできないのである。

（1）　須磨千穎「美濃立政寺文書について」（『史学雑誌』七八―六、一九六七年。のち須磨『荘園の在地構造と経営』吉川弘文館、二〇〇五年、所収）。本書第一部第一章参照。
（2）　『中世の契約』（第一二回東寺百合文書展図録、一九九五年）の「序」。
（3）　『群馬県史』資料編五所収の「長楽寺文書」。尾崎喜左雄「世良田長楽寺について」、峰岸純夫「長楽寺文書について」

（ともに『群馬県史』資料編五解説として所載、一九七八年）。『新田町誌』第四巻「新田荘と新田氏」一九八四年。仏教史からのアプローチとして例えば奥田真啓「新田氏の氏寺信仰（上）、（下）」（『歴史地理』六九―四・六、一九三七年、所収）、千々和到「東国における仏教の中世的展開（一）、（二）」（『史学雑誌』八二―二、三、一九七二年、所収）、中尾堯「関東における氏寺の一考察――世良田長楽寺について――」（『史学論集対外関係と政治文化』「第二　政治文化古代中世編」吉川弘文館、一九七四年、所収）、小此木輝之「世良田長楽寺史料について」（『仏教史学研究』二一―一、一九七八年）など。東国在家論では永原慶二「農奴制形成過程における畿内と東国」（『日本封建制成立過程の研究』岩波書店、一九六一年、所収）、小山靖憲「東国における領主制と村落――平安末～鎌倉期の上野国新田荘を中心に――」（『史潮』九四、一九六六年。のち小山『中世村落と荘園絵図』東京大学出版会、一九八七年、所収）、峰岸純夫「室町時代東国における領主の存在形態」（『史学』三四―四・五合併号。のち峰岸『中世の東国――地域と権力』東京大学出版会、一九八九年、所収）、峰岸「東国武士の基盤」（稲垣泰彦編『荘園の世界』東京大学出版会、一九七三年、所収）など多数ある。また「正木文書」を用いたものに、黒田日出男「中世成立期東国の郷・在家史料――『新田御荘嘉応二年目録』について――」（『日本中世開発史の研究』校倉書房、一九八四年、所収）がある。得宗勢力と大谷道海との関連を論じたものに、山本隆志「鎌倉後期における地方門前宿市の発展――上野国世良田を中心に――」（『歴史人類』一七、一九八九年。のち山本『東国における武士勢力の成立と展開――東国武士論の構築――』思文閣出版、二〇一二年、所収）、青木啓明「大谷道海の活動――鎌倉後期東国における「有徳」の所領買得と在地支配――」（悪党研究会編『悪党の中世』岩田書院、一九九八年）、田中大喜「「得宗専制」と東国御家人――新田義貞挙兵前史――」（『地方史研究』五一―六、二〇〇一年）、同「地域の町場に集う武士たち――新田荘世良田宿と東上野・北武蔵の武士――」（高橋修編『実像の武士団』高志書院、二〇一〇年、所収）など（いずれものち田中『中世武士団構造の研究』校倉書房、二〇一一年、所収）がある。

（4）　小山前掲注（3）論文で、小山は徳治二年（一三〇六）以降の売券・寄進状のほとんどが「長楽寺への売寄進である」と述べておられる。また、中尾前掲注（3）論文でも道海の所領集積が「すべて売寄進の形をとっていた」と触れられている（二六四頁）。しかし、少なくとも大谷道海の「売寄進」は、本章で述べるように従来の「徳政忌避手段型売寄進」の定型と異なり、本来その検討を必要とするが、その点については一切省略され触れられていないのである。本章ではこの点を検証をすることに主眼を置く。

(5)　正和三年（一三一四）五月二十八日「新田朝兼在家・畠売券」、同四年二月二十二日「新田朝兼在家・畠売券」（『群馬県史』八六、八七。以下『県史』と略記）。

(6)　正和三年八月二十三日「関東下知状」・同四年三月二十三日「関東下知状」（『群馬県史』六・七）。

(7)　文保二年（一三一八）十月十八日「源頼親在家・畠売券」（『県史』九〇）。

(8)　文保二年十二月二十三日「関東下知状案」（『県史』九）。

(9)　元徳四年（一三三二）三月十九日「由良景長妻紀氏田畠・在家寄進状案」（『県史』七一）。

(10)　嘉暦三年（一三二八）二月十九日「関東下知状」（『県史』一三）、嘉暦三年八月二十六日「小此木盛光妻紀氏田畠寄進状」（『県史』六九）。

(11)　山本前掲注(3)論文。

(12)　久保田順一「長楽寺建立・再建と新田一族」（『ぐんま史料研究』二二、二〇〇四年。のち久保田『中世前期上野の地域社会』岩田書院、二〇〇九年、所収）。

(13)　山本前掲注(3)論文、『新田町誌第四巻』のほか、久保田前掲注(12)論文参照。

(14)　『吾妻鏡』弘長元年（一二六一）十月四日条。

(15)　『吾妻鏡』弘長三年正月十日条。

(16)　佐藤進一『日本の中世国家』（一九八三年、岩波書店）一四〇頁以下の記述による。

(17)　嘉暦三年十一月八日「大谷道海寄進状案」（『県史』六四）。

(18)　元徳四年三月十九日「由良景長妻紀氏寄進状案」（『県史』七一）。

(19)　笠松宏至「中世在地裁判権の一考察」（寶月圭吾先生還暦記念会編『日本社会経済史研究』中世編、吉川弘文館、一九六七年。のち笠松『日本中世法史論』東京大学出版会、一九七九年、所収）。

(20)　本書第二編第四章。

(21)　嘉暦四年四月十三日「恵宗宛行状案」（『県史』一〇九）。

(22)　嘉暦三年十月十八日「恵宗宛行状案」（『県史』一一〇）。

(23) 延文四年（一三五九）四月十日「源義政在家田畠売券」（『県史』九四）、同日「同寄進状」（『県史』七四）、延文四年四月二十日「沙弥道行田畠寄進状」（『県史』七五）。
(24) 元徳二年十二月二十三日「源満義在家畠売券案」（『県史』九三）。
(25) 青木前掲注(3)論文。
(26) 延慶二年（一三〇九）正月十八日「沙弥道蓮田地寄進状」（『箕面市史』史料編一「勝尾寺文書」、『鎌倉遺文』二三五六四。以下『鎌遺』と略記）。
(27) 益田宗「国文学的なあまりに国文学的な(一)、(二)」（『中世の窓』一・二、一九五九年）。
(28) 文永四年（一二六七）三月十五日「大中臣実基江寄進状」（「紀伊安養寺文書」『鎌遺』九六六八）。
(29) 正應五年（一二九二）二月日「妙忍水田寄進状」（『高野山文書』又続宝簡集四九、『鎌遺』一七八三五）。
(30) 弘長元年（一二六一）八月二十二日「沙弥白蓮田地寄進状」（「百巻本東大寺文書」九一『鎌遺』八七一二）。
(31) 治承元年（一一七七）六月二十八日「藤原某荘園寄進状案」・「同売券案」（「東文書」『平安遺文』三八〇三、三八〇四）。承元三年（一二〇九）十月二十二日、「清原末則家地譲状・売券」（「東寺百合文書ツ」『鎌遺』一八一二、一八一三）。

第六章　洞松寺文書にみる売寄進と在地社会

はじめに

岡山県の中世史研究は『岡山県古文書集』（『古文書集』と略記。以下同じ）と『岡山県史中世編』、『岡山県史史料編』（以下『県史』と略称）によるところが大きいといえる。とくに後者により「東寺百合文書」に見える新見荘関連史料を一瞥できるようになった。そのいっぽうで中野栄夫が指摘するように、新見荘・鹿田荘以外のフィールドは未開拓の点もある。(1)

さらに、『県史史料編』は膨大な新見荘関係史料を中心に編集する関係上、県内史料を悉皆収録する原則に立っていない。これは『県史』刊行が『古文書集』と有機的に連環して出版されたことを示す。これは同時に、先に出された『古文書集』ですでに採録されたもののうち、編者によって「重要と思われないと判断」されたものは、あえて『県史史料編』には再録しないという方針も示している。本章で扱う「洞松寺文書」も『古文書集』第一輯にすでに収録されているものの、点数は五〇点弱であり、そのほとんどが売券であるということから、『県史』には採録されていない。また、この史料に関する専論は史料集として藤原隆景編『洞松寺文書の研究』（私家版、一九七〇年）を除き皆無であり、東京大学史料編纂所の写真帳等にも近年まで未採録であった。しかしながら『古文書集』の翻刻は現地調査の結果、若干の訂正が必要なことが判明した。そしてその「洞松寺文書」

のほとんどを占める売券のなかで、多くが売寄進状である。

第四章で買得即時寄進型売寄進の形態について、第五章では具体的に「長楽寺文書」中の売寄進を取り上げ、文書群全体においてそれらがどのように位置づけられるかを考察した。個別文書群のなかにおける売寄進状の位置づけという視点は、当該文書群の性格を解明する手立てとなると考える。そこで本章では、これまで看過されてきた「洞松寺文書」を題材にし、その特徴をなす売寄進状に着目することによって、本史料群における売寄進の意味を検討したい。そこから当該史料全体の位置づけも可能になると考える。なお「洞松寺文書」として本章で使用する場合、調査と写真により補正したものを用いる。

一　備中洞松寺と伝来文書

岡山県小田郡矢掛町横谷にある洞松寺は曹洞宗の古刹である。この寺の由緒については寺蔵「由緒書」、ならびに『古文書集』の「洞松寺文書」解説に詳しい。「由緒書」によると、洞松寺草創の時期は不明であるが、応永年間に信濃国出身喜山性讃[2]が当時荒廃していた寺院を再興させたという。その際の庇護者であったのが庄駿河守である。

『古文書集』によると、「洞松寺文書」は文安五年（一四四八）九月二十七日「庄資冬田地売券」を最古として計四二通現存する。文書の分布は文安五年から慶長四年（一五九九）にわたる。この文書群は、そのほとんどが洞松寺への売券・寄進状であり、文安五年～文明六年（一四七四）の四半世紀に限ると、全売券・寄進状（三〇通）の内の二八通を占め、この二五年間に洞松寺への土地の集積が集中的におこなわれている。この時期の土地売券・寄進状を見ると、その作成主体は庄氏とその被官である。藤井駿によれば、庄氏は備中国守護細川氏の守護代であり土豪として活躍をしたという[3]。庄氏は洞松寺の背後にそびえる猿懸城城主で、もとは承久の乱で関東から西遷した武士であり、寺再興時以来の庇護者であった。寺には歴代の鬼籍簿や伝庄元資宝篋印塔が存在するなど、洞松寺が庄氏の氏寺であったことが想像される。

「洞松寺文書」の形状は、長巻の巻子本にそのほとんどが収められているが、文安六年二月二十二日「庄鶴若丸寄進状写」「洞松寺寺領坪付」など七点は、別の巻子本に収められている。これらの巻子は若干の破損が見られる。現在の巻子に装丁された時期は不明であるが、状態を観察すると、本紙に古い表装の跡が見られ、それをはがした後新しい表装がされた様子がうかがえるので、過去二回の裏打の後に現在の巻子に仕立てられたと思われる。本紙自体の現状は比較的良好である（中世文書のそれぞれの法量については第八章の表1を参照）。

平成七年におこなった調査で明らかになった点は以下の通りである。

(1)『古文書集』未所収の史料が存在すること

(2)『古文書集』翻刻史料のうち、補訂が必要な史料が存在すること

(3) 文安六年（一四四九）四月二十一日「水河貞久・貞納田地売券」には黒印があり（未翻刻）、この黒印は「洞松寺文書」でおこなわれた売寄進の実態を示すものと推定されること

これらについては本文中に詳述する。このほか、「洞松寺文書」の端裏書は『古文書集』では翻刻されているものといないものがあり、かならずしも徹底していない。これは裏打された巻子本のもつ性格ゆえの問題でもある。また、文書の端裏書には一通ごとに番号が付されている。これは巻子本以前の一紙ごとの状態のときに付された連番であると考えられるが、これらもまた一切翻刻されていない。この文書番号がもつ意味については、「文書目録」作成の意義と併せて第三部第八章で検討したいと思う。そこで、次節で「洞松寺文書」における売寄進と寺院による土地集積の問題を検討したい。

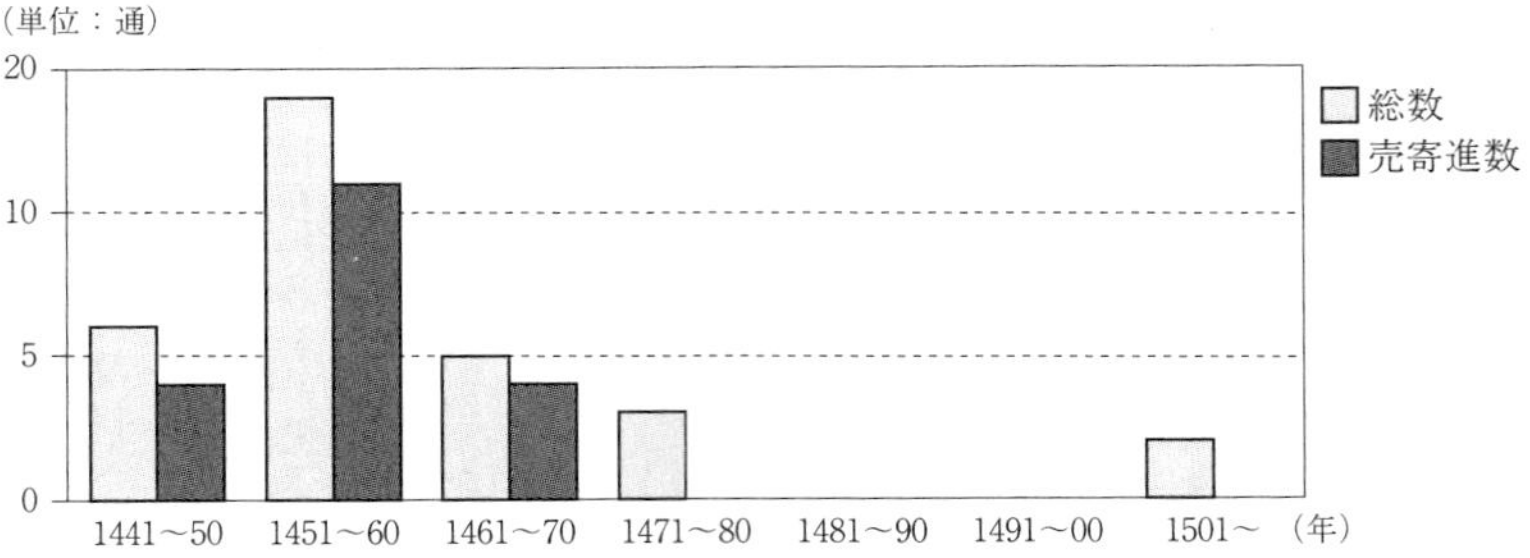

図１　「洞松寺文書」中の土地契約文書

二　備中洞松寺文書における売寄進

「洞松寺文書」にはどれだけの売寄進関係文書があるのだろうか。行論の都合上、全体の構成を簡単に述べておきたい。

「洞松寺文書」には四三通の文書があり、うち三〇通が契約文書としての土地証文でその主要部を占める。さらに断簡の「文書目録」が三通、第三に毛利氏による惣検地に伴う寺領坪付など打渡状五通がおもなものである。また時期的に見ると庄氏時代のものと、庄氏が没落し十六世紀以降入部した毛利領国時代のものに分類できる。これらの観点で「洞松寺文書」を整理すると左記のようになる。

(1)　庄氏時代の土地契約文書

(2)　庄氏時代の、おもに契約文書の名称を列記した史料としての「文書目録」（ただし断簡）

(3)　毛利領国時代の寺領坪付

そこで浮かび上がってくる論点は、まず第一に(1)の庄氏の時代の契約文書の性格について、第二に(2)の「文書目録」がいつのものなのか、そしてどのような目的を持って作成されたのか、ということである。第三に毛利領国時代の打渡、すなわち庄氏の時代から一世紀弱経た史料と契約文書との史料的な付き合わせがあるが、ここでは第一、第二の論点を中心に検討していく。

表1　当該期洞松寺住持

住持代	住　　持	輪次住山期	西　　暦
第一世	如仲天誾大和尚	応永19年　勧請開山	1412
第二世	喜山性讃和尚	応永19年～嘉吉2年	1412～1442
第三世	茂林芝繁和尚	初住8年　嘉吉2年～宝徳元年	1442～1449
第四世	霊嶽洞源和尚	初住7年　宝徳元年～康正元年	1449～1455
再住	茂林芝繁	再住8年　康正元年～寛正3年	1455～1462
再住	霊嶽洞源	再住4年　寛正3年～寛正6年	1462～1465
三住	茂林芝繁	三住10年　寛正6年～文明6年	1465～1474
三住	霊嶽洞源	三住11年　文明6年～文明16年	1474～1484
第五世	崇芝性岱	住職12年　年月日未詳	（1484～1495？）
	（以下略）		

表2　売寄進分類

形式	様　　態	第8章表1「洞松寺文書」番号（207頁～209頁）
A	2通で「売寄進」行為をなす	1・2、4・5、8・9、18・19
B	1通で「売寄進状」として機能する形態	10、11、13、14、15、17、20、21、22、23、24、25

(1)の契約文書のうちその二〇通、約六七%が売寄進状であるのを見れば「洞松寺文書」の性格が非常に特殊なものであることがうかがえる。その時代ごとの分布を示したのが図1である。この図によってもわかるように、契約文書三〇通のうち、その多くが十五世紀中期に集中して分布している。この時期、すなわち文安五年（一四四八）～文明六年（一四七四）の洞松寺は第三世茂林芝繁(4)、第四世霊嶽洞源(5)両和尚の輪番による住持期であった。この約四〇年間に茂林・霊嶽両住持は平均七～八年間隔で、各々三度住持に就任している（表1）。こうした体制がとられた理由は、おそらく両和尚の師であり洞松寺開基でもある喜山性讃の「扶㆓揚法門㆒」するための意向であったろう(6)。

注目すべきは二人の住持期において、洞松寺への土地の寄進・売却が集中的におこなわれたことである。「洞松禅寺住山歴祖伝」の「洞松第四世霊嶽源禅師伝」には、「為㆓鎮国祈願之道場㆒、書㆓境内之制札等㆒、護㆓于山門㆒、捨㆓孔方三百貫㆒、買㆓

田代一、贍二香積堂一、師之功績大也」とあり(7)、この時期の洞松寺住持の主導による積極的な土地集積に言及している。もちろん土地契約文書のなかで売券・寄進状を検討する際に、売券・寄進状の主体者つまり売却者・寄進者の立場を論ずる必要があることは言うまでもない。いっぽうで笠松宏至が述べるように、売券を作成する際、券文上には本主ではなく銭主の意向が大きく反映されるのであり(8)、また寄進状作成に関しては、高野山の例や前章で述べた長楽寺の例を挙げるまでもなく、宗教的イデオロギーを持ち出しての寄進勧請という寺院主導によった土地集積の一面が存在することを想起すれば、当然この場合も土地を集積する洞松寺側の主導性を念頭に置いて分析する必要があろう。

さて、「洞松寺文書」所収の売寄進を検討すると、その形態が以下のように区別される。序章において、筆者は売寄進を論ずる際の用語上の混乱を指摘した。第一に一通の文書の文言など様式によって売寄進と判断されるもの（これを「売寄進状」と呼ぶ）、第二に前後の連券から判断して相互が一連の行為として売寄進として機能すると考えられるもの（これを「売寄進」行為と呼ぶ）、この二形態が一律に論じられるという混乱である(9)。そこでこういった観点で当該文書における売寄進を分類すると表2の通りである（番号は第八章表1による）。

まず二通で売寄進行為をなすI型売寄進状を見よう。かつての売寄進の研究においては、「徳政忌避」という観点を強調するあまり、同日付の売券・寄進状が二通存在する場合、売買行為を寄進状を作成することでカモフラージュしようとし、徳政時の銭主側の権利保障をなしたものと一律に考えられ、これを「売寄進」と呼称してきた。したがって売寄進は、売主（本主）ではなく受益者である買主（銭主）側の強い要求でおこなわれたと考えることになる。ただしこの場合、徳政を忌避するため、実際は買得行為であるものを請戻しの利かない被寄進行為であると偽装させ、実際の買得行為を隠匿するのが売寄進であるのだから、この二通には売寄進という文言は表示されないのが通例である。ゆえに売寄進状は売寄進行為と明確に区別される必要があると思われる。

次の史料D・EはⅠ型売寄進状である。

【史料D】「庄資冬田地売券」

うり渡申永代之田事

合壹段者在所せんたの池下

右彼田ハ、まんそう公事をはつして、永代よう〳〵あるによつて、船木の当住へ代代(ママ)物参貫三百文ニ沽渡申所実也、又ハ沽寄進と存する間、此文書をか□□(たく)仕候て進候上者、天下一同の御とくせいありと申共、いらん煩申ましく候、其外何事ありとも沽主と申候て子細を申ましく候、若しそんニおいてもいらん煩申候ハ、、盗賊之御沙汰ニあつかるへく候、仍為㆓後代しやう文㆒うりけんの状如㆑件、

文安五年九月廿七日

(異筆)「庄掃部助状」資冬（花押）

舟木洞松寺方丈ゑ

【史料E】「正慶田地寄進状」

(端裏書)「竹井飛州之内方寄進状一通

舟木寄進状　庄上殿ヨリ田之在所せんたの池之下」

為㆓照菴妙用大姉菩提㆒、寄進申田之事、合壹段者、代参貫三百文ニ永代万雑公事ヲ籠而、買得仕、文書相副而寄進申上ハ年忌九月十五日毎年毎月如㆑形、末代無㆓懈怠㆒諷経所㆑仰候、恐々謹言、

竹井飛驒入道内方

法名(別筆)「正慶（花押）」

文安五年九月廿七日

寄進　船木洞松寺侍者禅師

【史料D・E】は二通で売寄進行為を表している。ただし徳政忌避型売寄進と違うのは、これが売却者と寄進者が異なる形であり、仲介者を介した買得即時寄進型売寄進である点である。この史料についてはすでに前章で述べたので、行論の関係上簡単にまとめておく。

この二通からわかることは、対象となった物件一段は、そもそも庄氏の所有にあったもので、庄氏が万雑公事をはずした形で洞松寺へ売却をした。この行為を庄氏は「沽寄進」として把握していた。いっぽうで正慶の寄進状の文言を見ると、実は、庄氏が放った物件はそのまま直接洞松寺へ移譲したのではなく、正慶が庄氏の所有した物件をいったん万雑公事をこめた形で買得したうえで、正慶の名義で洞松寺へ寄進している。

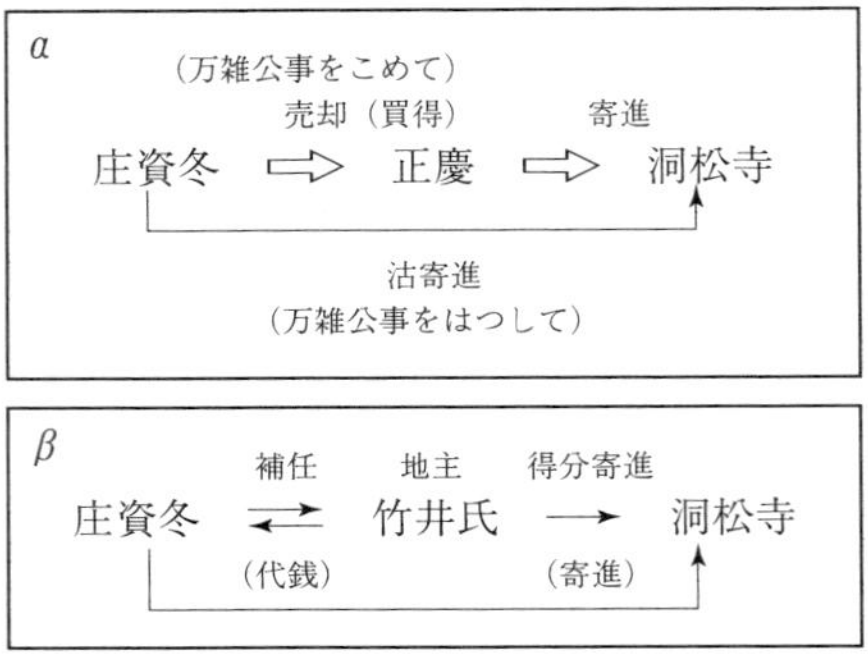

図2　文安5年9月27日の売寄進

【史料E】に見える沽寄進の意味は、以下のように理解し得る（図2‐α・β）。

庄資冬は洞松寺に一段の田地所有権を移譲したが、実際は仲介者として正慶が当該物件を買得し、その下地の支配権を留保したうえで（万雑公事をこめて買得するということは、すなわち万雑公事の負担義務を負って買得する、という意味であろう）、当該物件から得られる得分の一部を洞松寺へ寄進する（この場合の寄進は、万雑公事を負担するのが正慶であり、寺へは当然万雑公事の負担義務をはずしたもの、すなわち抜地の状態で寄進されるのである）。ゆえに、史料Dに見える「万雑公事をはずした沽寄進」とは、庄氏→正慶→洞松寺へと移動した土地所有権の流れ全体を示しているのであり、最終的に寺に移譲されたものは、この一段から得られる上分の一部であることが理解できる。

するとこの一連の動きは一種の地主職補任（所領宛行）とも考えられる。つまり、庄氏が得分権としての領地を竹井氏に売却という形で宛行い、いっぽうでその加地子名主となった竹井氏はその得分の一部を庄氏に代わり氏寺洞松寺へ寄進することになっていた。結果的には売買代銭分が寄進されたことになり、この行為を庄氏が寄進したことに置き換えれば、竹井氏が売買代銭を振り替る形で形式上納めたことになろう。この一連の動きは、寄進を意識する甲と被寄進者である乙、さらにこれを売買関係によって介在する丙（仲介者）の三者による契約であり、竹井氏を介した買得即時寄進型売寄進の事例である。これは庄氏による寄進行為（債務）を竹井氏が請け負った契約関係といえよう。

このような事例はこの洞松寺に限らない。

【史料F】「松平長家寄進状」(10)

上田弥一郎殿へ永代うり申候田地、くはう（公方）年貢之義、去年ひつし（未）の年までの六年之内、合六百文うけとり（請取）申候、当年より、さる（申）の年より後、毎年百文つゝの公方年貢ハ、末代きしん（寄進）申候、しゝそん〳〵（子々孫々）におき候て、いらんわつらひ（違乱煩）ハあるましく候、仍為㆓後日㆒状如㆑件、

大永四年《きのへさる》参月十二日

松平左馬助

長家（花押）

こうさい（高済）寺まいる

この史料は松平氏の氏寺である三河国大樹寺に伝わる文書のうち、末寺高済寺に関連する文書である。松平長家が上田弥一郎に田地を売却した。去年まで寺への公方年貢相当分を年毎に長家に納めていた。本申年よりはこの公方年貢一〇〇文ずつを寺へ寄進することにした、というものである。弥一郎は田地を購入したが、実際は長家によって加地子名主に補任されその土地の上分の一部を公方年貢相当分として納入する義務を負った。本年よりはこの一〇〇文を寄進するのだと理解できる。このように、売買関係と補任、それに伴う寄進関係と諸役負担

が表裏一体であったことが読み取れる。

さて再び「洞松寺文書」中より、もう一例このような売寄進を挙げる。これも第四章で取り上げたものであるが、便宜上全文を掲げることとする。

【史料G―1】「水河貞久・貞納田地売券」（図3）

（端裏書）
「水河方売券状一通」

「水河方売券状」「十五　水河方売券状」

うり渡申永代之田之事　黒印［印文ハ萬福］

合壹段者在所船木口也、此田者安主給ノ内也

右彼田者、万蔵（雑）公事をはつして、永代依レ有二要用一船木当住ゑ代物参貫五百文仁うり渡申所実なり、又ハうり寄進と存する間、此文書を堅仕候て、進上申候上者、天下一同之有二徳政一、永代之下地を取返事ありと申すとも、於二此下地一いらん煩申ましく候、其外何事あり共、うり主と申候て子細を申ましく候、若於二子孫ニ一もいらん煩申候ハヽ、盗賊之可レ有二御沙汰一候、仍為二後代しやうもんの一うりけんの状如レ件、

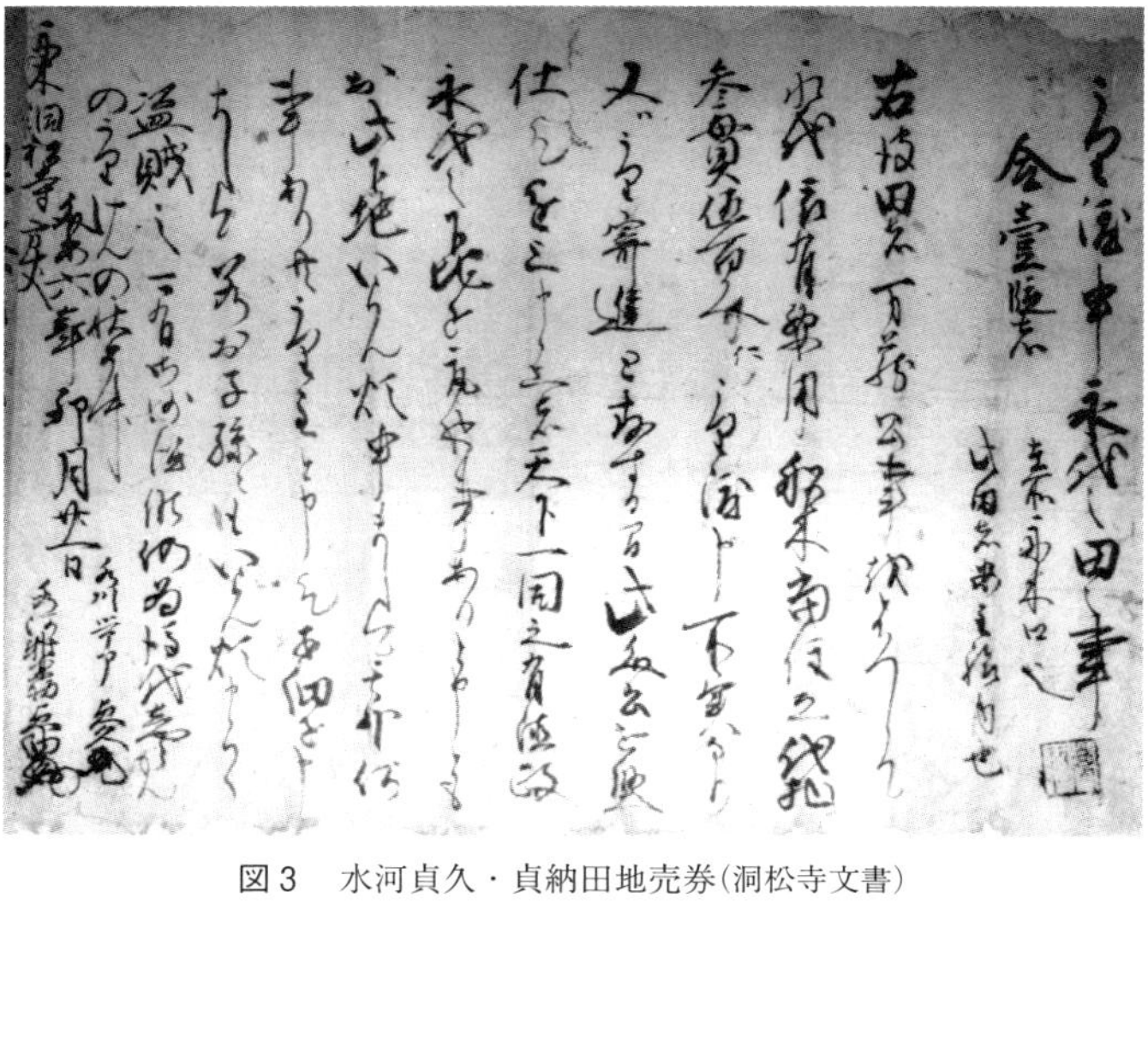

図3　水河貞久・貞納田地売券（洞松寺文書）

文安六年卯月廿一日

水川帯刀　貞久（花押）

水河雅楽助貞納（花押）

船木洞松寺方丈

【史料G-2】「竹井玄保田地寄進状」（図4）

（端裏書）
「寄進状　十五　竹井飛騨入道玄保」

寄進申下地之事

合壱段者但坪八草賀部荘池内船木口也

右件田者、ほい田方ひくわん人水川帯刀方下地也、
直銭参貫五百文にかい候て船木洞松寺へ親にて候者
興山道隆《正くわんき五月十五日》ため二地主沽巻（券）文内二当ほいたつるわか（庄元資）
殿之判をさせ申、限二永代一かい取申、寄進申上者、
全以他之方より一言違乱妨あるへからさる者也、仍
為二後日沙汰之一寄進状如レ件、

竹井飛騨入道

文安六年卯月廿一日　玄保（花押）

船木洞松寺御方丈まいる

右の史料は、文安六年（一四四九）穂田方被官すなわち庄氏被官水河（川）氏が下地を洞松寺へ売寄進した例である。再三述べてきたように、水河氏の洞松寺への売

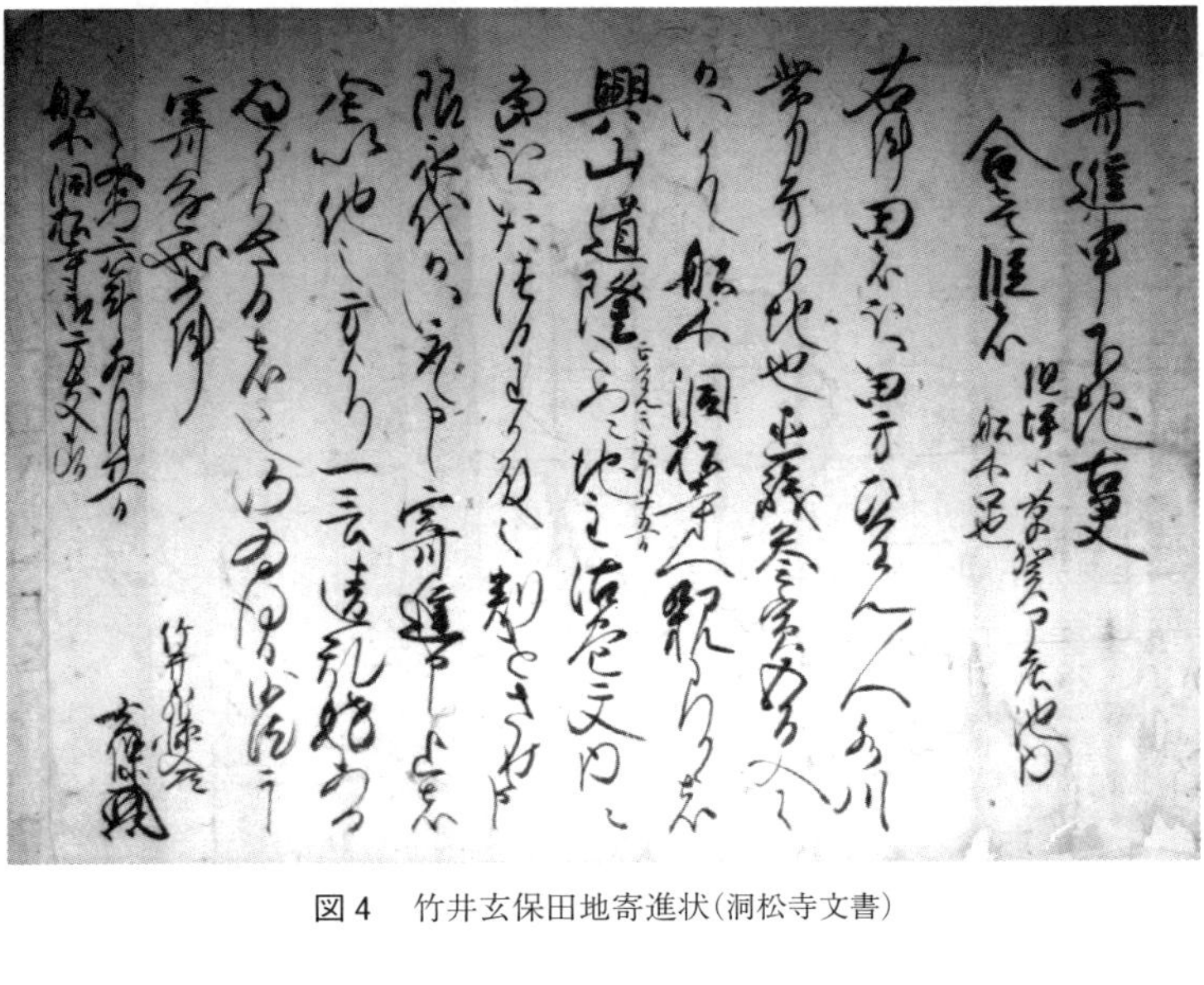

図４　竹井玄保田地寄進状（洞松寺文書）

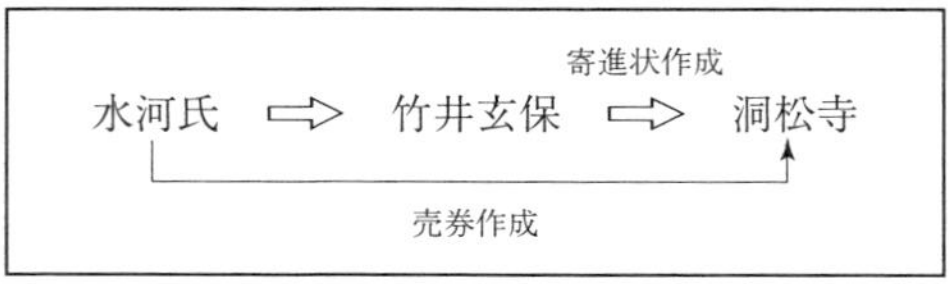

図5　文安6年4月21日の売寄進

寄進は、竹井玄保なる人物がこの契約を仲介する形でおこなわれている（図5）。売券では水川氏が直接洞松寺への売却者になっているが、実際は玄保が三貫五〇〇文で当該物件一段を買得し即時寄進している。なお在所に見える安主給は、案主給のことと思われる。荘園制下における在地の下級荘官の一つとして案主がおり、文字通り文書管理などの事務をおこなっていた。その案主に対しての給分がこの案主給であった。そのなごりが安主給という地名として残存しているのであろう。

注目すべきなのは売券に付された黒印である。【史料G−2】によれば、竹井玄保が三貫五〇〇文で購入した水河氏の下地を洞松寺に寄進するために、買得証文（すなわち売券）に穂田鶴若の印を捺してもらい、永代買い取ったというのである。【史料G−1・2】をあわせて検討すると、水河氏は諸公事負担を外して洞松寺へ売寄進をなした。諸公事負担者は玄保となった。「うり寄進」と称しているこの事例は、一連の買得即時寄進型売寄進と考えられる。

このようにみると【史料G−2】のいう印こそ、同一物権の売券にあたる【史料G−1】に捺された黒印である蓋然性が高い。本主である水河氏の売券にこのような檀那庄元資の黒印を付したのは、本主違乱忌避のためと給人改替の承認を得るためであろう。これは、売買の正当性・合法性の承認、所領の安堵をおこなう買得安堵と考えることができる。買得安堵については室町・戦国期に関しては大名権力による一円領地把握政策ととらえられているが、このように庄氏のような地頭レベルでの買得安堵も確認されている[11]。ただし当該期、この場合のように署判でなく印判を付された在地領主の買得安堵の例は極めて稀ではないだろうか[12]。

こうした庄氏の印判が付された文書はこれ以外には存在せず、また近隣地域にも類例を見ないが、少なくともこの文書は檀那庄氏の家臣支配と土地支配の強固さを示すものとしてとらえられる。いっぽうで売寄進における銭主であり被寄進者である洞松寺が、この土地所有権移動に対する保証を庄氏に要請したであろうことは、土地売券に見える違乱忌避文言によっても、また売券作成時の銭主の要求の反映度を考慮しても、想像に難くないのである。

以上みてきたように、「洞松寺文書」におけるI型の売寄進は「下地買得、上分寄進」を示したものであることが把握できる。そのなかで、庄氏と被官との土地・人身をめぐる結束強化という側面と、いっぽうで庄氏の印判を仰いで権利移転の強固な保証を得ようとする氏寺洞松寺による寺領集積という側面が存在することをうかがえるのである。とくに後者については、先に掲げた「祖伝」中に「孔方三百貫を捨て田代を買う」とあるような、寺側の積極的な寺領集積を示していると考えられる。

続いて、史料一通で売寄進を示すII型の売寄進状を見てみよう。

寛正三年（一四六二）二月十六日「庄新若狭入道道春田地売券」は単独で売寄進状として機能している。「庄新若狭入道於㆓舟木山洞松寺㆒為㆓売寄進㆒、且菩提、且当用、限㆓永代㆒売渡申上者、於㆓子々孫々㆒、不㆑可㆑有㆓違乱㆒煩候」とあり、売寄進の内実が①菩提供養（＝寄進）②当用（＝売却）、すなわち須磨千穎が述べた「一部売却、一部寄進」を示している。[13]

あるいは、一通で下地買得、得分寄進を示すものもある。康正二年（一四五六）十一月十五日「道善田地売寄進状」を見ると、「合現銭陸貫文仁万雑公事共ニ、限㆓永代㆒備中州巨勢庄藤岡之中司しやう法名道善買得仕、沽券状二通相添、洞松寺へ限㆓永代㆒寄進申候上者」とあり、仲介者道善が下地を買得し、得分を寺へ寄進している。関連史料は一通しか現存していないが、文言中に「沽券二通相添」えるとあるのは、本文書由緒文言に「右、彼下田者、四十代者水川角殿之田也、直銭参貫伍百文仁買也、又、廿伍代者水川之帯刀方之田也、直銭貳伍百文ニ買也」とある二カ所の物件の売券のことであろう。とすれば、この道善の売寄進状はそもそもI型の売寄進であり、売券は以後紛失し現在に残らなかったと思われる。

【史料H-1】「星原兵衛田地寄進状」

（端裏書）「寄進状　成羽□」

寄進申田之事

合壹段者　在坪廿二□

西ハ慶寿庵田□

（追筆）「年貢者三斗五升定也」

右件田者、庄藤四郎殿下地也、直銭弐貫五百文ニなりハのほしはら（星原）兵へ買留候て、入二舟木之祠堂一申候上者、永代子々孫々不レ可レ有二違乱煩一、聽而とう四郎殿売券添候て進候、可レ有二如法御弔一候、仍而為二後日一寄進状如レ件、

応仁三年乙丑　卯月八日　ほしはら兵へ（略押）

洞勝寺納所禅師

この史料は一通で売寄進状であったことがわかる。本文由緒文言に「庄藤四郎殿下地也」とあり、庄資長の下地を直銭二貫五〇〇文で星原兵衛が買い留めて洞松寺へ寄進したとある。下地を買得した後、即時に寄進する売寄進を表していよう。また、「聽て藤四郎殿売券を添候て進せ候」とあり、資長から洞松寺へ売寄進がおこなわれたことを推定させる。

次の史料も文言に見えるように庄資長による売寄進状である。

【史料H-2】「庄資長田地売券」

（端裏書）「進上　茂林和尚　藤四郎殿沽券」（端裏書追筆）「年貢者当庄舛四斗定也」
限二永代一沽渡申　田之事
合壹段者、在坪者　カウ田
東ハ限二五郎左衛門田一、南ハ限二慶壽庵田一、
西ハ限二大道一、北ハ限二西明坊田ヲ一
右件田者、依レ有二直物要用一、代貳貫五百文沽渡申候上者、万雑公事於二子々孫々仁一違乱煩申ましく候、若天下一同之雖二徳政行候一、於二此下地一ハ、洞松寺沽奇（ママ）進申候上者、不レ可レ有二相違一候物也、仍而為二後日一文書如レ件、
応仁二年戊子十月二日
庄藤四郎
資長（花押）

事実書に「沽寄進」とあるように洞松寺への売寄進を示している。在所、四至などから勘案して、かならずしも前述の星原兵衛の仲介による売寄進に見える「藤四郎殿売券」と直接関連する物件とは言えないが、前述史料と含めて、このような「買得＋寄進」に資長が関与していたことが推測される。それぞれにはもう一通ずつ本券が存在し、下地買得、得分寄進の売寄進がおこなわれたのである。

このようにⅡ型の「売寄進状」のなかには、売買契約当時は二通の連券として機能していたものが、伝来の過程で現在売券・寄進状の一方が紛失してしまった「売寄進状」も多数あるだろう。

文明六年（一四七四）、このような売寄進による土地所有権移動は一応終わっており、二住持による土地集積には終止符が打たれた。

三　毛利領国下の検地と打渡坪付

毛利氏の惣国検地についてはすでに加藤益幹(14)、池享(15)によって包括的に論じられており、本節でもその成果によ

りたい。したがって惣国検地とそれに基づく打渡については最低限の叙述にとどめたい。

天文二十二年（一五五三）、三村家親は毛利氏の先鋒として庄為資を攻め、庄氏の居城猿懸城を奪取し、庄為資は備中松山城へ拠点を移す。このとき「元就使㆓為資㆒養㆓家親長子元祐㆒」とあり、毛利元就は三村家親の長男元祐を庄為資の養子にしたとある(16)。「三村氏系図(17)」によれば、以後猿懸城主は庄元祐となっており、実質的には庄一族に代わり三村氏勢力がこの地域に入る足掛かりとなった。その後元亀元年（一五七一）、庄為資の子高資が毛利元清によって滅ぼされ松山城の庄氏が滅亡すると、当地は名実ともに毛利氏領国下となり引き続き三村氏の知行地となった。

年欠「寺領帳」によると(18)、それまでは庄氏の所領であり洞松寺へ得分を寄進していた洞松寺門前の「舟木口一段」が、この寺領帳では「三村市人丸分」と改替されており、三村一族と思われる給人に知行替になっていることが判明する。この「寺領帳」がいつのものかはわからないが、事実書には「先年百姓共少以㆓礼儀㆒斗代落、万事不㆑任㆓先例㆒之間、古帳写取、此旨檀那元資江申上、御判申請之間、被㆑任㆓此帳㆒、可㆑有㆓御納所㆒也」とあって、年貢収取が思うにまかせないので古い寺領帳を檀那元資に指出していることがうかがえる。この檀那元資《もとすけ》は前項目に述べた売寄進に黒印を付した元資ではない。次節で述べるように時期によって元資は三人確認されるが、この元資は庄元祐《もとすけ》（すなわち三村元祐）であろう。とすれば、この打渡状は天文二十二年の三村氏入部以降のものになる。さらにこの時期元祐のもとで指出検地がおこなわれたのは、実質的に庄氏の勢力が三村氏によって一掃されたことで検地による早急な在地の把握と知行替が必要だったからにほかならないのである。

さて、毛利元清が三村氏に代わって猿懸城に入城するのは、三村一族の謀反を押さえた天正三年（一五七五）であり、元清は猿懸城の在地名から穂田（穂井田）元清と通称されるようになる(19)。

元清がこの備中に入部してあらためて旧庄氏領・三村氏領の検地がおこなわれる。これに基づいて出されたのが天正五年十二月五日の打渡坪付である。打渡関係文書については「所領の所在と知行高のみを記した打渡状」と「一筆ごとの地字名・土地種類・面積・知行高・名請人名が記された打渡坪付」とがあるが、この史料は後者である。天正五年の検地によって確定した高に基づいて知行地の再編成がおこなわれたのである。この打渡坪付の発給者は民部大輔広繁である。検地の現地担当者と考えられるこの人物については他の史料には現れず姓は不明であるが、加藤が述べる検地奉行に当たろう。しかしこの時期は毛利領国下での検地は不活発であり、在地掌握への努力が十分徹底していなかった(20)。

毛利領国下での検地が活発化するのは、秀吉の九州平定によって西日本が豊臣政権のもとに入った天正末年からである。その中で天正十六年（一五八八）以降、領国下で統一的におこなわれた惣国検地がある。惣国検地の評価については加藤・池ともに中央権力への服属を契機とした知行高の統一的把握としてとらえるが、その方法としては戦国期以来の毛利氏の検地を受け継ぐものであり、戦国大名としての毛利氏の在地把握の集大成であるという点を指摘している。

当該地域における検地も例外ではない。ただし実施された時期に相違がある。惣国検地は長門国から天正十六年に始まっており、備中国では主に天正十九年におこなわれている。「洞松寺文書」の惣国検地関連史料は天正十九年十一月二十四日「打渡坪付」がある。検地奉行は内藤與三右衛門尉元栄、林肥前守就長であり、この連署で発給されている。この両者は、検地奉行として毛利惣国検地の打渡坪付に頻繁に現れ、とくに内藤は惣国検地の総責任者としてすべての打渡坪付に現れている。加藤は「検地は国単位郡単位に決められた検地奉行の手によりおこなわれ、惣検地奉行である内藤元栄がそれに加わっている」とする(21)。天正十六年の輝元上洛に際し、この側近奉行衆はともに随行、豊臣姓を賜る。このとき林就長が従五位下肥前守を任じられているように、彼らは毛利輝元の側近奉行衆であった。

検地奉行の連署によって出された天正十九年の打渡坪付に基づき、翌年、穂田元清、安国寺恵瓊、福原式部少輔広俊、渡辺飛驒守長、口羽刑部太輔通平の輝元年寄層の連署による打渡状によって、最終的に洞松寺寺領の知行高が確定した。

こうして天正年間におこなわれた検地は、それまでの庄氏支配・三村氏支配の否定と毛利領国体制の強化を図ったものであった。毛利氏の惣国検地が、輝元の年寄衆・側近奉行によるそれまでの庄・三村といった在地の地頭領主の勢力を知行替という形で排除した点は、それまでの検地の方法を継承したという点とともに「太閤検地の原則の貫徹しない、毛利氏独自の原則に貫かれて」いたという加藤の指摘[22]に符合するのである。

この毛利氏独自の私検地が慶長検地に至って変質する。「洞松寺文書」の慶長四年（一五九九）十月六日「三輪元徳・蔵田就貞・兼重元続連署小田郡横谷村打渡坪付」は、田積標記が畝・歩制となっており、一段三六〇歩から太閤検地の一段＝三〇〇歩へと変化したことがうかがえる。のちにこの坪付に付箋が貼られた[23]。それによると「慶長九年小堀作助殿ヨリ三拾五石御寄進之節、天正弐拾年伊予守元清打渡検地帳両通ニテ不足高、此四筆ヲ以足シ給リシ分也」とあり、惣国検地を基準にして、あらためて知行高の確認作業がおこなわれたものとみられる。この慶長検地は三輪加賀守元徳、蔵田東市介就貞、兼重五郎兵衛尉元続といった検地奉行のみによっておこなわれ、天正惣国検地のように中央の輝元の奉行衆が直接関与することはなかった。加藤の言葉を借りれば「検地が特定の奉行だけで可能になるほど制度化し、領国支配機構は安定[24]」した訳だが、当該地にもその支配機構が貫徹していたことになる。

四　「洞松寺文書」に見える庄氏

これまで土地契約文書を中心に「洞松寺文書」を論じた。次に、この「洞松寺文書」のなかで多くを占める土地契約文書の主体となっている庄氏について考えたい。

　庄氏は武蔵国児玉党の出自であり、家長が草壁荘（本所不詳）の地頭として西遷する。元久二年（一二〇五）に猿懸城を築城したと系譜が伝える。(25) 以後庄氏はここを根拠地とし、例えば地頭庄藤四郎行信が隣接する小坂荘に進出し年貢を押領するなど(26)勢力を拡大し室町期になると周知のように守護細川氏の守護代として現れる。(27)

　そこで庄氏と在地社会との関わりを考察するため「洞松寺文書」に現れる庄氏について見てみよう。

(1)庄元資

【史料J-1】「庄鶴若丸寄進状写」

　奉寄進

　　洞松寺殿桂室禅門位牌免之事

　　　合漆石者、穂太舛定有坪斗代并作人(ママ)等在㆓別紙㆒、

　　右、為㆓彼追厳㆒、所㆓帰附㆒如㆑件、

　　　文安六年己巳二月廿二日

旦那　慧稠（花押）
　　鶴若丸在判

　　右米者五石在均村、弐石在小林

【史料J-2】「庄元資寄進状」

　奉寄進

洞松寺殿桂室禅門位牌免之事

　合漆石者、穂太舛定在坪付□、作人等別紙

右、為二彼追膳一、所二寄進一如レ件

康正貮年丙子八月廿八日　　　元資（花押）

右米者五石在均村、在小林庄

【史料J-3】「桂室禅門位牌」

当山開基洞松寺殿前駿州太史桂室禅門　康正二年八月二十二日　藤原元資父

【史料J-4】「洞松寺鬼籍簿」

秀崕道弥禅定門　文明六年八月廿二日　元資公

文安六年（一四四九）二月二十二日に旦那庄鶴若丸によって、洞松寺開山に功績のあったその父洞松寺殿桂室禅門、すなわち庄駿河守の供料寄進がおこなわれている。ただしこれは死後追善でなく、生前の逆修であった。実際の没年は康正二年（一四五六）八月二十二日である。これに併せて、【史料J-1】とまったく同内容の寄進状が再び作成された（【史料J-2】）。このときの寄進者は元資であり、幼名の鶴若丸を改名している。父の死没に際して再寄進をおこなったのであろう。この庄鶴若丸は庄家旦那として竹井玄保の売寄進に対して安堵と違乱防止の保証のための黒印を押させている人物である(28)。この元資は文明六年（一四七四）に死没している。

しかし、「庄氏系譜」（「洞松寺文書」）によれば、当該期の庄氏については不自然な点がある。関係箇所を掲げてみよう（図6）。

庄氏敬と系譜の元資との間には八十二年の隔たりがあって、この間の庄一族に関する系譜は記されていない。「洞松寺文書」に現れる鶴若丸元資は、その初出である文安六年（一四四九）からこの系図の享禄四年（一五三一）までの隔たりを勘案すれば、系譜上の元資とは別人と考えるべきである。また、鶴若丸の父（不知実名）が康正二年（一四五六）に没しており、この系譜に現れる氏敬の記述を信ずるならば長禄二年（一四五八）に活動を確認

（略）―資昭―氏貞―氏敬　猿懸城主、小平次、庄左馬允
母石川源左衛門尉久忠女
宝徳元年足利将軍源義政公左大臣為㆓拝賀之御参内㆒従兵之内、
又長禄二年南朝ヨリ神璽御入洛、管領細川右京大夫勝元命㆓
供奉㆒為㆓恩賞㆒吉光一振賜ル

―元資　猿懸城主、十郎太郎、庄駿河守
母石川源左衛門尉久式伯母
法号洞松寺殿桂室常久大居士
享禄四年管領細川武蔵守入道高
国、同右京大夫晴元ト闘戦ニ及
ケル（以下略）

―為資　松山城主、庄備中守
母野山宮内少輔朝村女
天文二年松山城主上野伊
豆守兄弟ヲ討捕、大松小
松山ヲ持、（以下略）

―高資―（略）―

図6　庄氏系譜抄

できるので、単純にこの氏敬を鶴若丸の父とすることはできない。その意味でこの系譜の信憑性は薄いのであるが、いずれにしても氏敬と元資間の系譜が記されていないのは奇妙である。

この系譜に見える元資は次の禁制に見える元資であろう。

【史料K】「庄元資禁制案」[29]

禁制　西阿知遍照院

一　於㆓院中㆒軍勢幷甲乙人等乱妨狼藉事
一　軍勢陣所之事
一　於㆓院内㆒殺生事

表3　文書目録に見える庄氏の人名

	比　定	洞松寺鬼籍簿	第8章表1
上殿	庄掃部助資冬		1
長屋殿	庄長屋道珍		18
北殿	庄右京進則資	文明四年六月五日（庄右京寄進田アリ）	22
道春禅門	庄新若狭入道	寛正三年二月十六日	21
元可	不明		
新殿	庄新若狭入道		21
庄越前守	不明		
庄因州元栄	不明		
西殿	不明		
実山修公	庄元資室	康正二年二月七日	
庄常陸守	不明		
庄藤四郎	庄藤四郎資長 初代庄元資の弟	文明三年十一月廿日　於備後柏原討死	24

一　弓鞠相撲幷万鳴物遊事附馬庭事
一　於二衆中一背二宗門掟一之輩幷諸公事為二俗士一負贔扱之事
右条々若於二違背之輩一者可レ被レ処二厳科一之状如レ件
永正拾四年六月　日
庄元資在判

庄鶴若丸こと元資は【史料J－4】に見えるように文明六年に没しているので、ここに現れる永正十四年（一五一七）の庄元資とは別人である。禁制を発していることから守護代としての立場がうかがえる。

「洞松寺文書」にはもう一人の庄元資が確認できる。

【史料L】「庄四郎元資置文」

（端裏書）「檀那庄四郎元資御置文　永禄二己未」
舟木山洞松禅寺山林寺領等之事
除二諸御公事一、如二前々一無二相違一、末代可レ有二御寺納一者也、
仍為二後日一一筆如レ件、
旹永禄弐年己未五月十四日　元資（花押）

この元資は天文二十二年（一五五三）に庄為資が毛利方三村家親に猿懸城から追われ、代わって城主に据えられた三村氏の

息男元祐と思われる。前項で述べたように、三村氏の勢力がこの舟木の地に及び、あらためてこの時期に検地と知行替がおこなわれたことを寺領帳から推定した。この置文は、庄氏の氏寺である洞松寺の檀那として寺領安堵をなしたことを示している。おそらく先述の「寺領帳」と関連するものであろう。いっぽうで、本来の洞松寺の檀那であった庄氏の惣領は猿懸城（洞松寺は遥逍山の麓に位置し、その山頂に城がある）から松山城に移り、元亀二年（一五七一）高資の代に毛利元清によって滅ぼされている。この史料はそれまでの庄氏との断絶を物語るものである。元祐は旧庄氏領に入部し庄氏の檀那として元資の名跡を継ぎ、また庄氏の氏寺である洞松寺とその膝下の支配を容易にするために引き続き氏子としてみずからを位置づけたのである（表3）。

このように、庄元資はこの「洞松寺文書」において三人確認できる。いずれも檀那として洞松寺と密接に関係している。おそらく庄氏の惣領として氏寺洞松寺への土地寄進の中心となり、また先述のように土地売買の承認・安堵をおこない、さらに売券の文言からわかるように在地裁判の主体[30]となって庄氏の族的結合や在地支配を強固なものにしようとした。

(2)その他の庄氏一族

庄一族のなかで「洞松寺文書」によってその活動期を確認できるのは資冬、長屋道珍[31]、若狭入道道春、則資、資長の五人であり、そのいずれもが売寄進という形で洞松寺に寄進している。また、「洞松寺文書目録」中に見える非残存文書にも多くの庄一族が現れており、当該期における庄氏による土地寄進の盛行をうかがえる。

なお、「吉備津神社文書」には応永年間に庄甲斐入道[32]の存在が知られる。また長享年間に庄兵衛四郎[33]、長禄三年（一四五九）に庄藤右衛門尉[34]が見えるが実名は不明である。「洞松寺文書」「庄氏系譜」中のいずれに比定できるのかも確認できない。今後の課題である。

小　括

本章を終えるにあたって、「洞松寺文書」に見える地名を考察して当該期の洞松寺の土地集積をあらためて考え、結びにかえたい。

「洞松寺文書」の土地契約文書に見える買得物件・譲渡物件の在所でよく登場する地名が舟木、もしくは舟木口である。ここはまさに洞松寺への参道を中心とした最も膝下の集落・田畠であり洞松寺への入口に当たる。中山と遥逍山に挟まれたこの地は、なだらかな斜面に向かって概して小規模な地片が連続する。洞松寺はこの緩斜面の先端にあり眼下を見下ろせる場所に位置する。洞松寺に隣接する北側には古い用水池があり、舟木口への水配りの拠点となっている。この用水池は中世までさかのぼれると考える(35)。だとすれば寺院の膝下所領の経営と水利の把握は不可分の関係として考えられる。

また庄長屋入道道春に関わる地名「長屋」は大渡川の扇状地の斜面に広がる集落を指すが、この集落の地も寄進されていることが寺領帳に記載されている(36)。

こうした洞松寺膝下の土地集積の傾向は毛利領国下になってからの天正五年（一五七七）の検地によってもうかがえる。その寺領の所在の多くは「舟木口」「はまうらノ下(37)」「舟木ノ前」「長屋たつちうの下」「高田」といった、大渡川の扇状地と大渡・小田川との合流地点に広がる氾濫原地帯の地名がほとんどである。これは洞松寺から半径二キロ以内のまさに膝下に所在するのであり、十五世紀中頃よりおこなわれた洞松寺への売寄進によって集められた土地の所在地とまさに一致する。天正期になっても洞松寺の寺領の多くが膝下中心に広がっており、これは庄氏時代の洞松寺領の所在を反映していると考えられるだろう。

この寺領は洞松寺茂林・霊嶽両住持の時代の約四半世紀に集中的に集められた。庄氏がその寄進の主体として位置づけられ、土地移動の合法性を判定する主体も売券の文言から庄氏であったと思われる。庄氏の寄進活動は竹井氏や水河氏、渡辺氏といった被官や備中西部の在地小豪族の「下地買得、得分寄進」によって担われた(38)と考えられる。この売寄進の関係は、一面では所領の宛行と諸役負担の側面を表していると思われ、守護代として備中西部の小豪族を統合する形で、庄氏が国人領主としての足固めをおこなったことは想像に難くない。また、竹井玄保や渡辺帯刀は近隣の法泉寺にも「下地買得、得分寄進」をおこなっており、渡辺氏は銭の貸し付けもおこなっている(39)。こうした事実を勘案すれば、彼らは備中西部における国人被官でありつつ、土地売買を仲介し銭の融通をおこなっている有徳人層であると推測できる。

いっぽうで、この土地寄進活動は洞松寺茂林・霊嶽両住持のもとで積極的に進められた。「捨二孔方三百貫一買二田代一」い料田を拡大し、法要や忌日供養など寺院の宗教活動費をまかなう必要があったのである。洞松寺の宗教活動を知り得る史料はほとんどないが、『古文書集』未収録の永正十三年（一五一六）八月一日「規式」には前住泰州和尚の位牌料一貫文を毎月の仏餉年忌半斎に用いるべきことが厳命されている。このように洞松寺も、いわゆる権門大寺院と同様(40)に仏事興行用途としての散在田畠の集積がおこなわれたと考えられる。これらの集積ではいっぽうで宗教的な権威として寺は寄進を受けながらも、いっぽうでは仲介者を介した買得という形での寺領集積もおこなった。それが売寄進という、寄進の意識をもちながらも売買関係を有する契約関係として結実した。氏寺側の仏事興隆への指向と、その氏子庄氏が檀那元資を中心とした族的な結合を強め、さらに地域の諸小豪族を、土地を媒介にして把握しようとする国人領主化への指向とが合致したのである。

こうした茂林・霊嶽両住持による土地集積は、文明年間に「文書目録」を作成することによって終わることになる(41)。

土地集積の主体であった庄氏は、十六世紀になって三村氏に敗れてこの地より放逐され、この地は以後三村勢力下に入る。十六世紀中ごろに見える庄元資は恐らく三村元祐であり、三村氏は旧庄氏の知行替をおこなうために独自の検地をおこなった。その後の毛利氏の入部でも独自の検地がおこなわれ給人の知行替がおこなわれたが、慶長の検地によって太閤検地の原則のなかに組み込まれる。

以上南北朝期以降の備中西部の地域権力と「洞松寺文書」との関係を示した。しかし当該期の庄氏についてはほとんど解明できず、「洞松寺文書」に現れる人物と守護代の関係は不明のままである。この検討が今後残されていようが、本章は売寄進の一形態を検出したことを成果としてひとまず擱筆したい。

（1）中野栄夫「備前国香登荘関係史料について」（『岡山大学教育学部研究集録』五〇―一、一九七九年）。その後中野は精力的に岡山県内の荘園調査をおこない、重要な成果を次々と公にした（中野『荘園の歴史地理的世界』同成社中世史選書、二〇〇六年に所収の諸論文参照）。

（2）「洞松禅寺住山歴祖伝」（以下「祖伝」と略記。『曹洞宗全書』拾遺、仏教社、一九三八年、所収）によると、「応永十九年壬辰、師享齢三六載、創二開洞松寺於備中州舟木山一、請レ師為二開山第一祖一。自居二二世一」とあり、開山第一祖、洞松寺第二世となっている。「嘉吉二年謝世」とある。また洞松寺には喜山性讃坐像と伝える頂相像があり室町期の造立と考えられている（岡山県教育委員会『岡山県社寺所有資料調査報告書』五、一九九五年）。以下、本章に関係ある法統を掲げる。

舟木山開山 如仲天誾 ―― 洞松寺開山 喜山性讃 ┬ 洞松寺三世 茂林芝繁 ┬ 洞松寺五世 崇芝性岱…
　　　　　　　　　　　　　　　　　　　　　　│　　　　　　　　　　　└ 石見永明寺二世 秀峰繁俊 ―― 石見永明寺三世 禅庵繁興…
　　　　　　　　　　　　　　　　　　　　　　└ 洞松寺四世 霊嶽洞源…

（3）藤井駿「備中守護の細川氏について」（『岡山大学法文学部学術紀要』一〇、一九五七年。のち藤井『吉備地方史の研究』法藏館、一九七一年に再録）。

（4）茂林芝繁。「祖伝」によれば「師諱芝繁。号二茂林一。肥後州高瀬人也」。また「晩年與嶽師交代前後三住。住山記詳也、帰二洞松一長享元年丁未二月初八日化。臨終而召二嗣子崇芝一。嘱二于後事一」とあり、茂林・霊嶽両住による輪番、その後の崇芝和尚への住持交代の様子が見える。なお江戸期の編纂となる寺所蔵「洞松寺由緒書」(『古文書集』所収）には「茂林迁化之後、成二輪番地一」とあるが時期的には茂林の代にはすでに輪番となっているので誤りである。茂林は三河龍渓院開基である。齢九五にて長享元年（一四八七）示寂。

(5) 霊嶽洞源。「師諱洞源。字霊嶽。遠州人也。投二大洞恕仲禅師一。落髪納法。游歴而到二備之洞松一。承二嗣喜山和尚一。後蒙二山之命一。輿二茂林和尚一交」とある。延徳四年（一四九一）示寂。

(6) 「祖伝」の「喜山性讃伝」によれば、舟木山洞松寺開山によって寺勢大いに栄えたといい、「四方学侶翕然集二于輪下一」った。そのなかの若き学侶に茂林と霊嶽がいた。茂林に対して師は「得悟するには古よりこれといって特別な因縁が一つあるというわけではない。ただし修行をおこなわなくては「行解不二之地」には至れないのだ」とさらなる修行を求めた。霊嶽もまた師である喜山性讃に従い悟りを得た、とある。この祖伝の続きにはこうある。「二子神足扶二揚法門一、枝葉繁茂而、覆二蔭扶桑国裏一。師以嘉吉二年壬戌孟秋四日謝世」。いわゆる後世のこのような祖師伝をそのまま信用するわけにはいかないが、この「二子」が茂林・霊嶽にあたるのだろう。彼らがのちに住持になるのは性讃の「奉二遺命一」(「洞松三世茂林繁禅師伝」）るものであったのである。

(7) 注(2)と同じ。

(8) 笠松宏至「中世在地裁判権の一考察」（寳月圭吾先生還暦記念会『日本社会経済史研究』中世編、吉川弘文館、一九六七年。のち笠松『日本中世法史論』一九七九年に再録）。

(9) 興味深いことに売券中に「売寄進」という文言が急増するのは、おそらく十五世紀中期、とくに嘉吉年間をさほどさかのぼらない時期と思われる。嘉吉元年閏九月には「徳政禁令」が発令されたが、ここに売寄進が「改動あるべからざる地」と明記された。徳政の埒外とされた事実と、それ以降売寄進文言が急増するこの事実とはおそらく無縁ではあるまい。とすれば、売寄進の淵源と展開は左のように考えられよう。

半分売却・半分寄進
→ 一通売券・一通寄進状（売却が主）(徳政忌避型) → 一通売寄進
→ 一通売券・一通寄進状（寄進が主）(買得即時寄進型) → 一通売寄進

(10) 「大樹寺文書」（史料纂集『大樹寺文書』、一九八二年）。

(11) 入間田宣夫「出羽国における在地徳政」（『山形県地域史研究』三、一九七八年。のち『百姓申状と起請文の世界』東京大学出版会、一九八六年再録）。

(12) 地頭クラスの印判による買得安堵は検出していないが、当該期の久我家家印である「宇宙印」は荘園領主と在地領主というそれぞれの主体は異なるが、上部権力による買得安堵である。一九九六年に開催された「中世の貴族――久我家文書展――」にも出展された（明応五年〈一四九六〉十二月五日「久我家雑掌売券」。特別展観『中世の貴族』一九三頁に収録）。印判の大きさは六・四×四・五センチであり、「洞松寺文書」のもの（一・九センチ四方）よりかなり大きい。内容は、山城国久我荘内の田地一段余りを慈恩寺法華講衆中に久我家家司森長経が久我家の意を奉ずる形で売却している。その際に当主である久我豊通の黒印を付した。この印の意味は、本文中「為㆓厳重㆒被㆑載㆓御手印㆒之上者、後代不㆑可㆑有㆓違乱煩之儀㆒者也」とあるように、本主（売却者である久我家側）の違乱なき旨を銭主である慈恩寺法華衆中に対して保証を与えたものと思われる。小沼修一の検討によればこの家印が広く一般に容認されており、久我家の保証を具体的に示すものとされ、銭主側の強い要請によってこの印が付され厳重な保証を与えることもあった。この久我家黒印は全部で一八通あり、このうち売券は七通ある。（小沼「久我家の家印について」『国学院雑誌』八六―七、一九八五年）。岡野友彦はさらに「宇宙印」を付された文明十八年五月十二日「久我家雑掌連署売券」一通を紹介されている。この売券の面には「本主之手印」と書かれており宇宙印が押印されている。（「久我家の「宇宙」印と源氏長者」『皇学館大学史料編纂所報』一四〇、一九九五年）。中世久我家については岡野『中世久我家と久我家領荘園』（続群書類従刊行会、二〇〇二年）。

(13) 須磨千穎「美濃立政寺文書について」（『史学雑誌』七八―六、一九六九年。のち須磨『荘園の在地構造と経営』吉川弘文館、二〇〇五年、所収）。

(14) 加藤益幹a「戦国大名毛利氏の奉行人制について」（『年報中世史研究』三、一九七八年）、同b「毛利氏天正末惣国検地について」（『歴史学研究』四九六、一九八一年）、同c「豊臣政権下毛利氏の領国編成と軍役」（『年報中世史研究』九、一九八四年）など。

(15) 池享『大名領国制の研究』（校倉書房、一九九五年）の第三部の諸論稿。なお第五章「豊臣期毛利権力の行政機構の性格」（初出は有光友学編『戦国期権力と地域社会』吉川弘文館、一九八六年）の表2「毛利領国惣国検地打渡状一覧」、表

3〜表14「打渡関係文書一覧」で「洞松寺文書」の打渡坪付は検討されていない。
(16)「三島氏世譜」(岡山県教育委員会編『備中吉備郡史』一九三七年、一八八三頁)による。
(17)前掲注(16)と同じ。
(18)年欠「洞松寺寺領帳」(第八章表1の番号38)。
(19)毛利元清は元就の四男である。穂田は現在の倉敷市・真備町に比定される地で、穂田荘は鎌倉期の領家職は熊野社、預所職は山内首藤氏にあったが室町期になり隣接する草壁荘地頭庄氏によって侵略された。以後は庄氏の勢力の及ぶ地となった。洞松寺は庄氏の氏寺であったが元清入部以後はこの外護を受けたと思われる。元清は「洞松寺鬼籍簿」に「笑山寺殿笑山常快大居士　慶長二酉九月九日　毛利伊予守元清」と伝えられている(前掲注(16)『備中吉備郡史』)。また寺には元清の供養塔と伝えられる宝篋印塔があり、伝庄元資宝篋印塔とともに矢掛町文化財指定を受けている。ただ、造立年代は十四世紀末〜十五世紀初期と判断される(岡山県教育委員会『岡山県社寺所有資料調査報告書』五、一九九五年)。しかし、伝承として今日まで元清の名が伝えられることからも洞松寺と元清の関係が深いことを暗示している。
(20)加藤前掲注(14)a論文。
(21)同前。
(22)同前。
(23)この付箋は現存するが、当時坪付のどの部分に貼られていたかは調査で確認できなかった。この四筆に該当するものもわからない。
(24)加藤前掲注(14)a論文。
(25)「庄氏系譜」(「庄家文書」『岡山県古文書集』第一輯所収、また『岡山県史』中世編に再所収)。
(26)藤井前掲注(3)論文。
(27)例えば応永三十年(一四二四)四月二十八日「庄永允・石川満経連署請文」の端裏書に「両守護守護代請文」と見える(「吉備津神社文書」『岡山県古文書集』第二輯、所収)。
(28)文安六年(一四四九)四月二十一日「竹井玄保田地寄進状」。
(29)「西阿知遍照院文書」(『備中小田郡史』)。

(30) 享徳二年（一四五三）六月五日「木村新衛門元吉田地売券」（前欠）には、罪科文言に以下のようにある。「（前文欠）万一も被レ申候共、任二本文書一而此文書之旨、総領殿ヨリ加二御成敗一、堅盗賊之御沙汰あるへし」。ここから庄氏物領のもとでの在地裁判の存在が推定される。

(31) 長屋は中山の麓、大渡川の西岸の小集落である。道珍はこの地に屋敷を持ち、その地名を冠したのであろう。

(32) 応永三十三年（一四二六）正月日「備中国吉備津宮正殿御遷宮次第」（「吉備津神社文書」『岡山県史編年史料』、『古文書集』第二輯、それぞれに所収）に社務代として備中守護代庄甲斐入道道充が同じく守護代石川豊前入道道寿とともに現れる（社務は守護細川氏）。また応永三十二年十二月二十九日「吉備津宮正殿御上葺棟札写」にも社殿造営奉行として庄道充、石川道寿が見える（『古文書集』第二輯）。なお石川豊前入道道寿は「文書目録」に「苅山方売券一通付竹井玄保寄進状一通、為二見春大姉一石川豊州裏判在レ之」と見える石川豊州と同一人であろう。石川氏からは前掲表(4)の系図に見る通り庄元資の母を出し縁族となっている。庄氏が備中西半分を勢力下においていたのに対し石川氏は東福寺領上原郷（高梁市）を拠点とする。

(33)「犬追物手組日記」長享三年（一四八九）八月十三日条（『続群書類従』第二四下）。

(34) 長禄三年（一四五九）年十二月二十日「細川氏久遵行状」（「前田家所蔵文書」）。

(35) 洞松寺文書の売券・寄進状に「池内」や「池ノ下」といった地名が散見されるように、中世後期にあってこの洞松寺周辺の山側地域にこのような用水地があったことは推測できる。三村元祐が庄為資に代わって猿懸城に入った際におこなった検地に基づく打渡坪付には在所舟木口池ノ中の田地が記載されているようにすでにこの用水池の存在が推測できよう。

(36) 年欠「洞松寺寺領帳」に「一段長屋谷竹井玄保寄進　定納四斗四升　鴫《シギ》五郎兵衛」とある。

(37)「はまうらノ下」は「濱浦ノ下」であり、年欠「寺領帳」には「濱浦　横谷也」と注記されている。横谷は、現在は矢掛町の字地名であり北端を小田川が流れ中央部に大渡川が北に流れる。洞松寺はこの南端の遥逍山麓に位置する。すなわち洞松寺膝下に広がる地域である。

(38) 竹井氏の出自は不明。ただし『岡山県美星町史通史編』（美星町史編集委員会編、一九七六年）によると竹井姓の分布から竹井氏を当該地域の出自と推定していることから備中西部の小豪族であろう。水河（川）氏が庄氏被官であることは文安六年（一四四九）四月二十一日「竹井玄保田地寄進状」に「ほい田方ひくわん人水川帯刀」と見えることから判

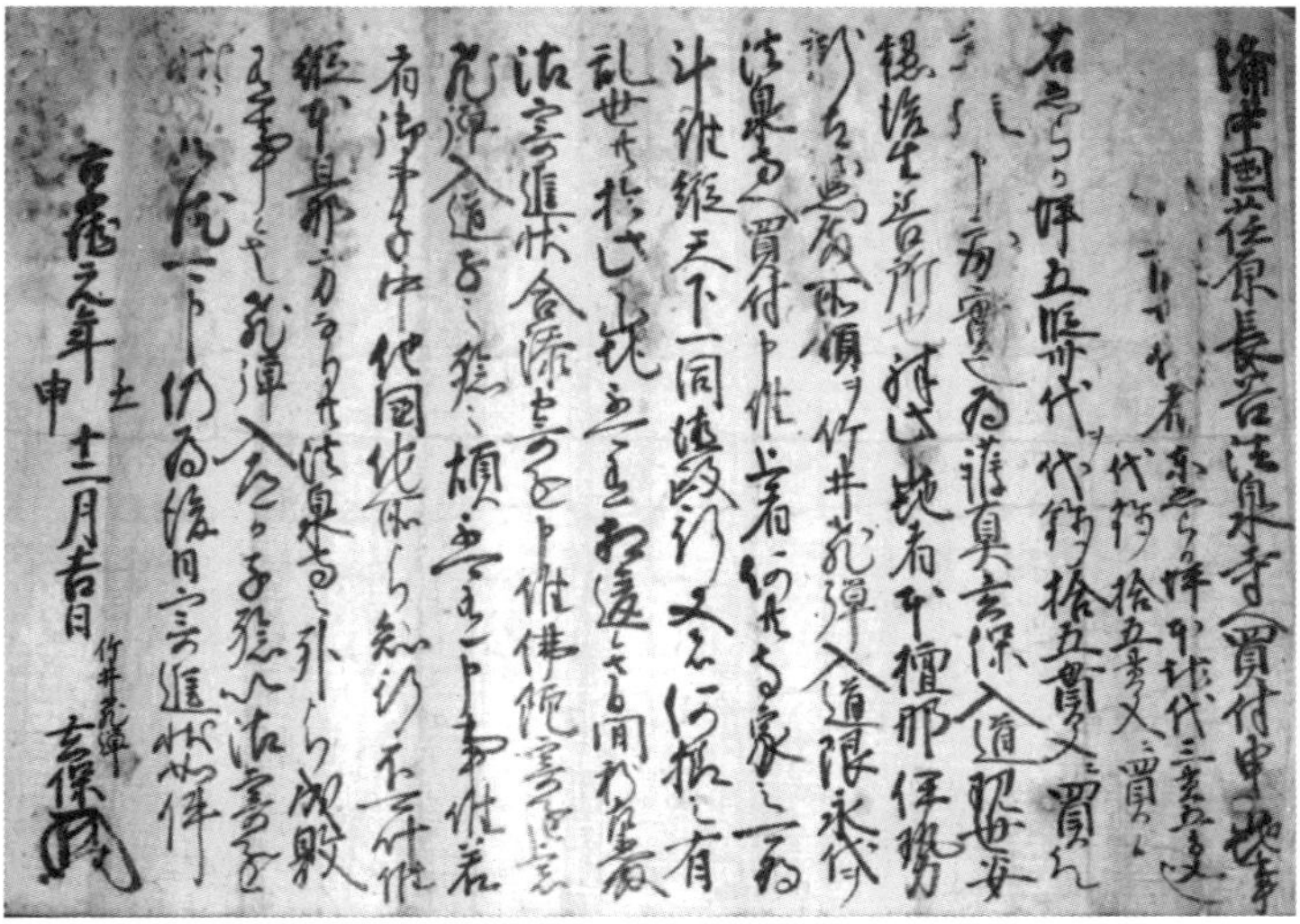

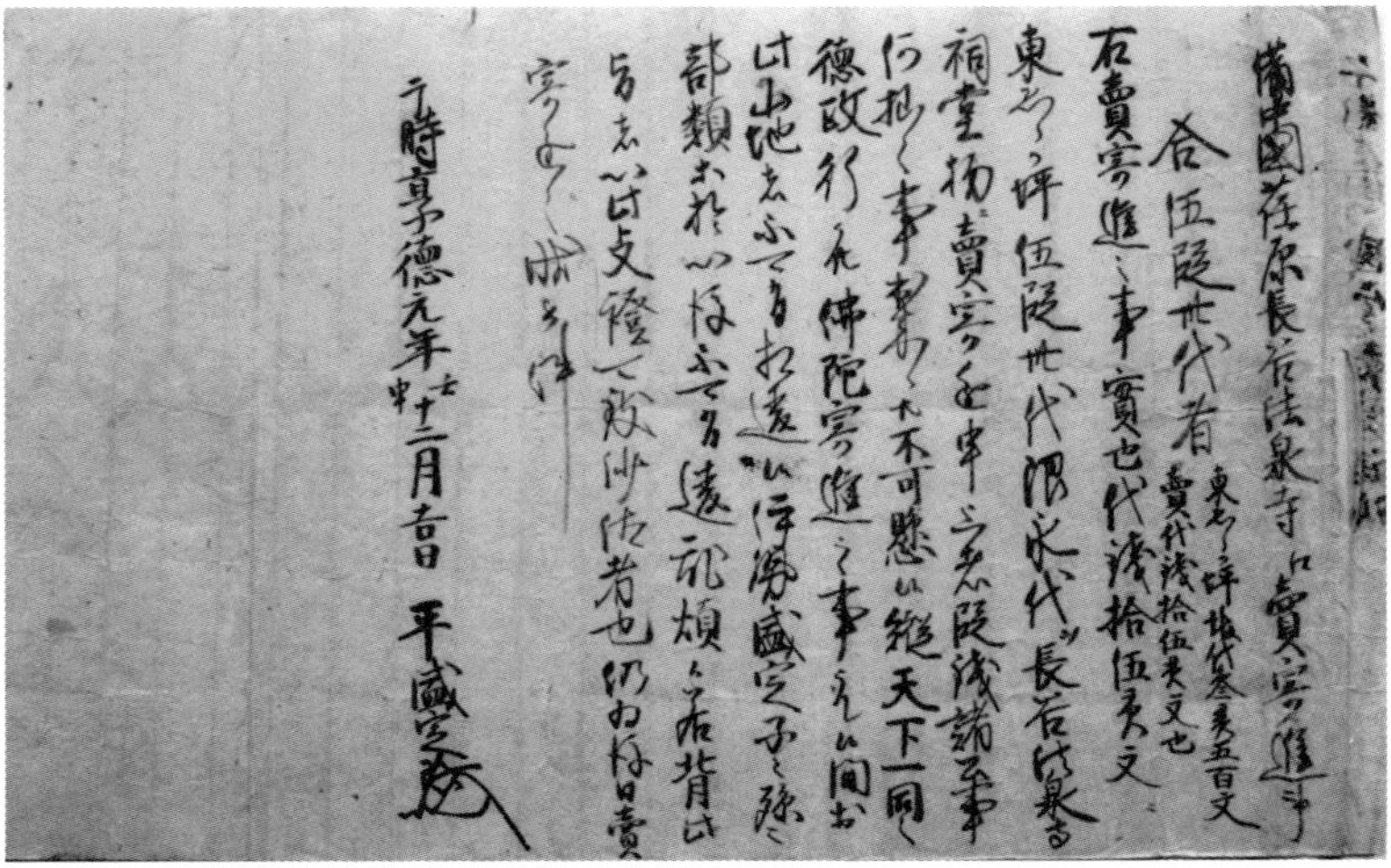

図７　竹井玄保山地寄進状（上）、平盛定売寄進状（法泉寺文書）

明する。渡辺氏は文明十三年（一四八一）九月十八日「賦引付」に「伊勢（清泉）新九郎盛時　同日十六貫文　返弁残、庄伊豆守（元資）被官渡辺帯刀丞」とある。また、同日条「小林（清泉）山城守氏職　九十八　三貫文　返弁之残、銭主同前（新九郎殿被官）」と見える（いずれも桑山浩然校訂『室町幕府引付史料集成』下、近藤出版社、一九八六年、所収）。ここから、渡辺帯刀丞が銭主であり伊勢新九郎盛時（とその被官）との貸借関係があったことが読み取れる。伊勢氏は後月郡荏原荘に勢力を置いた在地領主であり、荏原（井原）荘長谷の法泉寺（井原市）の外護者であった。この法泉寺にも多くの土地証文が残されており、多くが売寄進だった。なお「賦引付」に見える伊勢新九郎盛時の父盛定（家長）は信濃出身の僧古澗仁泉を長谷に招き外護した。古澗は法泉寺を開き開基となったという（『岡山県史』中世編、第四章の記述による）。この盛定は享徳元年（一四五二）十二月吉日に法泉寺へ一五貫文で売寄進している（「法泉寺文書」／図7下、大久保道舟編『曹洞宗古文書』下、一九六二年、所収）。このとき伊勢氏から山地五段三〇代を買い付け、法泉寺へ即日寄進したのが竹井玄保であった（享徳元年十二月吉日「竹井玄保山地寄進状」「法泉寺文書」／図7上）。また渡辺帯刀丞は文明十五年に下地を寄進している（文明十五年十月吉日「渡辺帯脇（ママ）下地寄進状」「法泉寺文書」）。この文書と「賦引付」の記事の関係はわからないが、伊勢盛時への高額な銭貸付は渡辺帯刀の有徳人としての性格を表しているのではないか。想像をたくましくすれば、地域のなかで銭を融通し土地売買の仲介をおこなっていた、とは考えられないだろうか。いずれにしても、このような庄氏被官の渡辺氏や竹井氏が庄氏以外の領主の氏寺に買得寄進するような慣行がどれだけ普遍的な広がりをもつのか興味が尽きない。また在地に根差した小豪族を土地を媒介として把握していこうとする国人領主の指向が庄氏、伊勢氏に見て取れよう。その結果庄氏に関して言えば十六世紀毛利勢力に敗北するまで当該地域において最も有力な国人へと展開していくのである。

(39)　前掲注(38)と同じ。

(39)　例えば同じころ、権門寺院の一つ東寺の場合、弘法大師信仰の中心である東寺御影堂に洛中・京郊の散在田畠が寄進され、それに支えられて寺院の日常の仏事がおこなわれている（上島有「荘園文書」『荘園入門』「講座日本荘園史一」吉川弘文館、一九八九年、九八頁以下を参照）。

(40)　本書第三部第八章。

第三部

中世後期禅宗寺院における文書目録作成と契約文書

第七章　中世後期曹洞宗寺院の地方伝播

はじめに

鎌倉時代、信濃国における禅宗の動向は臨済宗を中心に展開し、多くの名僧を生み出した。南北朝・室町前期に至っても、同様の傾向で推移している。研究史をひもといても、臨済宗寺院と中央との接点を探るものが多い。しかし、十五世紀後半以降、次第に臨済宗寺院が曹洞宗に改宗する動きが顕著となる。さらには非禅宗寺院の曹洞禅への改宗さえ確認できる。この点からみても中近世移行期における曹洞宗の隆盛がうかがい知れるだろう。江戸時代以降現代に至るまで、信濃における寺院の最大宗派は曹洞宗である。しかし、中世後期の信濃国における曹洞諸寺院の動きについての言及はかならずしも多いとはいえない。戦国期の曹洞宗興隆の理由も「幕府の衰退に比例して宗勢が衰えを見せる臨済宗に対し、曹洞宗はますますその勢を拡張することが可能となった」という評価があるのみである(1)。

第三部では中世後期における洞門寺院隆盛の背景を、寺院側と在家信者の側との間の契約文書作成を手がかりとして明らかにしたい。第七章ではこれまであまり注目されてこなかった信濃国における太源派下如仲派（喜山派）の展開の例に即して、この問題をとらえたい。

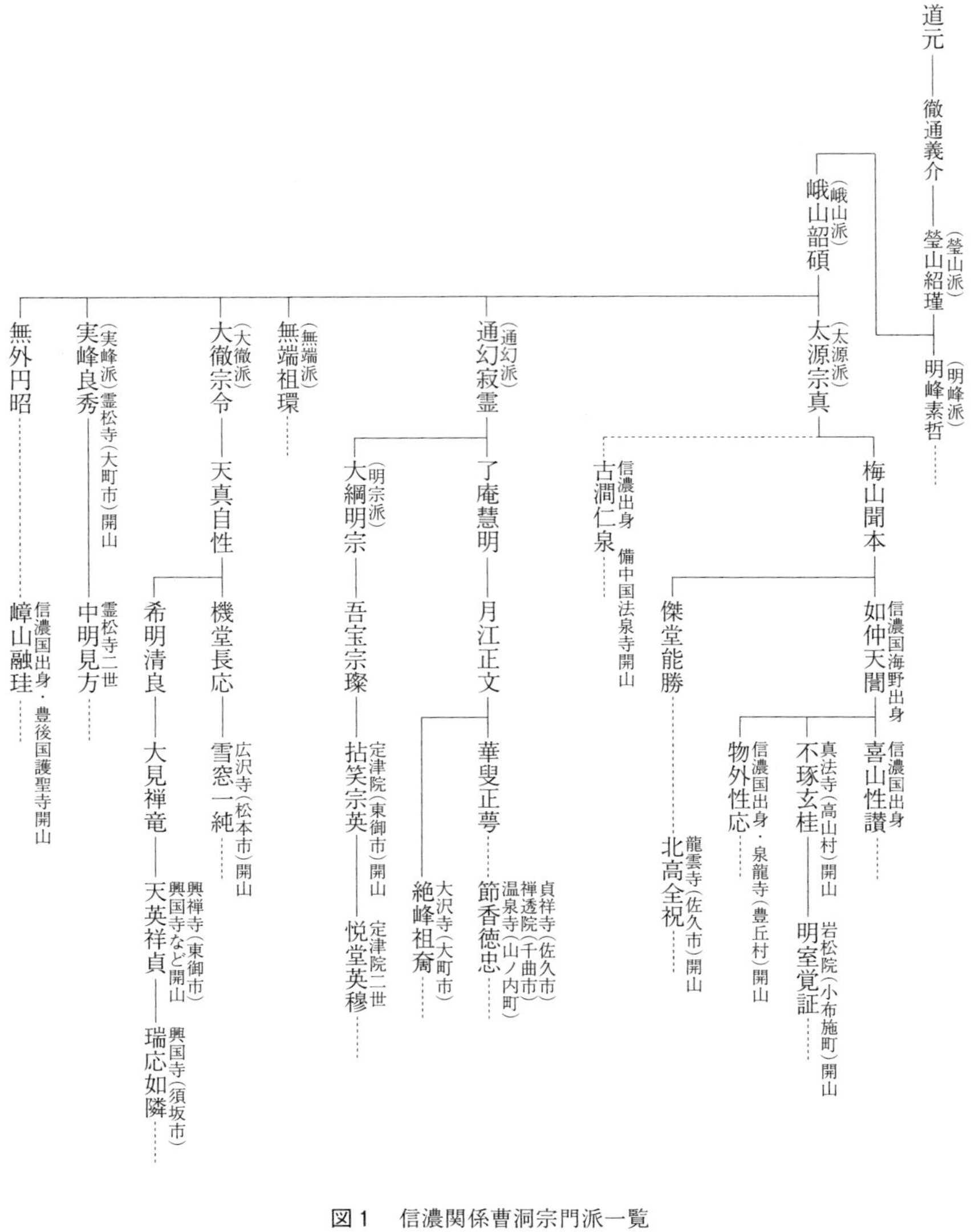
道元
徹通義介
（瑩山派）瑩山紹瑾
（明峰派）明峰素哲
（峨山派）峨山韶碩
（太源派）太源宗真
梅山聞本
信濃国海野出身 如仲天誾
信濃国出身 喜山性讃
真法寺（高山村）開山 不琢玄桂
岩松院（小布施町）開山 明室覚証
信濃国出身・泉龍寺（豊丘村）開山 物外性応
傑堂能勝
龍雲寺（佐久市）開山 北高全祝
信濃出身 備中国法泉寺開山 古澗仁泉
（通幻派）通幻寂霊
了庵慧明
月江正文
華叟正蕚
貞祥寺（佐久市）禅透院（千曲市）温泉寺（山ノ内町）節香徳忠
大沢寺（大町市）絶峰祖奝
（明宗派）大綱明宗
吾宝宗璨
定津院（東御市）開山 拈笑宗英
定津院二世 悦堂英穆
（無端派）無端祖環
（大徹派）大徹宗令
天真自性
機堂長応
広沢寺（松本市）開山 雪窓一純
希明清良
大見禅竜
興禅寺（東御市）興国寺など開山 天英祥貞
興国寺（須坂市）瑞応如隣
（実峰派）実峰良秀 霊松寺（大町市）開山
霊松寺二世 中明見方
無外円昭
信濃国出身・豊後国護聖寺開山 嶂山融珪

図１　信濃関係曹洞宗門派一覧

一　信濃における禅宗史

現在長野県内における曹洞宗として確認される寺院は六〇七カ寺であるが、このうち慶長年間以前に成立を見た寺院は二四〇カ寺程度になる（章末表1）。曹洞宗は江戸時代になり個別宗派が幕府によって統一的に把握され、かつ支配されるようになる。その端緒が慶長十七年（一六一二）「曹洞宗法度」であった。そこで本章では、各宗派の独自的な教線の拡大が看取できる慶長年間以前に成立した寺院をおもな分析の対象とする。

信濃国では十五世紀以前に成立している曹洞宗寺院はほとんどなく、十六世紀以降に寺院が成立、ないしは改宗している事例が圧倒的である（図2）。これら寺院の個別成立史を挙げるときりがないが、南北に長い信濃国の地理的な状況や時代的な背景を考慮しながら、禅宗史の大枠を述べておきたい。

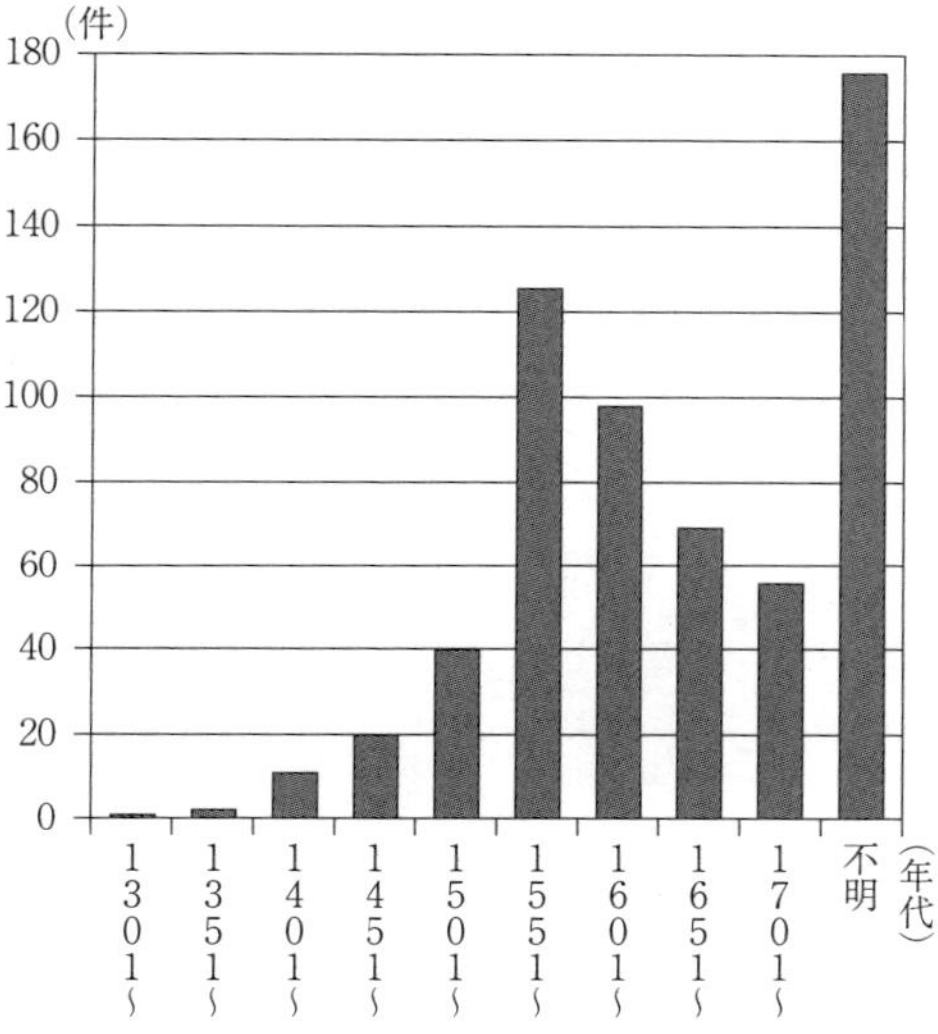

図2　創立・改宗寺院数

南北朝・室町期は、臨済宗は幕府との結合を密にし、また五山十刹制度の格式化が一層強くなる。伊那郡西岸寺（上伊那郡飯島町）は応安六年（一三七三）諸山に列せられ、[2] また文正元年（一四六六）には建長寺より入寺疏を送られている。[3] 伊那郡法全寺住持天与清啓は応仁二年（一四六八）第一一回遣明船正使として外交僧を勤めているが、彼はそれ以前小笠原氏の外護寺である十刹格開善寺（飯田市）の住持も勤めた。伊那谷のこの三つの寺院は、塩田安楽寺・佐久慈寿寺・諏訪慈雲寺とともに信濃で十刹ないしは諸山に列せられ、幕命で住持の交代がなされているのである。

このような中央への志向が強い叢林派寺院に対し、鎌倉時代以来曹洞宗寺院はいわゆる林下派が多かった。林下は官寺に対していわば私寺である。

しかし、『宣胤卿記』永正四年（一五〇七）十一月二十三日条には「永平寺額事、被二執申一、住持所望分十字也」とあり、永平寺の住持が十文字の額を望んだことが知られ、その運動の結果、同年十二月十六日条「勅為本朝第一曹洞道場」という額が下賜された。能登総持寺においても競うように永正十七年（一五二〇）出世道場の許可を得る[4]のである。このことは、とりもなおさず林下であった曹洞宗が、みずから権威づけを求め官寺化したことを物語っている。十六世紀のこうした二つの本山の動きと、信濃国における曹洞宗興隆の動きは無論無縁ではない。

二　十五世紀信濃国における曹洞宗の広がり

ここではまず十五世紀に創建もしくは改宗された寺院の足跡を追ってみたい。信濃国における成立期の曹洞宗の動きをとらえるためである。

（1）霊松寺（安曇郡）

安曇郡霊松寺（大町市）は仁科盛忠の発願により、総持寺の実峰良秀を開山として創建したとされる。「信濃霊松寺記」によれば、盛忠は初め孫三郎、家督を継いで弾正少弼盛忠と号したという。盛忠は明徳四年（一三九三）良秀を総持寺より請い、応永十一年（一四〇四）に霊松寺が開寺となった[5]。

史料上「盛忠」の名が現れるのはこれだけである。応永三年（一三九六）、仁科神明宮式年造営の際の棟札には願主として「大日本国信濃国安曇郡仁科孫三郎盛房」が現れる[6]。また、応永七年（一四〇〇）大塔合戦に安曇地方の国人衆大文字一揆の首領格として「仁科弾正少弼盛房」が奮戦している[7]。同一地域、同一時期の一族筆頭の願主という状況を勘案すれば、おそらく「盛忠」は盛房と同一人と認めるべきである。なお大塔合戦は、東国における戦国時代の嚆矢とされる事件で[8]、守護小笠原長秀の入部に対する国人衆の連合一揆でもあった。また、仁科一族は南北朝期以来、南朝方として宗良親王の活動を支えた一族でもあり、二朝合一後も反守護的な立場であった。

開祖道元より数えること四世法孫に、良秀の師にあたる総持寺峨山韶碩がいる。この峨山の弟子に良秀を含め五人がいる。これが「峨山五哲」である。曹洞宗道元の門派が拡大形成されるのはこの五哲からである。霊松寺は、この五哲による開山として知られる、信濃国での最初の洞門寺院である。したがって信濃曹洞宗の拠点の一つであった。仁科氏は文明二年（一四七〇）に、五哲の一人通幻寂霊の四世法孫の絶峰祖奝を勧請開山として、大沢寺をあらためて曹洞宗に替えさせるなど、曹洞宗との関連は深い。

（2）定津院（小県郡）

宝徳元年（一四四九）、滋野一族の祢津上総介信貞が、甲斐国東林院住持であった拈笑宗英を勧請して開山したのが定津院である。「続日域洞上諸祖伝」によれば、拈笑は二九歳で建長寺に禅要を学び、続いて伊豆最松院で吾宝宗璨に師事して、その法統となり武田氏の外護で東林院の住持に就いた[9]。これ以後の法統を拈笑派というが、甲斐国を中心に大きく発展、末寺は三〇〇を超えた。寺勢とともに定津院の寺格も昇り、寛正六年（一四六五）には、住持が信濃安国寺へ入院している[10]。

祢津氏は、平安時代より東信濃で武士団的結合を見せていた海野氏、望月氏とともに滋野三家と呼ばれる在地豪族である。鎌倉幕府滅亡後は、諏方氏とともに神氏一族として北条時行を奉じて挙兵し、また観応の擾乱では常に足利直義方として各地を転戦している。直義死去後も、祢津宗貞が南朝方として、宗良親王のもと、滋野一族、諏方、仁科、香坂氏ら信濃南朝軍とともに関東各地で戦っている。(11) 彼はのちに幕府へ帰順するが、先に述べた大塔合戦で見られた反守護的な国人結合の中心として、小笠原氏と対峙していくのである。「大塔物語」には、祢津越後守遠光を筆頭とし淡路守貞幸・右京亮宗直ら一族とともに、上総介貞信が見える。一族の書上で最後に挙げられた名前であることを考えれば、いまだ若党であったと思われる。五〇年後、定津院を勧請したときの「信貞」とは同一人ではなかったか。

このように祢津氏もまた、南朝方、ついで反小笠原（守護）的な立場で一貫して行動していることがわかる。

（3）大洞院（遠江国周智郡）

応永十八年（一四一一）、遠江国周智郡橘谷に曹洞宗の一カ寺が建立された。これを大洞院という。開山は梅山聞本であるが、「日本洞上聯燈録」によれば梅山は弟子の勧請によって名目的な開山になったのであり、実際には住山しなかった。(12)

弟子の名は恕仲天誾、滋野一族である海野氏の出であった。「永享丁巳二月四日化、寿六十九」なので、生年は貞治四年（一三六五）となる。天誾はすでに応安六年（一三七三）から伊那郡上穂山で恵明について経典を学んでいることから、(13) 幼年時より伊那に滞在していたことがわかる。了庵恵明は通幻禅師の法を嗣ぐもので、相模国最乗寺を開いた。「聯燈録」など曹洞宗高僧伝には、彼が信濃へ来歴した記述はない。上穂は現在の駒ヶ根市赤穂の字名であり、宗良親王方の拠点であった大河原郷の天竜川対岸にあって、宮方の中沢氏の支配地でもあった。ここには真言宗の古刹光前寺がある。光前寺は密教修験の山としてこの地域では学問修行の寺として認知されていた。顕密宗派問わずに経典を学ぶことは当時珍しいことではない。

この後天誾は上野国吉祥寺の大拙祖能に身を寄せ、さらに梅山聞本のもとで印可を蒙る。そして遠江国飯田城主山内対馬守道美の請を受けて崇信寺を(14)、同十八年（一四一一）大洞院をそれぞれ創建するのである。山内氏は山内首藤氏の一族で、蓮華王院領飯田荘の地頭職であった。その一族が在地に下向して経営にあたったらしい。

内乱期、遠江山内氏の行動は史料からはわからない。遠江・三河は井伊氏や足助氏など南朝方の勢力の拠点でもあり、宗良親王もしばしばこの地を拠点として戦いの指揮を執った。また江戸時代の史書には山内氏が南朝方として記されている(15)。

表2　宗良親王のうごき（○印は信濃国関係分）

・	一三三六年（延元元・建武三）	還俗して宗良と称する 十月ごろ遠江井伊城に入る
・	一三三八年（延元三・建武五）	北畠親房軍に合流、吉野に戻る
・	一三三八年（延元三・暦応元）	ふたたび遠江に入国、井伊谷に入る
○	一三四〇年（興国元・暦応三）	遠江を去り、二月ごろ信濃へ退避
・	一三四一年（興国二・暦応四）	越後から越中へ移動
○	一三四四年（興国五・康永三）	この年までに信濃大河原に入る
・	一三四五年（興国六・貞和元）	駿河阿倍城狩野介貞長を興良親王訪ねる 甲斐から信濃へ入国
・	一三五二年（正平七・文和元）	征東将軍となり、小手指原合戦に出陣
○	一三五五年（正平十・文和四）	越後から信濃大河原へ戻る
○	一三七四年（文中三・応安七）	大河原から吉野へ移る この年から翌年にかけて「李花集」完成
○	一三七八年（天授四・永和四）	大河原に移る
・	一三八〇年（天授六・康暦二）	大河原から吉野、のち河内国山田荘在住 『新葉和歌集』編纂
・	一三八一年（弘和元・永徳元）	『新葉和歌集』完成、以後記録なし

この時期の伊那と海野氏の関係はどのように考えられるだろうか。先にも述べたように、滋野一党である海野氏もまた、宗良親王とその行動をともにした。そこで宗良親王の活動を表にしてみよう(16)（表2）。

表によれば親王は信濃国の伊那大河原（現在の下伊那郡大鹿村）での在住が長かった。ここでの滞在を支えたのは、大河原城主香坂高宗である(17)。伊那郡のなかで天竜川の東岸は宮方の勢力の基盤となっている。またここは中世以来、三遠南信をつなぐ重要な道であった（江戸時代この道を秋葉道・秋葉街道と呼んだ。便宜上、本章でも秋葉道と呼称する）。遠江・三河からは伊良湖を経て海上から伊勢に入り、吉野へも通じるため、秋葉道は宮方の要路でもあった。ちなみに天竜川西岸は、伊賀良荘など小笠原氏の拠点があったため、武家方勢力範囲であり、川を挟んでの勢力地図が明瞭であった。

　信濃国では現在曹洞宗寺院の数が全体の三割強を占め、臨済宗はわずかであるが、伊那地域では逆に例外的に臨済宗が多いことで知られている。おそらく多年にわたり小笠原氏の影響が強かったためと思われる。しかし、地域を限定してみると、天竜川東岸地域の大鹿村や喬木村、旧遠山村、旧神稲村など、秋葉道の沿道地域の寺院には曹洞宗寺院の割合が高いことは注目に値する(18)。そして信濃・遠江国境付近にある周智郡森の大洞院もまた秋葉道のルート上にある。

　秋葉道など伊那谷の古道は、東山道が木曽を通過し尾張に抜けるのに対し、天竜川に沿って諏訪社から太平洋まで南北に通っている。中央構造線上に位置するこの沿道には、市村咸人の悉皆調査によって、平安末期から鎌倉期の神像約一〇体、南北朝期以降の多数の鰐口の存在が知られている(19)。ここから中世における都鄙交流の状況がうかがい知れる。

　さて次の史料を見てみよう。

【史料A】「参考太平記」

新田武蔵守ハ将軍ノ御運ニ退緩シテ、石浜ノ合戦本意ヲ達セサリシカハ、武蔵国ヲ前ニナシ、越後信濃ヲ後ニ当テ、笛吹峠ニ陣ヲ取テソオハシケル、是ヲ聞テ打チヨル人々ニハ、大江田式部大輔、上杉民部大輔、子息兵庫助、中条入道、子息佐渡守（中略）仁科兵庫助、高梨越前守（中略）友野十郎、滋野八郎、禰津小二郎、舎弟修理亮、神家一族三十五人、滋野一族三十一人、都合其勢二万余騎、先朝（後醍醐帝）、第二宮上野親王按、宗良也、或称二信濃宮一、或称二上野宮一、為二征東将軍一、出二新葉集一（下略）大将ニテ笛吹峠へ打出ル正平七年（一三五二）の笛吹峠の戦いの部分である。このなかに現れる滋野八郎は、「信州滋野氏三家系図」[20]によれば海野小太郎善幸である。滋野氏は三家の冠称でもあり、このように表記されることもしばしばあるが、諏方一族に次ぐ人数が参加しているところに、海野氏ほか滋野一党と宗良親王との結びつきの強さが想像される。この後もおそらく宗良親王に供奉して信濃宮方武士は各地に転戦したものと考えられる。先に示した海野姓の如仲天誾が、伊那の恵明のもとで修行した時期と、親王をはじめとする宮方の大河原在住の時期とは重なるのである。応永三十一年（一四二四）には滋野一党がなお南朝方として南信地方で活動している[21]。十五世紀初頭、天誾（海野氏）が信遠国境付近に大洞院を開山したのも偶然とはいえないだろう。

三　如仲天誾とその法灯

前節では、十五世紀初頭の曹洞宗寺院が南朝方、反小笠原氏の国人層によって創建されたことを見た。その後信濃曹洞宗はどのような展開をしていったのか。一人の人物の動きを見てみたい。

大洞院が創立されて間もないころ、その禅風を慕うものが多かったという[22]。また天誾を慕い、多くの禅僧もここを訪れ教えを請うた。ここから六人の傑僧が現れた。その一人が喜山性讃であった。第六章で述べた通り彼は如仲天誾と同じく信濃国出身で、大洞院での修行の後、備中国草壁荘に洞松寺（小田郡矢掛町）を建立した。これを外護し檀那となったのは、草壁荘地頭でもと武蔵国児玉党の鎌倉西遷御家人庄氏である。庄氏は備中守護代家であり、石川氏とともに有力な国人であった[23]。このとき性讃は、みずからが開山一世とならず、師の如仲天誾を勧請開山とし、みずからは二世となった。天誾の死後はみずからが住持となり、遺命として輪住制度を採用した。彼の教えを慕った僧に総持寺の茂林芝繁がおり、以後洞松寺は寺勢盛んとなり、直末・孫末寺あわせて一二〇〇余寺を数えるに至った。この門派を太源派下喜山派と呼ぶ。そこで喜山派の分布を見てみよう[24]（表3・4）。

表3　喜山派の分布

	直末寺	孫末寺	末寺③	末寺④	末寺⑤	末寺⑥	計
岡山県内	27	34	13				74
岡山県外	18	145	406	289	78	2	938
信濃	1	9	14	2		26	
	谷厳寺（高井郡）	法善寺（高井郡）					
		林昌寺（高井郡）					
		善応寺（高井郡）					
		月宮院（高井郡）					
		大龍寺（高井郡）	宗音寺（高井郡）				
			長福寺（高井郡）				
		霊泉寺（小県郡）	昌禅寺（小県郡）				
			天竜寺（小県郡）				
		永国寺（水内郡）	健翁寺（水内郡）				
	（善住寺〈遠江国〉）	法善寺（筑摩郡）	常円寺（伊那郡）	常輪寺（伊那郡）			
			源長寺（安曇郡）				
			法蔵寺（水内郡）	常源寺（水内郡）			
			法安寺（筑摩郡）				
			西光寺（筑摩郡）				
	極楽寺（遠江国）	龍淵寺（伊那郡）	正善寺（伊那郡）				
			青龍寺（伊那郡）				
			多宝院（伊那郡）				
			自慶院（伊那郡）				

表4　喜山派のおもな国別分布（岡山県を除く）

	直末寺	孫末寺	末寺③	末寺④	末寺⑤	末寺⑥	計
遠江	4	44	50	58	24	2	182
駿河	3	70	160	49			282
石見	2	38	2				42
伊勢	（遠江石雲院末）	2	125	7			134
武蔵	（遠江石雲院末）	8	95	20	4		127

直末寺は、本山と末端の地方寺院をむすぶ役割を果たす。この分布から備中国だけでなく、如仲天誾・喜山性讃の旧跡である駿・遠地方、またのちの伊勢街道や伊那街道・秋葉道などに沿って信濃や伊勢、武蔵など広く展開したことがわかるだろう。その本山である洞松寺はまさに約一二〇〇カ寺の大門派を形成するに至る。

さて、信濃国への喜山派（その師から数えて如仲派とも呼ぶ）の展開はどのような契機があったのであろうか。

高井郡谷厳寺（中野市赤岩）は、もとは真言宗の寺院であったが、一時退廃したという。文明九年（一四七七）に、洞松寺第二八世携国宗従によって改宗・再興した。寺伝では、宗従は、喜山性讃とともにこの地を訪れ開山、さらにこの地に住したというが、[25]少なくとも性讃と宗従の生存期間は一致せず、師弟の来住伝説は誤りである。

喜山派ではないが、如仲天誾の孫弟子にあたる明室覚証が永享二年（一四三〇）、檀越の請に応じて岩松院（上高井郡小布施町）を開いている。真法寺（上高井郡高山村）も嘉吉元年（一四四一）開かれており、また覚証の師であり、天誾の法灯を嗣ぐ不琢玄珪が開山となっている。檀越は山田氏である。寺伝では山田能登守が開基とされる。文明十六年（一四八四）、本郷高梨氏との抗争で、高野山参詣中に山田城を奪取された山田日向守高朝の系統[26]を山田高梨氏と称するが、山田能登守はこの一流であろう。高梨氏は北信濃の代表的な国人領主であり、大塔合戦などでも国人一揆の中心となり、守護小笠原氏と対立した。

他方、洞松寺が創立される半世紀前、同じ備中国小田郡荏原（岡山県井原市）の地に、永称寺が建立されている。開山は、信濃国曹洞宗の草創期寺院であり、仁科氏の求めに応じて建立された霊松寺（大町市）の開山でもある実峰良秀である。霊松寺建立ののち、良秀は那須氏の勧請によって嘉慶元年（一三八七）、この荏原の地で開山となった。「那須系図」によると、那須氏は須藤系藤原氏で下野国の武士であったが、源平合戦の勲功の賞として、宗隆が「丹波国五賀庄・信濃国角豆庄・若狭国東庄宮川原・武蔵国太田庄・備中国檜原庄」の地頭職を頼朝より宛行われ、それぞれの地で一族が土着したようである。[27]信濃国角豆荘は捧荘ともいい、筑摩郡笹賀付近（松本市）に比定されている。安曇郡霊松寺のある仁科郷とは姫川街道で結ばれ、関連をうかがわせる。

那須氏ののち、荏原荘に入部したのが伊勢氏である。伊勢氏の氏寺として建立されたのが法泉寺（井原市）であるが、ここの開山に迎えられたのが丹波国玉雲寺（京都府京丹波町）住持だった古澗仁泉であり、これもまた信濃国出身禅僧である(28)。仁泉は太源和尚の法孫にあたり、天闇とも同統になる。

伊那郡泉龍寺（下伊那郡豊丘村）は遠江大洞院の末寺である。明治八年（一八七五）社寺地に関する史料が県により収集された際(29)、提出された寺記によれば、創立は永享十八年（一四三八）である。開山の物外性応は、如仲天誾の直弟子の一人にあたり性讃とは兄弟弟子同士である。性応は遠江国海蔵寺（静岡県袋井市）の開山でもあるが、彼もまた信濃国出身である(30)。

このように見るといくつかの特徴が見いだされる。如仲派の禅僧には信濃国出身の僧が多い。とくに大洞院に師の教えを請うた喜山性讃以降、続々と出身僧が輩出した。派の開祖の禅僧へ参集しその法統を嗣いでいったのである。そして遠江国大洞院と、備中国洞松寺を中心に駿遠信から瀬戸内地域を中心に如仲派・喜山派が広く展開していった様子がうかがえる。

さらに高井郡谷厳寺のように、性讃の廻国伝承があるが、これもまた師への個人的な思慕をもとに、性讃の法統を受け継ぐものを招請した寺院勧請の一つの形態を読み取れる。信濃国における初期曹洞宗寺院建立・改宗中興の一つの特徴は、このような禅僧同士の個人的な紐帯であった、言い換えれば出身国意識を介在させたものと言ってよいのではないだろうか。

小　括

以上のような下地があって次世紀の飛躍へとつながる。

直末寺の次世代、すなわち孫末寺にあたる寺の開山は、大龍寺が永禄八年（一五六八）、月宮院が天文二十二年（一五五三）など、戦国期以降江戸初期にあたる。この時期は前述したように、信濃国内で曹洞宗が急増する時期であり、曹洞宗興隆の第二段階といえるのである。この時期戦国大名武田氏が直接曹洞宗寺院の門派本寺から支配しようとした動きが、広瀬良弘によって明らかにされている(31)。また第一節で述べたように、永平寺・総持寺両本山ともに、朝廷に対してみずからに寺格を与えるよう運動している。林下と呼ばれる曹洞宗寺院の指向性の変容といえる。戦国大名としてもみずからの権威浮揚のために寺格の高い寺院を保護する政策をとるのである。

本章で明らかにした点は、草創期の信濃曹洞禅院の成立の様相である。

(1)　南朝勢力と結びつき、南朝瓦解後も反小笠原氏の勢力によって曹洞宗寺院が形成されるなど、十五世紀における初期曹洞宗寺院の創建が非幕府系勢力によって担われた。信濃国における中世後期の政治抗争を物語るものといえよう。

(2)　勧請される禅僧、とくに太源派以降の門流からは信濃出身の僧が目立ち、また彼らが建立・中興した寺院も国内に多数存在する。

しかしこのような成立事情、すなわち祖師への個人的な紐帯や信濃出身僧の勧請といった比較的自由な門派形成は、十六世紀以降の両本山の変質によって解体していくことになるであろう。

ここにみた十五世紀曹洞宗の一門派の興隆は、同時に在家信者の帰依の増大と関わる。すなわち、中世後期における在家からの土地寄進の増大、寺院の土地集積と密接な関係がある。第二部各章では当該期の土地集積の実態に言及したが、第三部では次章以降寺院側に残る史料としての「文書目録」を素材として、信者の寄進の様相や寄進の意味について考察を深め、寺院と信者との契約について考察したい。

（1）黒坂周平「信濃の禅宗――その伝播と事績――」（『信州の仏教寺院』Ⅲ、郷土出版社、一九八六年）。なお『長野県史』中世編二では「臨済宗五山叢林派は、おもに上層の人々を相手にし、また五山派僧侶が詩文などに力を入れすぎたこと」などを臨済宗衰微の原因としている（「室町・戦国時代の文化」）。

（2）年未詳「西岸寺規式臨照山記録」（『信濃史料』巻六。以下『信史』と略記）。

（3）『蔭凉軒日録』文正元年四月四日条。文正元年四月日「瑤林正玖西岸寺京城山疏」（『信史』巻八）。

（4）増補史料大成『宣胤卿記』。

（5）「信濃霊松寺記」明徳四年（一三九三）是春条・応永十一年（一四〇四）是春条、「六代祖譜」明徳四年是春条（ともに『信史』巻七）。

（6）仁科神明宮所蔵応永三年（一三九六）二月二十七日「木造棟札」（『信史』巻七、『新編信濃史料叢書』巻七）。

（7）「大塔物語」、「信州大塔軍記」（『信史』巻七）。

（8）例えば『新版長野県の歴史』（一九九七年、山川出版社）は大塔合戦のはじまりを十五・十六世紀内乱の端緒と位置づけている。

（9）宝徳元年（一四四九）是歳条（『信史』巻八）。

（10）寛正六年（一四六五）八月二十四日「守矢満実書留」（「守矢家文書」『信史』巻八）。

（11）『信史』巻八。この間の経緯は市村咸人『建武中興を中心としたる信濃勤王史攷』（信濃史学会編、一九三九年。のち一九七七年復刊）に詳しい。

（12）応永十八年（一四一一）是歳条（『信史』巻七）、正長元年三月是春条（『信史』巻八）。

（13）応安六年（一三七三）是歳条（『信史』巻六）。

（14）山内道美が崇信寺に山地を寄進している記述から、遠江に天闇が入った明徳三年（一三九二）以降、応永八年（一四〇一）までのなかで崇信寺は建立されていることになる。（応永八年正月吉日「山内道美山地寄進状写」、「崇信寺文書」・「日本洞上聯燈録」四、ともに『静岡県史』資料編二、所収）。

（15）「伊那温知集」（『伊那史料叢書』二、一九七五年、歴史図書出版）。

（16）市村咸人『宗良親王』八木書店、一九四三年。長野県立歴史館編『歴史の宝庫　秋葉みち』二〇〇〇年。

(17)「李花集」七五三（『岩波文庫』版）。
信濃国大河原といふ深山に籠りて年月をのみ侍りしに、さらにいつと待つべき期もなければ、香坂高宗などが朝夕の霜雪を払ふ忠節も、そのあとかたなからん事さへかたはらいたく思ひつづけられていはで思ふ谷の心もくるしきは身を埋木とすぐすなりけり
香坂氏は大河原に在住する高宗の系と、更級郡牧城主の香坂心覚の二系流がある。いずれも反小笠原の国人としての旗色を表している。

(18)『長野県町村誌』南信編によると以下の通りである（ただし村名は旧名）。

村　名	曹洞宗寺院数	全寺院数
大鹿村	3	3
遠山村	3	3
生田村	2	2
神稲村	2	2
喬木村	3	5

(19)市村咸人ほか『下伊那誌』一九六一年。
(20)『続群書類従』系図部。
(21)「伊那温知集」（『伊那史料叢書』二）の「浪合」の項。応永三十一年（一四二四）宗良親王の子息「尹良親王」が飯田・駒場氏の襲撃を受け自殺をした事件の顛末を記している。「伊那温知集」は元文五年（一七四〇）、伊那の関盛胤が散逸しつつある史書類を蒐集し編したもの。尹良親王は井伊氏の娘を母にするという人物である。実在したかは不明であるが、信濃・遠江地域に広く存在伝承が残る。この史書は後世のものであり、一般に偽書とされているが、やはり宮方として勤仕する滋野氏の存在に蓋然性があり、およそ的を外れたものと棄て去るべきものではない。
(22)前掲注(14)「日本洞上聯燈録」、「洞松禅寺住山歴祖伝」（『曹洞宗全書』仏教社、一九三八年）。
(23)「庄氏系譜」（『岡山県古文書集』第一輯・『岡山県史』中世編）。藤井駿「備中守護細川氏について」、同「三聖寺と備

中小坂荘」（『備中地方史の研究』法藏館、一九七一年）、小川信「中世備中の国衙機構と惣社造営」（小川『中世都市「府中」の展開』思文閣出版、二〇〇一年）。
(24) 岡山県曹洞宗寺門派史料編纂委員会『岡山県曹洞宗寺院門派関係史料』（一九八七年）を参照。
(25) 『長野県歴史人物大辞典』郷土出版社、一九八九年。
(26) 文明十六年（一四八四）五月条（『信史』巻九）。
(27) 例えば永称寺には永享十二年（一四四〇）「那須長時寄進状」があるなど在地に根付いた痕跡がいくつかある（下山治久『北条早雲と家臣団』有隣新書、二〇〇〇年）。「那須系図」は『続群書類従』系図部。
(28) 長禄二年（一四五八）二月「続日域洞上諸祖伝」二（『信史』巻八）。寺には開山頂相像（岡山県指定文化財、室町中期）が安置されている。
(29) 「宗祖紹瑾和尚ヨリ三世ノ法孫分派開山太源和尚ヨリ四世ノ法孫当院開山性応和尚永享十年戊午四月創立」とある（『明治八年社寺地ニ関スル部』長野県立歴史館蔵「長野県行政文書」）。
(30) 長禄二年三月「日本洞上聯燈録」五（『信史』巻八）。
(31) 広瀬良弘「林下禅林・朝廷・大名」（永原慶二編『中世の発見』吉川弘文館、一九九三年）。

表1　曹洞宗寺院の創建時期(寺伝による)

No.	所在地	名称	創建時期	西　暦	備　　考	開　　基
1	上田市	洞源寺	正慶年間	1332〜34		海野兵庫頭
2	長野市	本地院	応永2年	*1395*	天台宗より改宗	伊藤盛綱
3	根羽村	宗源寺	応永2年	1395		
4	伊那市	常円寺	応永6年	1399		
5	長野市	真龍寺	応永7年	1400		
6	飯山市	高源院	応永7年	1400		
7	中野市	龍徳寺	応永11年	1404		草間信良
8	大町市	霊松寺	応永11年	1404		
9	辰野町	真金寺	応永27年	1420		
10	飯綱町	円通寺	応永年間	1394〜1428		
11	駒ヶ根市	蔵沢寺	応永年間	1394〜1428		倉沢重清
12	小布施町	岩松院	永享2年	1430		荻野常倫
13	伊那市	広勝寺	永享9年	1437		
14	豊丘村	泉龍院	永享10年	1438	大洞院末派	
15	高山村	真法寺	嘉吉元年	1441		山田能登守
16	松本市	広沢寺	嘉吉元年	*1446*	文安3年臨済宗より改宗	
17	東御市	定津院	宝徳元年	1449		祢津信貞
18	立科町	光徳寺	宝徳3年	1451		蘆田光玄
19	伊那市	龍勝寺	建武元年	*1455*	康正元年中興開山	
20	大町市	大沢寺	文明2年	*1470*	文明2年改宗	
21	伊那市	金鳳寺	文明12年	1470		
22	小諸市	正眼院	文明3年	*1472*	永禄年間再興	依田全真中興
23	辰野町	明光寺	文明5年	1473		
24	佐久市	城光院	文明7年	1475		望月光恒
25	中野市	谷厳寺	文明5年	*1477*	文明9年真言宗より改宗	
26	長野市	浄福寺	文明年間	1469〜87		須田満親中興
27	栄村	常慶院	——	*1488*	長享2年中興	
28	長野市	広徳寺	延徳元年	1489		
29	山ノ内町	実相寺	延徳年間	1489〜92		
30	松本市	金松寺	——	*1492*	明応元年臨済宗より改宗	西牧氏
31	箕輪町	長松寺	明応元年	1492		
32	佐久市	龍雲寺	正和元年	*1493*	もと臨済宗、文明2年に再興。改宗	
33	長野市	妙笑寺	建久8年	*1493*	明応2年改宗	
34	長野市	昌禅寺	——	*1493*	明応2年真言宗を改宗	村上左馬頭
35	須坂市	興国寺	明応2年	1493		
36	佐久穂町	自成寺	明応3年	1494		伴野自成
37	佐久市	正安寺	文亀元年	*1501*	天文年間再興	小山田備中守再興
38	長野市	興善寺	正和年間	*1492〜1501*	明応頃臨済宗より改宗	
39	佐久市	海渓院	文亀2年	1502		松平憲良
40	松本市	保福寺	文永5年	*1502*	文亀2年臨済宗より改宗再興	

41	千曲市	龍洞院	永正元年	1504		桑原左近大夫
42	長野市	観音寺	——	*1501～1504*	文亀年間再興	平林正直再建
43	飯田市	香松寺	永暦元年	*1501～1504*	文亀元年再興	
44	東御市	興善寺	永正３年	1506		海野氏
45	麻績村	法善寺	永正９年	1508		
46	松本市	広田寺	——	*1511*	永正８年再興	
47	長野市	明桂寺	永正17年	1520		
48	佐久市	貞祥寺	大永元年	1521		伴野貞祥
49	飯山市	弥勒寺	大永元年	1521		
50	長野市	源真寺	永正年間	1504～21		香坂範利
51	飯田市	龍淵寺	大永元年	1521		遠山景直
52	千曲市	満照寺	大永２年	1522		屋代政国
53	飯綱町	真興寺	大永年間	1521～28		島津越前守
54	根羽村	一心寺	大永８年	1528		
55	長野市	桃源院	享禄２年	1529		
56	白馬村	長谷寺	享禄２年	1529		
57	箕輪町	明音寺	享禄３年	1530		源頼実
58	佐久市	守芳院	天文元年	*1532*	もと臨済宗	平尾氏
59	佐久市	信永院	天文元年	1532		武田義勝
60	中野市	国昌寺	天文元年	1532		
61	長野市	長秀院	天文元年	1532		下村靭負
62	坂北村	碩水寺	享禄年間	1528～32		青柳頼長
63	伊那市	真常寺	天文２年	1533		
64	喬木村	真浄寺	天文２年	1533		
65	山ノ内町	興隆寺	天文５年	1536		真田幸隆
66	長野市	法蔵寺	興国３年	*1536*	天文５年臨済宗より改宗	
67	長野市	如法寺	——	*1538*	天文７年再興	
68	佐久市	雲興寺	天文10年	1541		
69	飯田市	耕雲寺	天文10年	1541		
70	千曲市	禅透院	天文11年	1542		清野勝照
71	中野市	天正寺	天文11年	1542		
72	喬木村	法雲寺	天文12年	1543		
73	須坂市	安養寺	天文15年	1546		
74	松本市	真光寺	建仁３年	*1546*	天文15年真言宗より改宗	滋野貞兼中興
75	飯田市	鶏足院	天文17年	1548		
76	佐久市	吉祥寺	天文18年	1549		
77	中野市	大円寺	天文18年	1549		
78	上田市	東昌寺	建長２年	*1551*	天文20年、臨済宗より改宗	
79	長野市	東光寺	天文23年	1552		
80	松本市	盛泉寺	天文21年	1552		常澄氏
81	坂城町	耕雲寺	天文22年	1553		
82	千曲市	高円寺	天文22年	1553		
83	中野市	月宮院	天文22年	1554		浦野宗実

84	佐久穂町	常源寺	天文年間	1532～55		相木常喜
85	長和町	信定寺	天文年間	1532～55		
86	上田市	前松寺	天文年間	1532～55		
87	上田市	日輪寺	天文年中	1532～55		
88	坂城町	大英寺	天文年間	1532～55		
89	小布施町	玄照寺	天文年間	1532～55		加藤杢右衛門
90	長野市	明松寺	天文年間	1532～55		大日向直経
91	池田町	成就庵	元亨年間	*1532～55*	天文年間に臨済宗より改宗	
92	佐久市	宗福寺	永禄元年	1558		
93	上田市	信広寺	——	*1558*	永禄元年臨済宗より改宗	大井朝光
94	長野市	臥雲院	永禄元年	1558		
95	伊那市	吉祥寺	永禄元年	1558		
96	松本市	蓮華寺	永禄２年	1559		武田信玄
97	伊那市	花林寺	永禄２年	1559		鳥居忠義
98	伊那市	常福寺	永禄２年	1559		
99	中野市	大徳寺	明徳年間	*1561*	永禄４年真言宗より改宗	
100	佐久市	大徳寺	永禄６年	1563		
101	小諸市	玄江院	永禄６年	1563		大井政吉中興
102	中野市	泰清寺	正和年間	*1563*	永禄５年臨済宗より改宗・再興	高梨氏
103	佐久市	泉龍院	永禄７年	1564		
104	長野市	盛伝寺	永禄７年	1564		
105	長野市	法泉寺	永禄７年	1564		清野之安
106	小谷村	源長寺	永禄７年	1564		
107	伊那市	宝勝寺	永禄５年	1564		
108	上田市	広山寺	永禄８年	1565		真田幸隆
109	木島平村	大龍寺	永禄８年	1565		
110	塩尻市	西福寺	永禄８年	1565		武田信玄
111	長野市	常岩寺	永禄９年	1566		
112	飯田市	正永寺	永禄10年	1567		
113	箕輪町	正全寺	永禄９年	1568		
114	御代田町	長秀院	永禄年間	1558～70		
115	上田市	霊泉寺	弘安元年	*1558～70*	永禄年中臨済宗より改宗	
116	上田市	月窓寺	永禄年間	1558～70		
117	長野市	信叟寺	永禄13年	1570		
118	長野市	常泉寺	元亀元年	1570		
119	山ノ内町	温泉寺	永禄年間	*1558～70*	弘治２年臨済宗より改宗	武田信玄
120	塩尻市	福聚院	永禄年間	1558～70		
121	安曇野市	正真院	元亀元年	1570		古厩氏
122	安曇野市	真光寺	永禄末年	1570		真々部尾張守
123	塩尻市	長泉寺	——	*1558～70*	永禄年間に改宗	
124	長野市	天周院	元亀２年	*1571*	もと臨済宗真言宗	
125	飯綱町	苔翁寺	延文２年	*1571*	元亀２年真言宗より中興・開山	芋川氏
126	伊那市	圓応院	元亀３年	1572		

127	長野市	常泉寺	元亀年間	1570～73		
128	長野市	大安寺	康安元年	*1573～92*	天正年間臨済宗より改宗	春日氏
129	長野市	昌龍寺	天正５年	1574		大日方佐渡守
130	中野市	松山寺	天正２年	1574		
131	木島平村	稲泉寺	天正２年	1574		
132	野沢温泉村	清道寺	天正２年	1574		
133	栄村	光厳寺	天正２年	1574		
134	富士見町	三光寺	天正２年	1574		
135	伊那市	祥雲寺	天正２年	1574		御子柴六左衛門
136	上田市	良泉寺	天正３年	1575		矢沢綱頼
137	千曲市	大雲寺	——	*1575*	天正３年再興	
138	長野市	玄峰院	天正３年	1575		平林正恒
139	長野市	東勝寺	天正３年	1575		
140	長野市	天宗寺	天正４年	1576		武田勝頼母
141	長野市	長福寺	天正４年	1576		
142	中野市	長福寺	天正５年	1577		
143	木島平村	真宗寺	天正５年	1577		
144	佐久市	桃源院	天正６年	1578		大井行真
145	辰野町	真福寺	天正６年	1578		
146	駒ヶ根市	桃源院	天正７年	1579		
147	佐久市	蕃松院	天正８年	1580		
148	上田市	安楽寺	天長年間	*1580*	天正８年に臨済宗より改宗	
149	上田市	長昌寺	天正８年	1580		
150	木島平村	東光寺	天正８年	1580		
151	安曇野市	雲龍寺	天正８年	1580		
152	中野市	円慶寺	天正10年	1582		
153	飯山市	妙林寺	天正10年	1582		
154	佐久穂町	桂霄寺	天正11年	1583		鷹野常祐
155	坂城町	満泉寺	永正元年	*1583*	天正11年天台宗より改宗	村上景国再建
156	長野市	性乗寺	天正11年	1583		大鎮
157	軽井沢町	泉洞寺	天正12年	1584		
158	野沢温泉村	健命寺	天正12年	1584		立川新六郎
159	阿南町	関昌寺	天正12年	1584		
160	長野市	圓通院	天正15年	1587		
161	松本市	泉龍寺	天正15年	1587		
162	白馬村	貞麟寺	天正15年	1587		
163	伊那市	清福寺	天正15年	1587		
164	阿南町	正法寺	天正15年	1587		
165	飯田市	報恩寺	天正17年	1589		
166	佐久市	時宗寺	天正18年	1590		
167	塩尻市	興龍寺	天正18年	1590		
168	坂城町	宗秀寺	天正19年	1591		
169	飯山市	常福寺	天正19年	1591		

170	木島平村	照明寺	貞和元年	*1591*	天正17年臨済宗より改宗	
171	佐久穂町	実相院	天正年間	1573～92		
172	佐久市	龍泉院	天正年間	1573～92		
173	長野市	常連寺	文禄元年	1592		
174	長野市	大林寺	天正年間	1573～92		真田昌幸
175	須坂市	大広院	天正年中	1573～92		
176	諏訪市	龍雲寺	天正年中	1573～92		諏訪満隣
177	伊那市	常輪寺	文禄元年	1592		
178	辰野町	池上寺	文禄元年	1592		
179	飯田市	専照寺	天正年間	1573～92		
180	飯田市	太念寺	文禄元年	1592		
181	松川町	林叟院	文禄元年	1592		
182	松川町	嶺岳寺	天正年間	1573～92		
183	木曽町	等覚寺	天正年間	1573～92		
184	上田市	自性院	文禄２年	1593		
185	中野市	本水寺	文禄２年	1593		
186	伊那市	洞泉寺	文禄２年	1593		
187	中川村	常泉寺	文禄２年	1593		
188	飯田市	雲彩寺	文禄２年	1593		
189	川上村	龍昌寺	文禄３年	1594		
190	中野市	西芳寺	文禄３年	1594		
191	松本市	松岳寺	文禄３年	1594		
192	長野市	長徳寺	——	*1595*	天台宗より文禄４年改宗	
193	飯山市	英岩寺	——	*1595*	文禄４年改宗	
194	飯山市	長泉寺	文禄４年	1595		
195	長野市	安養寺	嘉吉３年	*1595*	文禄４年臨済宗より改宗	香坂氏
196	飯山市	明昌寺	慶長元年	1596		
197	木島平村	宝勝寺	慶長元年	1596		
198	千曲市	徳応院	慶長２年	1597		
199	中野市	光林寺	慶長２年	1597		
200	松本市	瑞泉寺	慶長２年	1597		中村源助
201	駒ヶ根市	常秀院	慶長２年	1597		
202	青木村	滝仙寺	永仁３年	*1598*	臨済宗より慶長３年改宗	
203	松本市	真福寺	慶長３年	1598		
204	上田市	宗龍寺	慶長５年	1600		
205	岐阜県 中津川市	光西寺	——	*1600*	慶長５年、寺号を改名	
206	上田市	龍顔寺	慶長６年	1601		真田信幸
207	上田市	龍光院	弘安５年	*1601*	慶長６年臨済宗から改宗	塩田道祐
208	長野市	清心寺		*1602*	慶長７年再興	
209	須坂市	江岸寺	慶長７年	1602		
210	小布施町	祥雲寺	元亨３年	*1602*	慶長７年中興	
211	佐久市	康国寺	慶長８年	1603		松平康真

212	伊那市	桂泉院	慶長９年	1604		内藤昌月
213	飯田市	青龍寺	慶長10年	1605		
214	山形村	宗福寺	——	*1606*	慶長11年再興	
215	佐久市	大林寺	慶長12年	1607		
216	長野市	宝昌寺	慶長12年	1607		
217	須坂市	寿泉院	慶長13年	1608		
218	飯山市	大応寺	慶長13年	1608		
219	飯綱町	松雲寺	慶長13年	1608		
220	長野市	西福寺	慶長15年	1610		
221	千曲市	永昌寺	慶長16年	1611		
222	箕輪町	嶺頭院	慶長17年	1612		
223	千曲市	観音寺	慶長18年	1613		
224	長野市	洞仙寺	慶長18年	1613		
225	安曇野市	龍門寺	慶長19年	1614		
226	阿南町	松岳寺	慶長18年	1613		
227	北相木村	大龍寺	元和元年	1615		依田長繁
228	上田市	向陽院	元和元年	1615		
229	上田市	金昌寺	慶長年間	1596～1615		
230	坂城町	泉徳寺	慶長年間	1596～1615		
231	千曲市	長泉寺	元和元年	1615		
232	長野市	常安寺	慶長年間	1596～1615		
233	長野市	梅翁院	慶長年間	1596～1615		玉川伊予守
234	飯山市	宗音寺	元和元年	1615		
235	木島平村	龍興寺	治承年間	*1596～1615*	天文年間再興・慶長年間改宗	
236	長野市	玉峯寺	文和年間	*1596～1615*	慶長年間真言宗より改宗	

注１：創建年は曹洞宗改宗以前でも便宜的に掲げたが西暦は改宗した年に直した。斜字体はその区別を付けるために施した。

２：『明治六年寺院本末一派明細帳』(「長野県行政文書」県立歴史館蔵)と『信州の仏教寺院』(郷土出版社、1986年)を対応させ元和元年までに創立したとされる寺院のみを掲出し作成した。

第八章　中世後期地方曹洞宗寺院にみる仏事興行と文書目録の作成

はじめに

古文書としての「文書目録」の重要性については、すでに富澤清人の指摘がある。(1) ここで「文書目録」とは「文書タイトルを記したもの一般」を指す。富澤は、一つの史料群（とくに個別荘園文書）のなかで、「史料の残存（保存）のされ方自体に、歴史的所産として」注目する必要を説き、古文書としての「文書目録」はそうした史料残存の意味や、すでに現存しない史料の意味を問う格好の題材であるとされた。古文書としての「文書目録」を用いてあらたな歴史像を復原する方法が提起されたのである。これに触発され第三部では室町時代前期の地方臨済宗寺院(2)ならびに、曹洞宗寺院の文書目録作成についての検討をおこなう。「文書目録」に記載されている現存文書を確定しながら、如何なる契機で目録が作成され、利用されたのかを明らかにしたい。そこから寺院と在家信者との間で交わされた様々な契約のあり方を浮き彫りにすることができると考えるのである。

岡山県小田郡矢掛町横谷にある洞松寺は曹洞宗の古刹である。寺院所有の古文書（四三通　岡山県指定文化財）は『岡山県古文書集』に所収され、詳しい解説が付されている。文書群には「文書目録」が含まれていることから、当時の寺院文書の様相を知り得る貴重な事例であるといえる。

「由緒書」によると、洞松寺草創の時期は不明であるが、応永年間に喜山性讃が当時荒廃していた寺院を再興したという。その際、師である如仲天誾を開山勧請としてみずからは第二世となった。如仲天誾は信濃国海野氏出身、喜山性讃も信濃国出身であった。前章では南北朝期以降の太源派による信濃国を中心とした地方布教活動について触れ(3)、信濃国出身禅僧のネットワークについて考察した。そこで、南朝系在地国人層による曹洞宗の受容、ならびに信濃国出身禅僧のネットワークを検出した。如仲天誾はそのネットワークの中心であり、鈴木泰山(4)、広瀬良弘(5)が、太源派が全国各地にその門派を拡大させていくなかで、如仲の門派が東海地区に集中して教線を拡充したことを明らかにした。そのなかで広瀬は、如仲派の禅寺が在地の下級武士層や婦女子の信仰を獲得していったことを指摘した。

本章では洞松寺に残される古文書としての「文書目録」を取り上げ、その作成意図を探りながら、室町初期の地方洞門寺院の教線拡大のあり方を、寺院による文書作成の観点であらためて考えてみる。そして地方寺院の「文書目録」を歴史史料として利用する意義を寺院と在家信者との契約という観点で提起することとする。

一　如仲天誾の系譜

如仲天誾の系譜について、『日域洞上諸祖伝』『日本洞上聯燈録』などをもとに概観してみよう。如仲は貞治四年（一三六五）九月五日、信濃国海野氏に生まれた。五歳のとき母が死去し、その後応安六年（一三七三）伊那郡上穂山の恵明法師に釈典を学んだ。おそらく顕密兼学の天台宗光前寺で学んだのであろう。上野国吉祥寺の大拙祖能を訪ね、平田山龍沢寺（福井県あわら市）で峨山六哲のひとり梅山聞本のもとで印可を受けた。

明徳三年（一三九二）には遠江国飯田荘内に草庵を結び、応永八年に山内道美が檀那となり寺領寄進を受け、みずから開山となり崇信寺を建立した。南北朝内乱時、三河・遠江、そして天竜川左岸の南信地域は宗良親王を推戴した南朝勢力が長く活動した地域で、山内氏もそのひとつであった。この地域には曹洞宗寺院が比較的早く建立され、五山派を尊崇した武家方とは異なる様相を見せている。

応永十八年（一四一一）には大洞院（静岡県周智郡森町）を建立し、師梅山聞本を勧請開山として、みずからは二世となっている。正長元年（一四二八）八月十五日、大洞院の鐘が造られ、「住持比丘天誾」「檀越沙弥玄本」と刻銘された[6]。永享二年（一四三〇）四月、越前龍沢寺の第六世に迎えられ[7]、その後遠江円通院・備中洞松寺などの勧請開山となっている[8]。如仲は永享九年（一四三七）二月四日、七五歳で没した[9]（『日域洞上諸祖伝』では永享十二年没とする）。

如仲天誾の門弟には喜山性讃のほか、伊那郡竜泉寺や遠江海蔵寺の開山となった物外性応など八人がいる。彼らは「如仲を請い鼻祖とし、各二世」となったといわれるように[10]、弟子たちは如仲を勧請開山として迎え、みずからは開山二世となっている。喜山は洞松寺を天誾の勧請開山として開き、檀那庄氏による土地集積により寺領を拡大した。庄氏は備中国草壁荘地頭で、石川氏とともに有力な備中の国人であった。藤井駿によれば庄氏は備中守護細川氏の守護代であった[11]。もとは武蔵国からの西遷御家人であり、寺院の檀越である。喜山は師の死後みずからが住持となり、その遺命として輪住制度を採用した。彼の教えを慕った僧に総持寺の茂林芝繁がおり、以後洞松寺は寺勢盛んとなり、直末・孫末寺あわせて一二〇〇余寺を数えるに至っている。

二　洞松寺文書中の「文書目録」

備中国を中心にしながら三遠駿信にまでその末寺一二〇〇を数えるに至る門派を江戸時代初期に形成する中心となった洞松寺は、先述の通り備中国人領主庄氏の帰依によって寺勢を拡大させた。『古文書集』によると、「洞松寺文書」は文安五年九月二十七日「庄資冬田地売券」を最古として計四二通を数える文書群である（表1）。

文書は文安五年（一四四八）から慶長四年（一五九九）にわたる。この文書群はそのほとんどが洞松寺への売券・寄進状であり、文安五年〜文明六年（一四七四）の四半世紀に限ると、全売券・寄進状（三〇通）の内の二八通を占め、この二五年間に洞松寺への土地の集積がおこなわれていることを第六章で指摘した。(12)二世喜山性讃のあと茂林芝繁・霊嶽洞源の住持の時代に集中的に土地が集積されており、この時期の土地売券・寄進状を見ると、その主体は庄氏とその被官であった。寺と庄氏の関係は密接で、庄氏が一族の供養のため土地を寄進するなど、前述のように洞松寺自体が庄氏の氏寺であったのである。

洞松寺文書全体を見ると、まず庄氏による土地集積に係る契約文書およびその時代の文書目録と、戦国期毛利領国下の天正惣検地に基づく打渡状に分類される。本章では洞松寺文書として伝来した「文書目録」について検討する。

そのなかで特筆すべきなのは、文明年間の四通の「文書目録」である。室町時代中期の曹洞宗寺院で、これだけまとまった古文書としての「文書目録」を有している例は珍しい。すでに消失してその内容をうかがえない非現存史料を含め「ある特定の時期に確実に存在した史料群」を今に伝えるもので、ある時期の寺院経営の状態をうかがえる貴重な例である。

表1　洞松寺文書一覧

番号	文書名	年月日	宛所	動機	地目	地積	備考	法量（タテ×ヨコcm）
1	庄資冬売券	文安五年九月二十七日	洞松寺	売寄	田地	一段	徳政文言アリ	30・3×39・5
2	正慶寄進状	文安五年九月二十七日	洞松寺	寄	田地	一段	三貫三百文	30・2×39・5
3	庄鶴若丸寄進状写	文安六年二月二十二日	洞松寺	寄	米	七石		29・5×49・5
4	水河貞久貞納売券	文安六年卯月二十一日	洞松寺	売寄	田	一段	徳政文言／黒印アリ	30・2×39・7
5	竹井玄保寄進状	文安六年卯月二十一日	洞松寺	寄	下地	一段	水河→竹井→洞松寺	30・2×40・2
6	水河貞納寄進状	文安六年六月十一日	洞松寺	寄	下地田	四〇代		30・2×37・2

7	木村元吉売券	享徳二年六月五日		売	田		断簡	32・0×23・0
8	水河浄有売券	康正元年十一月晦日	洞松寺	売寄		一段	徳政文言アリ	29・5×42・2
9	水河貞久貞光売券	康正元年十一月晦日	洞松寺	売寄	田	四〇代	徳政文言アリ	30・0×41・0
10	水河貞久売券	康正元年十二月一日	洞松寺	売寄	田	半	徳政文言アリ	30・2×42・0
11	竹井玄保寄進状	康正二年二月七日	洞松寺	寄	下地	一段	現銭五貫文	30・2×41・0
12	庄元資寄進状	康正二年八月二十八日	洞松寺	寄	米	七石		30・3×33・5
13	中司道善寄進状	康正二年十一月十五日	洞松寺	寄	米	一段一五代	二五代分・四〇代分	29・6×40・0
14	法久寄進状	康正三年二月十日	洞松寺	寄	下地	一段		30・0×39・0
15	竹井玄保寄進状	康正三年五月十八日	洞松寺	寄	田	一段十代	六貫文で買取→寄進	30・2×40・7
16	水河貞久売券	長禄二年十二月二十日	洞松寺	売	下地	一段	徳政文言アリ	30・2×38・0
17	水河貞久売券	長禄三年三月二十八日	洞松寺	売寄	下地	段十代	徳政文言アリ	30・2×43・5
18	庄道珍売券	長禄四年臘月十一日	洞松寺	売寄	田	半	一貫五百文	30・0×45・3
19	従永寄進状	長禄四年臘月十一日	洞松寺	寄	田畠	半	道珍より買取→寄進	30・5×40・3
20	法久寄進状	寛正元年三月吉日	洞松寺	寄	田	一段十代	買得後寄進	30・2×40・6
21	庄道春売券	寛正三年二月十六日	洞松寺	売寄	下地	一段	天下一同之徳政	30・2×40・6
22	庄則資寄進状	寛正四年十一月十五日	洞松寺	寄	田	一段	前欠	30・2×27・8
23	性栄寄進状	寛正四年霜月二十二日	洞松寺	寄	下地	一段	永地買寄進申田畠	30・0×34・0
24	庄資長売券	応仁二年十月二日	洞松寺	売寄	田	一段	徳政文言アリ	30・2×39・1
25	星原兵衛寄進状	応仁三年卯月八日	洞松寺	寄	畠	一段	買得後寄進	30・0×39・7
26	庄則資寄進状	文明四年林鐘五日	洞松寺	寄	田畠	一段		30・2×42・0
27	庄元資寄進状		洞松寺	寄	田	五段	弟資長の菩提の為	30・2×41・5
28	庄元資寄進状	文明六年八月二十二日	祠堂銭	寄	田	十貫文		30・2×42・5
29	洞松寺文書目録	文明十三年仲夏十六日			下地			30・9×115・5
30	洞松寺文書目録				田地		断簡	30・2×42・7
31	洞松寺文書目録				銭		断簡	30・2×42・0
32	洞松寺文書目録						断簡	30・2×32・5
33	洞松寺納所渡状	文亀元年八月朔日	洞松寺	渡			一九三貫三百四文	30・0×38・5
34	道参寄進状	永正十二年八月十八日	洞松寺	寄		五斗		30・2×40・6

35	禅□（棟カ）翁規式	永正十三年八朔吉辰	納所	寄		一貫文	『古文書集』未所収	30・2×34・0
36	祠堂銭寄進状	天文六年南呂一日	洞松寺	寄	銭	一貫文		30・5×40・0
37	庄四郎元資置文	永禄二年五月十四日	洞松寺	置	米			30・2×36・0
38	洞松寺寺領帳	（永禄頃カ）			銭			31・0×21・0
39	洞松寺領坪付	天正五年十二月五日						28・2×202・5
40	洞松寺領坪付	天正十九年十一月二十四日			銭			28・0×210・0
41	洞松寺領坪付	天正二十年二月十五日						28・0×129・0
42	洞松寺領坪付	慶長四年十月六日						27・8×134・0
43	洞松寺由緒書							28・2×360・0

【史料A】「洞松寺文書目録」（『古文書集』番号29、図1）

（端裏書）「洞松寺文書目録　霊嶽派長通代」

文書之次第

霊嶽和尚之御代分

檀方寄進状二通付均村并坪付二通在レ之、

上殿売券　一通付竹井飛州之内方寄進状一通、

水河方売券一通付竹井玄保寄進状一通、

苅山方売券一通付竹井玄保寄進状一通、石川豊州裏判在レ之、為二見春大姉一

北殿売券　一通為二真前代一三貫文

□殿売券　一通付竹井玄保寄進状一通為レ自也、

水河加賀方賣券一通為二道春禅門一、

半十八歩水川井口方売券一通真前、半分為二妙金大姉一、

元可売寄進状一通付徳陽副状一通在レ之、性春侍者名彼此五通、此之内一通失脚、
新殿売券　一通祠堂銭以二五貫文一一段十五代也、定納六斗定置也、現銭五貫五百文買、
已上十八通
茂林和尚御代分
庄越前守寄進状一通為二一親徳陽元公禅室門慶室祐公禅定尼一、
庄因州元栄禅門寄進状一通為二逆修一
吉祥寺竹井玄保寄進状一通付庄西殿売券一通幷木村新右衛門売券一通、是為二逆修一也、当寺校割ニ入二子細一在レ之、
已上五通
再住霊嶽和尚御代分
檀方寄進状一通付上殿沽券一通西殿沽券一通北殿沽券一通、田三段也、是ハ為二月山心公禅門幷妙厳禅尼逆修一、
竹井玄保寄進状一通付水川方沽券一通同加賀方沽券一通為二逆修一也、（追筆）「一通失脚」
竹井飛州寄進状一通付水川井口方売券一通為実山秀公禅尼、×
巨勢中書寄進状一通付水川方沽券一通、同角方沽券一通、法名道善禅門（追筆）「一通失脚」（追筆）「大雲代失脚」
巨勢中司内方寄進状一通付木村新右衛門沽券一通、為二法久禅尼逆修一、
已上十四通
再住茂林和尚御代分
長尾助左衛門方寄進状一通付庄北殿沽券二通、是ハ為二一親一也、…………①
八田分檀方寄進状一通付庄四郎衛門方坪付一通、為二天章承公禅定門一也、

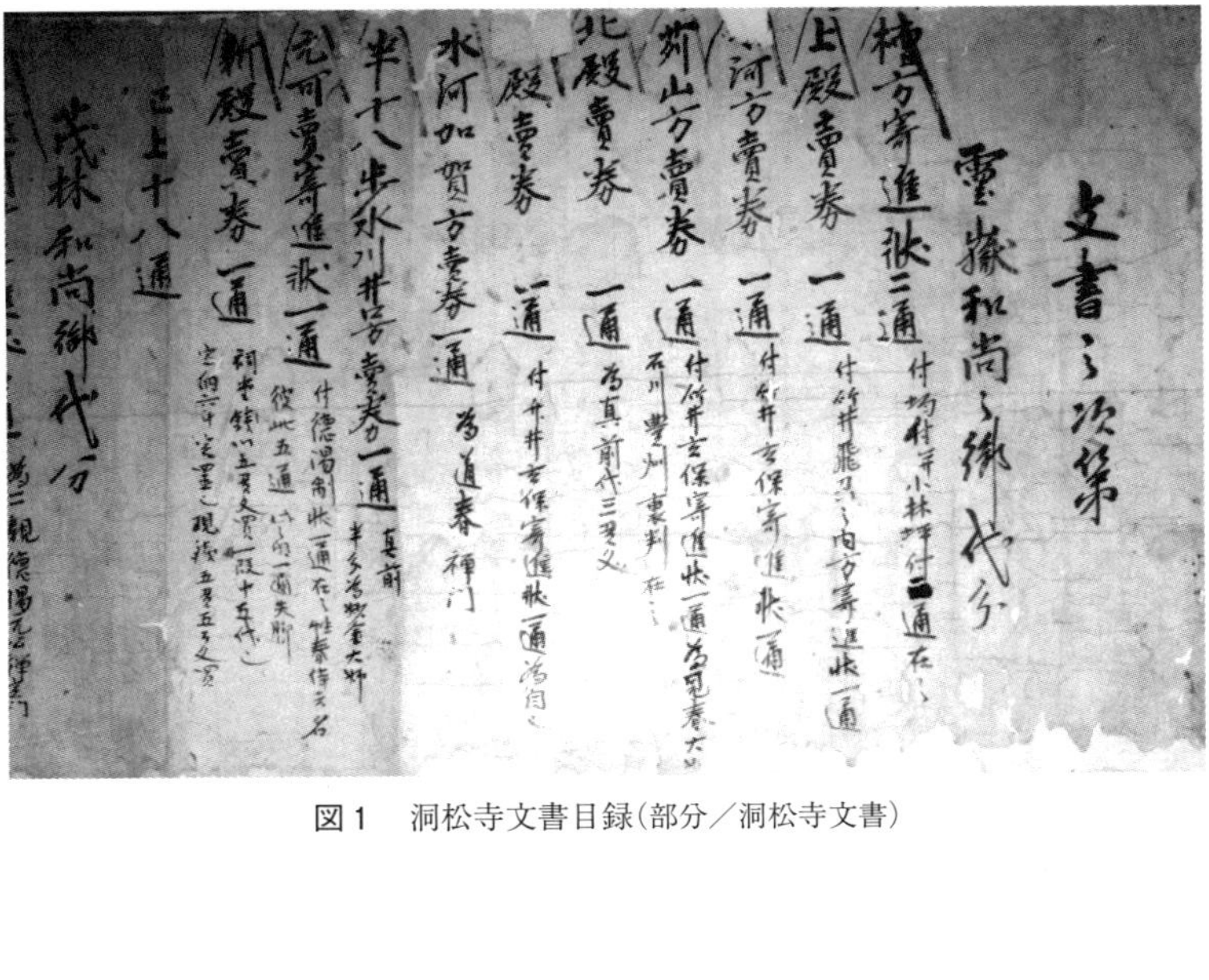

図１　洞松寺文書目録（部分／洞松寺文書）

吉文明十三歴辛丑仲夏十六日

旧侍衣生悦（花押）

新侍衣永学（花押）

（以下追筆）
茂林和尚

御寄進状一通付庄藤四郎殿売券状一通、同進上之折紙一通、已上三通也、

拾三仏堂之寄進状一通坪付共ニ、

草壁之内寺領分檀那置文一通付□田数九段四拾代、同坪付共ニ一通ニ在レ之、

檀方置文二通

道明監寺之代

○長尾左衛門大夫殿奇（ママ）進状一通付中居又二郎方沽券状一通、是為二禅金童子一也、

水河貞久寄進状一通舟木門前之早田也、路ヨリ左ノ脇也、道昌作、

水河貞久方之売券状一通

檀那元資置文一通在レ之、

【史料B】「洞松寺文書目録断簡」（『古文書集』番号30、図2）

（前欠）

巨勢中務寄進状一通付水川帯刀沽券一通、

庄常陸介寄進状一通為二昌□□公禅門一、

庄越前守寄進状一通為二慶室祐公禅定尼一、

斎藤民部方寄進状一通□□（庄越カ）前守沽券一通、同常陸□沽券一通、是為二逆修一、

巨〵勢中書寄進状付庄若狭方売券、

従〵永監寺寄進状一通付庄長屋殿沽券一通、是ハ為二一親一也 爽書記借状有レ之

巨〵勢中務寄進状一通付庄若狭方沽券一通、是延寿堂為二日仏餉一也、残銭一貫分在レ之、

畠〵一段長屋殿売券在レ之司堂銭之内五百分ヲ以買レ之、一ヶ年間□□□文宛定二置之一、相二副屋敷百姓置并庄北殿寄進状一在レ之、

再〵長老

再住霊嶽和尚御代分

自〵檀方大豆五石寄進状一通為二塩噌（ママ）一也、

性〵栄上坐寄進状一通付売券四通在レ之、同寄進状内一段十五代為二親一也、又一段為レ自也、

京〵之薬屋彦三郎寄進状一通付売券一通在レ之、為二正欽大姉一也、

再住茂林和尚御代分

□〵寄進状一通付慶寿庵沽券、為二逆修一、

（以下欠）

【史料C】「洞松寺文書目録断簡」（『古文書集』番号31）

□寄進状一通為二逆修一、

吉〵祥寺竹井玄保寄進状一通付庄西殿売券一通并木村新右衛門売券一通、是為二逆修一也、当寺校割ニ入二子細一在レ之、

已上五通

再住霊岳和尚御代分

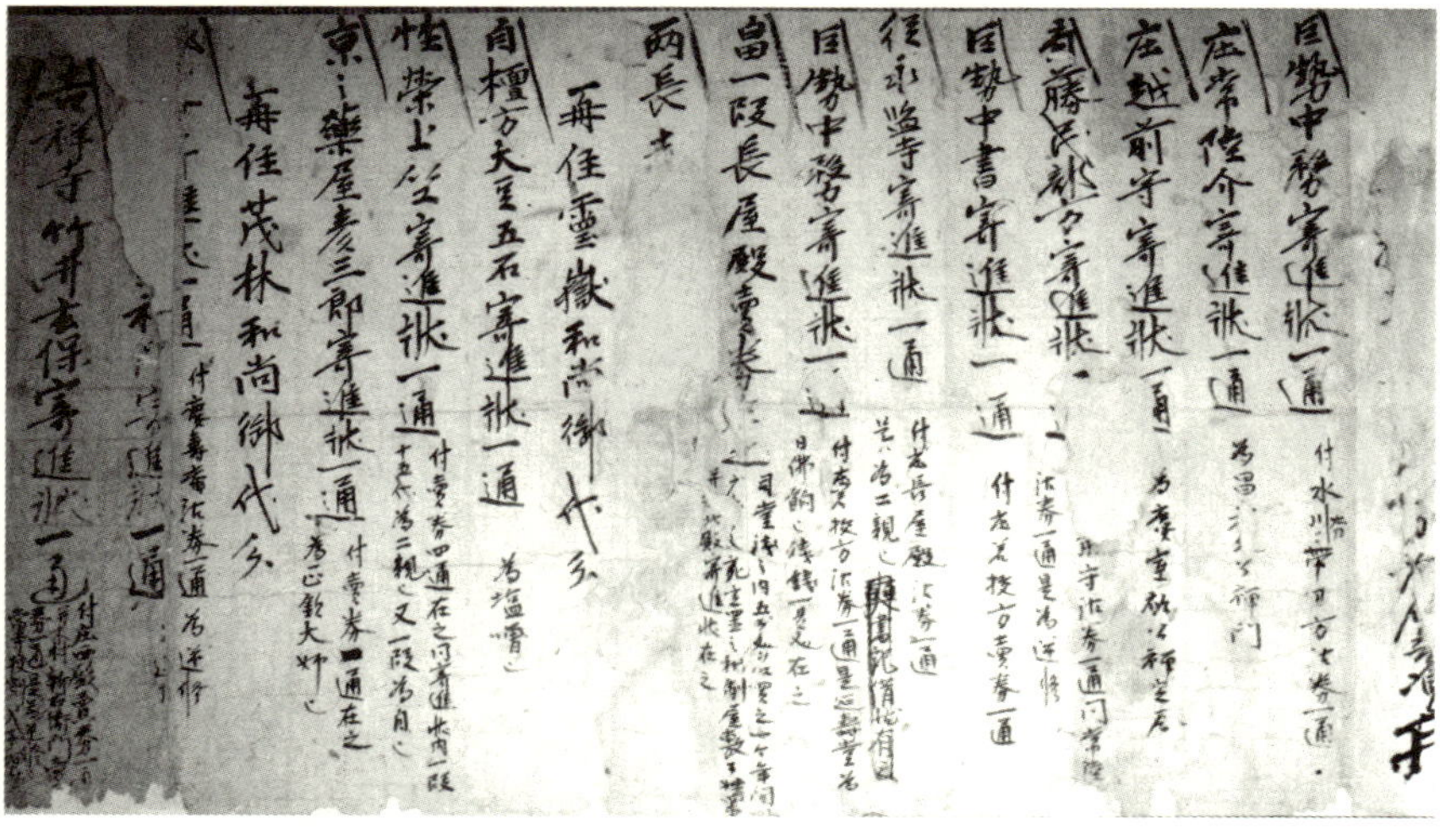

図２　洞松寺文書目録断簡（部分／洞松寺文書）

檀方寄進状一通付上殿沽券一通西殿沽券一通北殿沽券一通、田三段也、是ハ為二月山心公禅門幷妙厳禅尼逆修一、

竹井玄保寄進状一通付水川方沽券一通同加賀方沽券一通為二逆修一也、（追筆）「一通失脚」

×
竹井飛州寄進状一通付水川井口方売券一通為二実山秀公禅尼一、

（追筆）「大雲代失脚」
巨勢中書寄進状一通付水川方沽券一通、同角方沽券一通、法名道善禅門（追筆）「一通失脚」

巨勢中司内方寄進状一通付木村新左衛門沽券一通、為二法久禅尼逆修一、

已上十四通

再住茂林和尚御代分

長尾助左衛門方寄進状一通付庄北殿沽券二通、是ハ為二二親一也、

□状一通付水川帯刀方沽券一通

（以下欠）

【史料D】「洞松寺文書目録断簡」（『古文書集』番号32）

性栄上坐寄進状一通又一段為レ□自也、

京之薬屋彦三郎寄進状一通付売券一通在レ之、為二正欽大姉一也、

再住茂林和尚御代分

御庵寄進状一通付慶寿庵沽券、法名実光大姉、為二逆修一、

成羽星原兵衛寄進状一通付庄藤四郎殿沽券一通、為二逆修一、

再住霊嶽和尚御代分

玉泉寺寄進状一通付林之源衛門沽券一通、明窓晃大姉為二逆修一、

〵庄〵北殿寄進状一通法名洞心禅定門、
〵庄〵新殿寄進状一通長叟禅門也、
〵且〵方元資置文一枚　且方寄進状一通為二秀崖道玖禅定門一也、
〵□状一通付庄四郎衛門方坪付一通、

（以下欠）

………②

『古文書集』では以上のように翻刻・紹介されている。しかし実見すると、目録の紙継目には不自然な箇所があり、巻子本仕立てにされた際に錯簡が生じたと思われる。

例えば【史料A】の①の箇所は一紙の継目であるが、実際に観察すると前後の目録はつながらないことがわかる。【史料A】は後欠の断簡である。そして①の後半部すなわち「八田分檀方寄進状一通」以降の目録は、実際は【史料D】②以降につながるのである。したがって【史料D】は「前欠目録」というべきで、年紀は文明十三年と確定する。

以上のように、四通の洞松寺文書目録のなかで完全な形で残存する目録はない。

そこで、こうした知見からあらためて文書目録を分類すると次のようになる。

文書目録ア①（表中番号32、前欠、断簡。文明十三年五月十六日）
文書目録ア②（表中番号30、前後欠、断簡。目録ア①と重複する部分あり）
文書目録イ①（表中番号29、後欠、断簡）
文書目録イ②（表中番号31、断簡。内容は目録イ①の該当部と同一だが、作成・使用時期は合点から判断して目録イ①に先行するものと考えられる）

これらの目録をもとに残存史料との対応が可能であるが、すでに失われた史料も多いことがわかる。いっぽう「文書目録」は文書のタイトルと寄進の目的や売買の代銭について、さらにそれに付随する本券の点数と内容を示しているのであるが、各文書の年紀は記されていない。また合点（『古文書集』では翻刻されていない）や時折見られる「失脚」という追筆表現から、「目録」作成以後もこれが寺院で実際に文書との対応作業に用いられたことがわかる。[13]

残念ながら、これらの「目録」はすべて断簡であり、これだけでは「ある時期に使用されていた文書目録の全体像」をうかがい知ることはできない。そこで着目するのが古文書原本に付されている端裏書である。第二部第六章で指摘したように、『古文書集』には端裏書が翻刻されている史料とされていないものがあるが、[14]原本の端裏書には番号が付されているものもある。例えば文安六年四月二十一日「竹井玄保田地寄進状」端裏書には「寄進状　十五　竹井飛驒入道玄保」とある。[15]また寛正六年三月吉日「巨勢中書内方法久寄進状」[16]の端裏書には「□（巨勢中カ）書内寄進状　十七　七番」とあり、さらに寛正三年二月十六日「庄新若狭入道道春売券」の端裏書は「庄新若狭殿沽券　廿四番」とある。[17]一般には端裏書とは「本文のタイトルや内容を受取人が記したもの」と説明される[18]が、この文書目録の場合は上申のために作成されたのではなく、合点や追筆によって知られるように、寺院側がのちに所有文書との対応作業をおこなう基本台帳であったということを勘案すると、端裏に付されたこれらの番号は、洞松寺が文書を整理し確認するために便宜的に記入したものであると考えられる。

とすると、この番号は文書目録上の文書の配列順ではないか。そこで、文書目録ア①、ア②、イ①（イ②はイ①の該等箇所とまったく同内容なので除外）を基に番号と対応させて復元したのが次頁以下の【史料E】「洞松寺文書目録復元案」である。[19]

文明十三年（一四八一）仲夏十六日の年紀もこれら目録ア、イそれぞれの作成の唯一の決定年代ではないが、紙質・文字・内容から判断して文明十三年をそれほど離れない時期にこれらの目録が作成されたと考えることができるので、この文明十三年が文書目録作成の一つの目安となろう。この時期は先に述べた茂林・霊嶽両住による輪番の最終期であり、洞松寺による土地集積の終了直後である。この事実から、文書目録の作成は両住持による土地集積の総仕上げであり、集積した土地片に副進された手継を基に作成されたと考えられる。だとすれば、この目録と現存する契約文書を対照させることで、現存史料以外の欠如した非現存史料の存在を補い、庄氏時代におこなわれた土地集積の実態がうかがえるのではないか。

この目録の記載内容を見ると、原則的には①文書タイトル、②副進された本券、③土地片の用途、の順となっている。注目すべきは③の料田の用途を具体的に記している点である。例えば「長尾助左衛門方寄進状」には「為二二親一也」とあって、寄進された料田の用途を両親の忌日料などの追善供養料として用いることを明示している。洞松寺の場合、このような故人供養料や逆修料すなわち生前供養のための寄進が多いが、例えば「巨勢中務寄進状」の項には「是延寿堂為二日仏餉一也」とあって、洞松寺堂宇における仏事興行用途に用いることを示している。

「文書目録」は寺院の土地集積の集大成として作られたが、その後は合点や追筆を入れ、現存文書との対照・確認作業をおこなった。その作業の一つが料田の用途の確認であり、これに基づき忌日供養をおこなったと推測される。

【史料五】「洞松寺文書目録（復元案）」

（端裏書）「洞松寺文書目録　霊嶽派
長通代」

文書之次第

霊嶽和尚之御代分

〔檀〕方寄進状二通付均村幷坪付二通在レ之、
〔上〕殿売券　一通付竹井飛州之内方寄進状一通、
〔水〕河方売券一通付竹井玄保寄進状一通、
〔苅〕山方売券一通付竹井玄保寄進状一通、為二見春大姉一 石川豊州裏判在レ之、
〔北〕殿売券　一通為二真前一代三貫文
〔□〕殿売券　一通付竹井玄保寄進状一通為レ自也、
〔水〕河加賀方売券一通為二道春禅門一、
〔半〕十八歩水川井口方売券一通真前、半分為二妙金大姉一、
〔元〕可売寄進状一通付徳陽副状一通在レ之、性春侍者名 彼此五通、此之内一通失脚、
〔新〕殿売券　一通祠堂銭以二五貫文一一段十五代也、 定納六斗定置也、現銭五貫五百文買、

已上十八通

茂林和尚御代分

〔庄〕越前守寄進状一通為二一親徳陽元公禅室門 慶室祐公禅定尼一、
〔庄〕因州元栄禅門寄進状一通為二逆修一、
〔吉〕祥寺竹井玄保寄進状一通付庄西殿売券一通幷木村新右衛門売券一通、是為二逆修一也、 当寺校割ニ入二子細一在レ之、

已上五通

再住霊嶽和尚御代分

〔檀〕方寄進状一通付上殿沽券一通西殿沽券一通北殿沽券一通、 田三段也、是ハ為二月山心公禅門幷妙厳禅尼逆修一、

竹井玄保寄進状一通付水川方沽券一通同加賀方沽券一通為㆓逆修㆒也、(追筆)「一通失脚」
×
竹井飛州寄進状一通付水川井口方売券一通為㆓実山秀公禅尼㆒、
巨勢中書寄進状(追筆)「大雲代失脚」一通付水川方沽券一通、同角方沽券一通、法名道善禅門(追筆)「一通失脚」
巨勢中司内方寄進状一通付木村新左衛門沽券一通、為㆓法久禅尼逆修㆒、

已上十四通

再住茂林和尚御代分

長尾助左衛門方寄進状一通付庄北殿沽券二通、是ハ為㆓二親㆒也、
巨勢中務寄進状一通付水川帯刀沽券一通、
庄常陸介寄進状一通為㆓昌□□公禅門㆒、
庄越前守寄進状一通為㆓慶室祐公禅定尼㆒、
斎藤民部方寄進状一通□□(庄越カ)前守沽券一通、同常陸□沽券一通、是為㆓逆修㆒、
巨勢中書寄進状付庄若狭方賣券、
従永監寺寄進状一通付庄長屋殿沽券一通、是ハ為㆓二親㆒也 爽書記借状有㆑之
巨勢中務寄進状一通付庄若狭方沽券一通、是延寿堂為㆓日仏餉㆒也、残銭一貫分在㆑之、
畠一段長屋殿賣券在之司堂銭之内五百分ヲ以買㆑之、一ヶ年間□□□文宛定置之、相㆓副屋敷百姓置幷庄北殿寄進状㆒在㆑之、
再長老

再住霊嶽和尚御代分

自檀方大豆五石寄進状一通為㆓塩噌(ママ)㆒也、
性栄上坐寄進状一通付売券四通在㆑之、同寄進状内一段十五代為㆓二親㆒也、又一段㆑為自也、

京之薬屋彦三郎寄進状一通 付売券一通在レ之、為二正欽大姉一也、

再住茂林和尚御代分

御庵寄進状一通 付慶寿庵沽券、為二逆修一、法名実光大姉、

成羽星原兵衛寄進状一通 付庄藤四郎殿沽券一通、為二逆修一、

再住霊嶽和尚御代分

玉泉寺寄進状一通 付林之源衛門沽券一通、明窓晃大姉為二逆修一、

庄北殿寄進状一通 法名洞心禅定門、

庄新殿寄進状一通 長叟禅門也、

且方元資置文一枚　且方寄進状一通 為二秀崖道玖禅定門一也、

八田分 檀方寄進状一通 付庄四郎衛門方坪付一通、為二天章承公禅定門一也、

旹文明十三歴辛丑仲夏十六日

旧侍衣生悦（花押）

新侍衣永学（花押）

（追筆）茂林和尚

御寄進状一通 付庄藤四郎殿売券状一通、同進上之折紙一通、已上三通也、

拾三仏堂之寄進状一通 坪付共ニ、

草壁之内寺領分檀那置文一通 付□田数九段四拾代、同坪付共ニ一通ニ在レ之、

檀方置文二通

道明監寺之代

長尾左衛門大夫殿奇（マヽ）進状一通付中居又二郎方沽券状一通、是為二禅金童子一也、
水河貞久寄進状一通舟木門前之早田也、路ヨリ左ノ脇也、道昌作、
水河貞久方之売券状一通
檀那元資置文一通在レ之、

表2　文書目録A①（前欠）

時期	文書名	本券点数	本券の内容	備考	文書現存	表1番号
（前欠）	性栄上座寄進状	不明	不明	又一段為レ自也	△	23
不明	京之薬屋彦三郎寄進状	2	売券二通	為二正欽大姉一	×	
再住茂林和尚	御菴寄進状	1	慶寿庵沽券	為二逆修一、法名宝光大姉	×	24
	成羽星原兵衛寄進状	1	庄藤四郎資長沽券	為二逆修一	○	25
再住霊嶽和尚	玉泉寺寄進状	1	林之源衛門沽券	明窓晃大姉為二逆修一	×	
	庄北殿寄進状			法名洞心禅定門	(○)	26カ
	庄新殿寄進状			為二長叟禅門一	×	
	且方元資置文	1	且方寄進状	為二秀岸通玖禅定門一	△	28
	八田檀方寄進状	1	庄四郎衛門方坪付	為二天章承公禅定門一也	×	
以下追筆茂林和尚	茂林和尚御寄進状	2	庄藤四郎売券、進上之折紙		×	
	拾三仏堂之寄進状	1	坪付		×	
	草壁之内寺領分檀那置文	1	坪付	田数九段四十代	×	
	檀方置文	2			×	
道明藍寺之代	長尾左衛門大夫殿寄進	1	中居又二郎沽券	為二禅金童子一也	×	
	水河貞久寄進状			舟木門前早田也、路ヨリ左脇	−	
	水河貞久方売券				○	10
	檀那元資置文				○	37

表3　文書目録A②

時期	文書名	本券点数	本券の内容	備考	文書現存	表1番号
（前欠）	巨勢中務寄進状	1	水川帯刀方沽券		−	
	庄常陸介寄進状			為㆓昌□□公禅門㆒	×	
	庄越前守寄進状			為㆓慶室祐公禅定尼㆒	×	
	斎藤民部方寄進状	2	庄越前守沽券、庄常陸介沽券	為㆓逆修㆒	×	
	巨勢中書寄進状	1	庄若狭方売券		○	
	従永藍寺寄進状	1	庄長屋殿沽券	為㆓二親㆒也	○	18、19
	巨勢中務寄進状	1	庄若狭方沽券	延寿堂為㆓日仏餉㆒也	×	
	長屋殿売券	2	屋敷百姓置□、庄北殿寄進		×	
	両長□□□□				×	
再住霊嶽和尚	檀方大豆五石寄進状			為㆓塩噌（ママ）㆒	×	
	性栄上座寄進状	4	売券四通	一段十五代為㆓二親㆒一段為㆑自	△	23
	京之薬屋彦三郎寄進状	1	売券一通	為㆓正欽大姉㆒也	×	
再住茂林和尚	（御菴）寄進状	1	慶寿庵寄進状	為㆓逆修㆒	×	

表4　文書目録B①（後欠）

時期	文書名	本券点数	本券の内容	備考	文書現存	表1番号
霊嶽和尚	檀方寄進状	2	均村坪付、小林坪付		△	3・12
	上殿売券	1	竹井飛州之内方寄進状		○	1・2
	水河方売券	1	竹井玄保寄進状		○	4・5
	荊山方売券	1	竹井玄保寄進状	為㆓見春大姉㆒、石川豊州裏判在㆑之	×	
	北殿売券	1		為㆓真前㆒	×	
	□殿売券	1	竹井玄保寄進状	為㆑自也	−	
	水河加賀方売券	1		為㆓道春禅門㆒	（○）	15カ

	半十八歩水河井口方売券	1		真前、半分為㆓妙金大姉㆒	×	
	元可売寄進状	5	徳陽副状彼此五通、一通失脚		×	
	新殿売券			祠堂銭以㆓五貫文一段五代㆒也	×	
茂林和尚	庄越前守寄進状			為㆓二親徳陽元公禅室門、慶室祐公禅定尼㆒	×	
	庄因州元栄禅門寄進状			為㆓逆修㆒	×	
	吉祥寺竹井玄保寄進状	2	庄西殿・木村新左衛門売券	為㆓逆修㆒也	△	7
再住霊嶽和尚	檀方寄進状	3	上殿沽券西殿沽券北殿沽券	為㆓月山心公禅門幷妙厳禅尼逆修㆒	－	
	竹井玄保寄進状	2	水川方沽券、水川加賀方沽券	為㆓逆修㆒	－	
	竹井飛州寄進状	1	水川井口方売券	為㆓実山秀公禅尼㆒	△	15
	巨勢中書(司カ)寄進状	2	水川方沽券、水川角方沽券	法名道春禅門	△	11
	巨勢中司(書カ)寄進状	1	木村新左衛門沽券	為㆓法久禅尼逆修㆒	△	9・13
再住茂林和尚	長尾助左衛門方寄進状	2	庄北殿沽券二通	為㆓二親㆒	○	7・14
	八田分檀方寄進状	1	庄四郎衛門方坪付一通	為㆓天章承公禅定門㆒也	－	

※凡例：○本券・手継とも現存　△本券・手継のいずれか現存　×本券・手継いずれも欠失　－特定できない文書

三　目録に見える追善のあり方

前節では、文書目録が供養料など仏事興行の料田を確認する台帳であったことを推定した。それでは、目録に記された寄進状や売券に現れる「供養」の対象となっているのは、どのような人々であっただろうか。復元した文書目録の割書から用途文言を整理すると表5の如くになる。

これによると、北殿・越前守など庄氏、水河・竹井・星原といった庄氏の武家被官が供養主の主体としてまず挙げられる。京之薬屋彦三郎のように備中国より離れた遠隔地の者、性栄上坐といった僧侶も見える。

表5　文書目録に見る用途文言

文書名	文　言
苅山方売券	為㆓見春大姉㆒
北殿売券	為㆓真前㆒代三貫文
水河加賀方売券	為㆓道春禅門㆒
水川井口方売券	真前、半分為㆓妙金大姉㆒
庄越前守寄進状	為㆓二親徳陽元公禅室門慶室祐公禅定尼㆒
庄因州元栄禅門寄進状	為㆓逆修㆒
吉祥寺竹井玄保寄進状	為㆓逆修㆒
檀方寄進状	為㆓月山心公禅門、妙厳禅尼逆修㆒
竹井玄保寄進状	為㆓逆修㆒
竹井飛州寄進状	為㆓実山秀公禅尼㆒
巨勢中司内方寄進状	為㆓法久禅尼逆修㆒
長尾助左衛門方寄進状	為㆓二親㆒
庄常陸介寄進状	為㆓昌□□公禅門㆒
庄越前守寄進状	為㆓慶室祐公禅定尼㆒
斎藤民部方寄進状	為㆓逆修㆒
従永藍寺寄進状	為㆓二親㆒也
巨勢中務寄進状	是延寿堂為㆓日仏餉㆒也
性栄上坐寄進状	寄進状内一段十五代為㆓二親㆒也
京之薬屋彦三郎寄進状	為㆓正欽大姉㆒也
御菴寄進状	為㆓逆修、法名実光大姉
成羽星原兵衛寄進状	為㆓逆修㆒
玉泉寺寄進状	明窓晃大姉為㆓逆修㆒
且方寄進状	為㆓秀崖道玖禅定門㆒也
八田分檀方寄進状	為㆓天章承公禅定門㆒
長尾左衛門大夫殿寄進状	為㆓禅金童子㆒

いっぽう、供養対象として、禅門（3）、禅定門（2）、禅室門（1）、禅尼（3）、禅定尼（2）、大姉（5）、童子（1）が現れており、女性に対する供養が男性を上回る。

供養対象者の階層はどのようなものであろうか。禅門・禅定門あるいは禅室門・禅尼など、それぞれの戒名をどの階層に相当させるかは、地域や付与する寺僧によって異なる。庄越前守が両親の菩提のために寄進をおこなっているが、父は禅室門、母は禅定尼で、在俗の武家階層であることを示している。禅門・禅尼の階層も、供養をおこなう者の立場から考えると在俗武士層を供養対象としているとみられる。十五世紀第3四半期において、庄氏やその被官が、一族の追善のために洞松寺へ寄進行為をしていることが推測される。

現存する古文書としての「文書目録」のなかで、故人の追善供養料を明記している事例は珍しい。次章で述べるように十四・五世紀の臨済宗寺院の文書目録を検討すると、いずれも「寺領目録」とも言えるもので、官寺として、時には幕府に上申する性質のものだった。これに対して洞松寺の場合は、文書と突き合わせて供養対象を確認する寺院側にとって故人追善の業務を目録に明記することが重要であったことが知られる。

こうした文書目録の記載方法は、如仲天誾の法灯としてその法語（教義）の影響を多分に受けていると考える。その関連史料が、「如仲誾老大禅師法語」（以下「法語」）である。この「法語」は、如仲が在家信者に対して与えた仏事法語を集成したものである。全法語が葬儀に際したもので、室町初期の禅僧語録のなかでも葬式儀礼に言及している特異なものといえる。[20] これは如仲が遠江国大洞院住持だった時代の引導語録を集成したもので、十五世紀初頭の内容である。[21] 如仲は、鈴木泰山が述べるように、五山禅林として広がりを見せる臨済禅との差別化を図り、その間隙を縫う形で曹洞禅の東海地方での展開に貢献した僧である。この「法語」は如仲派の教義を知るうえで重要な史料である。

「法語」を見ると、一五八人もの在家信者を偲びその葬儀の指示をおこなっていることがわかる（表6）。

【史料F】「功徳主行真禅門下火」

一霊真性絶二胞胎一、生死去来常快哉、本地風光只這是、当頭穏坐涅槃台、新━━行真禅門、与麼底掲示、直下須契当、全身活卓卓、覿面露堂堂、只如二現前寂滅触目菩提一、一起直入仏坐道場、薪尽灰滅后以レ何為二験量一、故道涅槃后有二大人相一、函萏花開遍界香。

【史料G】「貞性大姉」

妙性円明照二大千一、霊霊不昧髑髏前、全機瞥転超二言象一、去就須還二空劫先一、新━━貞性大姉、仮借二四大一、七十一年、如二空花陽煙一、似二撃閃電一、仍感二無常之代謝一、盍厭二有為之変遷一、然則預修二闍維盛礼一、正好冥二福仏祖大縁一、只如二現前寂滅触目菩提一、末后真帰作麼生履践、火下、人間天上香風散、函萏花開火裏蓮。

いずれも在家信者の戒名の前に、韻を踏んだ七言絶句の香語が記されている。起句には、例えば貞性大姉の場

表6 「如仲誾老大禅師法語」に見える在家信者と葬送方式

番号	法　名	キーワード	方　法
1	功徳主道正禅人	挙起火把	下火預修
2	功徳主従永大姉	火下	下火
3	功徳主妙一禅尼	打火下	預投入火光之三昧
4	功徳主道善禅門	打火下	下火
5	功徳主道了禅門	火下	下火
6	功徳主妙念禅尼	打火下	下火
7	功徳主行真禅門	下火	下火
8	功徳主道金禅門	擲下火	下火
9	住薬師堂谷庵理応大姉	擲火把	下火
10	功徳主秋江濬公大姉		下火
11	功徳主浄龍大姉	下火	下火
12	功徳主祖幸大姉	擲下火把子	下火
13	功徳主了超大姉	下火	下火
14	前静居庵祖翁妙栢大姉	下火	下火預修
15	功徳主前揚春菴智玉大姉	不明	
16	功徳主法翊禅尼	下火	下火
17	功徳主東光庵如永禅尼	挙火把	下火
18	道印禅門	打火下	下火
19	前棲雲庵法従菴主	打火把	下火
20	正眼優婆塞	打火把	下火
21	前永明庵龍谷恵泉大姉	打火下	下火
22	正喜大姉	挙起火把	下火
23	道久禅門	打火下	下火
24	祖珍大姉	打火把	下火
25	覚山見順禅尼	打下火	下火
26	祐悟禅尼	打火下	下火
27	前耕雲庵全翁正公庵主	打火把	下火
28	月屋暁公禅定尼	打火把	下火
29	道言禅門	打火把	下火
30	道庵政公優婆塞	挙起火	下火
31	前宝泉寺法光祖幢禅師	打火下	下火
32	妙玖禅尼	打火把	下火
33	祐門大姉	打火下	下火
34	如菴全智禅門	打火下	下火預
35	蘭室貞芳禅尼	打火下	
36	天菴持祐大姉	打火下	
37	理妙大姉	火下	
38	明室浄光禅門	挙火火下	
39	浄光菴主	打火下	

40	冨山道栄居士	火下	下火
41	宝蔵禅定門	下火	
42	祐円禅尼		
43	前司農鏡心道勲居士	下火	
44	朶雲元頤大姉	火下	
45	具徳性信大姉	火下	下火
46	安泰正全禅尼	火下	預修習　下火
47	妙了禅尼		下火　教饒舌火把子、預燎却従前業識団
48	了苗禅尼	打火下	下火預　被火把子平呑
49	道徹禅門	火下	下火
50	先大府古源道徹禅門	火下	下火預
51	法明禅尼	火下	
52	別海道忍菴主	火下	
53	祐貞大姉	火下	下火
54	春渓円芳大姉	火下	預投入檀薪火光
55	道安居士	火下	
56	前報恩仁中能公禅師		下火
57	正景禅門	火下	
58	浄栄禅尼	下火	欽慕闍維之盛礼、預投入檀薪之火光
59	妙心禅尼	火下	
60	龍智大姉	火下	下火
61	道燦禅門	打火把	
62	貞秀禅尼		
63	道通禅門	火下	
64	祐栢婦女		下火
65	宗妙大姉	打火下	
66	貞性大姉	火下	預修闍維盛礼
67	明心大姉	打火下	
68	貞泉大姉		
69	花岩栄公禅定門	擲下火把子	
70	敬心比丘尼	火下	
71	昌泉上座	火下	
72	貞祐婦女		
73	貞泉優婆夷		
74	仙心玄忍居士	火下	荘厳闍維盛礼
75	智心大姉	火下	欽慕遺範闍維之盛礼、預荘厳檀薪三昧之恵炬
76	応順上座		
77	徳松禅尼		
78	道観禅門	火下	火預
79	貞光大姉	擲下火把	
80	道法禅門	擲下火把	

81	貞参信女	火下	
82	伝心道宗菴主	火下	
83	浄宗禅門	打火把	
84	劫外見永大姉	火把	
85	祐禅大姉		
86	前住円成尼寺明江大姉・宗公和尚	擲下火把	欽慕先徳闍維之盛礼、預帰依檀薪三昧之真空
87	道元禅門		
88	右金吾心翁道守居士	下火	下火預
89	妙円大姉	下火	火預
90	無明大姉		
91	妙寿大姉		
92	理等禅尼		
93	法谷正公禅師	下火	火預
94	前自静院智空法清院主	下火	
95	智空永静禅尼		
96	明言禅尼	擲下火把	
97	慶寿大姉	挙火	
98	善英禅尼	火下	
99	龍智大姉		
100	物外全一大姉	下火	
101	春栄藤公禅定門	下火	
102	貞本婦女	火下	
103	心翁正信優婆塞	火下	
104	祐琛童女		下火
105	道音禅門	火下	
106	妙林禅尼		
107	大安宝泰菴主	火下	火下
108	月林慈観大姉	火下	因欽慕先徳闍維盛礼、預向火煙裡転大法輪
109	前住知足一方祖曇菴主		
110	花庭理春大姉	火下	
111	貞珍大姉	火下	火預
112	明室貞光大姉	火下	火預
113	妙性禅尼	火下	火預
114	崇芳上座宗誕上座		両人一度死去　一火
115	玄祐優婆塞		下火
116	元旭禅門	火下	火預
117	妙性禅尼	火下	
118	前左金吾大円恵広禅定門		
119	道侃優婆塞		
120	鉄牛見印大姉	火下	

121	道源新戒		下火
122	霊休新戒		水喪
123	玄性禅門	火下	
124	大年貞椿大姉	火下	
125	不空正空菴主	火下	預火
126	祐貞大姉		預入無諍三昧
127	道観禅門	火下	
128	明意禅尼	火下	
129	妙義大姉	火下	
130	花庭慶春禅尼		
131	妙性禅尼	火下	
132	松隠恵秀禅定門	火下	下火
133	霊方禅尼	火下	
134	用章庵明経菴主	火下	
135	松岩善秀禅定門	火下	
136	貞性信女	下火	
137	道盛禅門	火下	
138	了正禅尼	火下	
139	祐椿信女		
140	光室貞増大姉	火下	預修閑田地之盛礼、直逗入宝光仏之道場
141	方崇大姉	火下	
142	東江方朝新戒	火下	預以修習臨命終
143	元当上座		土喪
144	前孝徳菴桃林祥悟大姉	火下	
145	前玉菴梁山賢棟大姉	起挙火	
146	悦山了喜禅尼		
147	道順禅者	火下	
148	前中書足翁常満居士		
149	妙了禅尼	火下	
150	慈香大姉	火下	
151	聖海垂賢菴主	火下	
152	宗金禅者	火下	
153	霊恩禅尼	火下	
154	義菴善仁大姉	火下	
155	前静照菴珍石玖公座元大師		
156	霊密新戒		土喪仏事
157	妙林禅尼		
158	金峰聖玉居士	秉炬	

合は「妙性円明にして大千を照らす」などと、戒名の由来となる一文字が挿入されている。なお下火とは下拒ともいい、導師が葬儀において亡骸に火を付けることなので、【史料F】は行真禅門を涅槃台で火葬に付すときの法語である。

【史料G】には女性信者が登場しており、地方曹洞禅に多数の女性が帰依していたことが知られる[22]。この傾向は洞松寺の残される「文書目録」の記述と共通する。「法語」では【史料G】の女性は「闍維盛礼を預修し」たとあり、生前より荼毘式の逆修を発念していたことも知られる。洞松寺文書の「文書目録」中にも親族などの追善文言が記されるが、なかには逆修として親族や本人の法要をおこなう旨が記されているものもある。「洞松寺文書目録断簡」（史料C）の巨勢中司内方の寄進状を例にとってみよう。

巨勢中司内方寄進状一通　付木村新左衛門沽券一通、為㆓法久禅尼逆修㆒

これによると寄進状には連券一通が手継文書として付帯されている。寄進の目的が法久禅尼の逆修だったことがわかる。土地の上分を利用して仏事が興行されたことが推測されるのである。

室町期の臨済宗寺院の文書目録からは、かような葬儀や逆修興行に関わる記載を見いだすことはできない。洞松寺に残された「文書目録」が先の十五世紀後半の成立とすると、如仲の死後半世紀近く経っている。太源派の如仲・喜山以来の葬送儀礼重視の姿勢が、洞松寺中興に際した寺領集積やこのときに作成された[23]「文書目録」の中に反映しているとみることができよう。在地武士層である庄氏やその被官など在家が曹洞禅を受容したのは、葬式や供養について明確であった如仲の教義やその法灯の教化によるところも大きかったものと考えられる。

享徳二年（一四五三）六月五日「木村新衛門元吉売券」には、庄氏惣領による裁判権を明記する担保文言が付帯されている。この時期が惣領を中心とした一族の結束を図ろうとした時期であり、庄氏の場合、氏寺への寄進や買得による土地集積を一族でおこない、さらにその土地集積の目的に一族先祖の追善をおこなうことを挙げることで、その結束を強化しようとしたことは想像に難くない。氏寺が、惣領制が動揺し、あるいは解体へ向かう鎌倉末期から室町時代にかけて、武士団の再結束の旗印として位置づけられていることは、長楽寺や妙興寺などの事例で指摘されている[24]。一族結束のためその触媒として如仲天誾の故人葬送儀礼重視の教義が活用されたのであろう。目録はそうした檀越と寺院との関係の一面を表している。この禅風により太源宗真の門派の喜山派は師に引き続き東海地方から瀬戸内地方まで、一大門派を形成するに至ったといえよう。

小括

十五世紀になると曹洞宗における禅語録のなかに葬送儀礼の占める割合が高くなる。このことは葬送宗教化することで曹洞禅が人びとに受容されたと解釈される[25]。

本章で検討した洞松寺文書目録はこれまで研究の対象とされてこなかった。しかしこの目録は、かつて存在した群としての文書のまとまりを復元することのできる史料であること、また十五世紀に進行する曹洞宗の葬送宗教化の動きを示す史料であること、信者が親族や先祖供養や逆修のために土地を寺院に寄進するという実態、女性信者への供養重視の姿勢が如実にうかがえる寺院史料であることが明らかになった。「如仲誾老大禅師法語」はすべて葬送や逆修に関わる法語であり、女性信者への言及が多いことを鑑みると、如仲の勧請開山、その弟子喜山性讃が開山二世である洞松寺は、こうした太源派の門派如仲派の信仰形態を、一次史料からうかがい知れる寺院であるといえ、地方曹洞宗教団の進展の様子を知りうる好個の事例であるといえよう。

（1）　富澤清人「東大寺領水無瀬荘と荘民」（『史学』四七―一・二、一九七五年、六五～九八頁。のち富澤『中世荘園と検注』吉川弘文館、一九九六年、所収）。

(2) 本書第三部第九章。
(3) 注(2)と同じ。
(4) 鈴木泰山「東海地方「曹洞土民禅」の系譜」(『日本歴史』三八五、一九八〇年、八六〜八九頁)。
(5) 広瀬良弘「曹洞禅僧の地方活動」(『禅宗地方展開史の研究』吉川弘文館、一九八八年、所収、三六六〜四一五頁)。
(6) 「橘谷山大洞禅院大鐘銘写」(『静岡県史』資料編六、一九九二年)。
(7) 「日域洞上諸祖伝」(『大日本仏教全書』)。
(8) 「円通松堂禅師語録」(『静岡県史資料編』六)。
(9) 「日本洞上聯燈録」(『大日本仏教全書』)。
(10) 「延宝伝燈録」(『大日本仏教全書』)。
(11) 藤井駿「備中守護の細川氏について」(『岡山大学法文学部学術紀要』一〇、一九五七年、九二〜一〇五頁。のち藤井『吉備地方史の研究』法蔵館、一九七一年、所収)。
(12) 本書第二部第四章。
(13) 追筆のなかに「大雲代失脚」という記事がある。大雲とは洞松寺第二九世大雲龍宗和尚を指すのだろう(第三九世として再住となる。「舟木山洞松禅寺輪次住山記」『備中吉備郡史』所収)。大雲についてはその経歴は明らかでなく、在任期間も判然としないが、洞松寺第二七世太州慧鑑和尚が永正十三年(一五一六)八月一日に示寂とあるので、十六世紀前期〜中期を中心とする在任と考えられる。すなわちこの時期においても、この「文書目録」を台帳とした寺領文書の突き合わせ作業、料田用途の確認作業がおこなわれていたことになる。
(14) 裏打された巻子本のもつ性格上、文書の裏書などは判読が困難である。したがって本稿作成に先立つ調査においても判読にはかなり時間を費やしたが判読不能の文字もある。この巻子がいつ仕立てられたのかはわからないが、本紙には古い表装の跡があり、あらたにそれをはがして新しい表装がされた痕跡もあるので、裏打は少なくても二度おこなわれたと思われる。
(15) この文書は目録イ①の「竹井玄保寄進状一通付水川方沽券一通、同加賀方沽券一通、為逆修也、(追筆)「一通失脚」」にあたる。

(16)　法久の関連史料は康正三年（一四五七）二月十日「法久田地寄進状」がある。この端裏書には「寄進状　十八　巨勢中書女房　法久禅尼　十八番」とある。またこの寄進状の事実書を見ると、その由緒文言に「右、彼田者、木村新左衛門方之田也、現銭四貫八百文にて、永代をかきつて所レ為二買得一実也」とある。これは、文書目録B①のなかに見える、「巨勢中司内方寄進状一通、付木村新左衛門沽券一通、為二法久禅尼逆修一」（傍線筆者）のことを示している。端裏書については左表参照のこと。

表7　洞松寺文書にみえる端裏書

番号	文書名	年号	端裏書
1	庄資冬売券	文安五年九月二十七日	
2	正慶寄進状	文安五年九月二十七日	端裏書「竹井飛州之内方寄進状一通　舟木寄進状　庄上殿ヨリ田之在所せんたの池之下」
3	庄鶴若丸寄進状写	文安六年二月二十二日	
4	水河貞久・貞納売券	文安六年卯月二十一日	端裏書「水河方売券状　十二」追筆「水河方売券状一通」追筆「水河方売券状」
5	竹井玄保寄進状	文安六年卯月二十一日	端裏書「寄進状　十五　竹井飛驒殿入道玄保」
6	水河貞納寄進状	文安六年六月十一日	
7	木村元吉売券	享徳二年六月五日	
8	水河浄宥売券	康正元年十一月晦日	端裏書「水河之井口方売券状　六番」
9	水河貞久貞光売券	康正元年十一月晦日	
10	水河貞久売券	康正元年十二月一日	端裏書「水川方ウリケン　十七」
11	竹井玄保寄進状	康正二年二月七日	
12	庄元資寄進状	康正二年八月二十八日	
13	中司道善寄進状	康正二年十一月十五日	端裏書「寄進状　廿七　巨勢庄藤岡中司法名道善」
14	法久寄進状	康正三年二月十日	端裏書「寄進状　十八　巨勢中書女房法久禅尼」追筆「十八番」
15	竹井玄保寄進状	康正三年五月十八日	端裏書「寄進状　竹井飛驒入道法名玄□」　追筆「十五番」
16	水河貞久売券	長禄二年十二月二十日	
17	水河貞久売券	長禄三年三月二十八日	端裏書「水河帯刀方沽券　七　」　追筆「七番」

18	庄道珍売券	長禄四年臘月十一日	端裏書「庄長屋殿沽券　廿五番」
19	従永寄進状	長禄四年臘月十一日	端裏書「寄進状　従永　廿五番」追筆「廿五番」追筆「廿五番」
20	法久寄進状	寛正元年三月吉日	端裏書「　　」書内寄進状　七番十七」
21	庄道春売券	寛正三年二月十六日	端裏書「庄新若狭殿沽券」　追筆「廿四番」　追筆「三町半」
22	庄則資寄進状	寛正四年十一月十五日	
23	性栄寄進状	寛正四年霜月二十二日	端裏書「洞松寺寄進状　四番　性栄」
24	庄資長売券	応仁二年十月二日	端裏書「進上茂林和尚　藤四郎殿　沽券」　追筆「年貢者当庄舛四斗定也」
25	星原兵衛寄進状	応仁三年卯月八日	
26	庄則資寄進状	文明四年林鐘五日	端裏書「　　」殿　洞勝（ママ）禅寺寄進状　丗四丗五番　庄北則資」 追筆「□木五□」
27	庄元資寄進状	（年欠）	端裏書「上方寄進」　裏書「丗九」
28	庄元資寄進状	文明六年八月二十二日	
29	洞松寺文書目録	文明十三年仲夏十六日	端裏書「祠堂文書目録　霊岳派長通代」
30	洞松寺文書目録	（後欠）	
31	洞松寺文書目録	（後欠）	
32	洞松寺文書目録	（後欠）	
33	洞松寺納所渡状	文亀元年八月朔日	
34	道参寄進状	永正十二年八月十八日	端裏書「祠堂之寄進状　道参」
35	泰州和尚入牌銭之事	永正十三年八朔吉辰	
36	洞松寺祠堂銭寄進状	天文六年南呂一日	端裏書「先暘和尚「　　」」
37	庄四郎元資置文	永禄二年五月十四日	端裏書「檀那庄四郎元資御置文　永禄二己未」
38	洞松寺寺領帳	（永禄頃カ）	
39	洞松寺領坪付	天正五年十二月五日	
40	洞松寺領坪付	天正十九年十一月二十四日	
41	洞松寺領坪付	天正二十年二月十五日	
42	洞松寺領坪付	慶長四年十月六日	
43	洞松寺由緒書		

(17)　文書目録A①の「巨勢中書寄進状　付庄若狭方賣券」にあたる。
(18)　佐藤進一『新版　古文書学入門』法政大学出版局、一九九七年、九五・九六頁。
(19)　この目録試案は、ある一時期に存在したと考えられる寺領構成を示す文書群の目録を、残された断簡の目録から復原したものであるから、これら断簡がもともと一通でありそれが後年一紙ごとに分散したということを示してはいない。あくまでも端裏書の文書番号を基に、目録A①、A②、B①と対応させて作成したものである。
(20)　鏡島元隆「解説」(『曹洞宗全書』曹洞宗全書刊行会、一九七八年)。
(21)　河合泰弘「解説」(『曹洞宗禅語録全書』中世編六、四季社、二〇〇六年)。
(22)　明らかに女性法名である禅尼、大姉、比丘尼、婦女、童女は九〇人を数え、全体の割合が五七％にのぼり男性信者を上回る。
(23)　前掲注(12)で喜山性讃・茂林芝繁・霊嶽洞源の代に寺領集積がおこなわれたことを指摘した。
(24)　中尾堯「関東における氏寺の一考察——世良田長楽寺について——」(『史学論集対外関係と政治文化』「第二　政治文化古代中世編」吉川弘文館、一九七四年)など。氏寺長楽寺については久保田順一「長楽寺建立・再建と新田一族」(『ぐんま史料研究』二二号、二〇〇四年、五九～八二頁。のち久保田『中世前期上野の地域社会』岩田書院、二〇〇九年、所収)の研究史が詳しい。妙興寺については鈴木鋭彦「中世寄進状における「不孝之仁」文言と「氏寺」付記について——伊予国観念寺文書より——」(『愛知学院大学文学部紀要』一六、一九八七年、一七九～一九〇頁)など。これらについては本書第九章参照。
(25)　広瀬前掲注(5)論文。

附論　北高全祝と龍雲寺

はじめに

曹洞宗の地方展開の特質、とくに在家層の受容形態のあり方については、近年の研究動向のなかで解明されつつある分野のひとつといえる。この点については広瀬良弘が研究史を簡潔にまとめている(1)。筆者も、祖師伝や語録といった宗門における教義、すなわち聖教に関わる側面が、寺院に残された寺院経営に関わる文書、とくに壇越や在家などによる寄進状など地域に残された文書類といかに有機的に結びついているかを実証的に考察することが重要と考え、第八章ではこのような観点で海野氏出身の如仲天誾とその法灯を検討した。具体的には寺院経営の台帳である史料としての「文書目録」に開山の葬送儀礼重視の姿勢が反映しており、法語が寺院の土地集積に密接に結びついていたことを論じた(2)。森田真一も、上杉・長尾氏と洞門寺院の関わりを語録と一次史料の突き合わせで論じている(3)。広瀬の述べるように、地域の信仰の受容実態を明らかにする方法として、寺院の聖教など宗教史料と、拠点寺院の有する一次史料としての文書とを関連させて取り上げる方法論は、今後進めていかねばならないものといえる(4)。

信濃国における禅宗研究は、『信濃史料』編纂に玉村竹二が関与したこともあり、県内外の臨済宗関係史料の博捜、未発掘の史料の紹介なども含め格段に進んだ。いっぽうで曹洞宗の体系的な研究については、室町期までの臨済宗寺院のものと比べると少ないと言わざるを得ない。『長野県史』や『信州の寺院』における黒坂周平の叙述は、現在の通史的な理解であると言ってよい。しかし、信濃における曹洞宗寺院の教線拡大の画期には二期認められる。第一の画期が十五世紀中、第二が十六世紀の戦国期であり、前者の背景には南北朝内乱期および大塔合戦期における南朝勢力・反小笠原勢力の檀越としての存在があり、また後者についてはすでに黒坂周平の指摘がある。ただ、「(室町)幕府の衰退に比例して宗勢が衰えをみせる臨済宗に対し、曹洞宗はますますその勢を拡張することが可能となった」であるとか、「臨済宗五山叢林派は、おもに上層の人々を相手にし、また五山派僧侶が詩文などに力を入れすぎた」(5)といった概念的な記述にとどまっており、地域における受容の形態についてはかならずしも明らかになっていない。

また、戦国期の信濃国における曹洞宗寺院の急増については、先学の指摘の通り「戦国大名武田氏が直接曹洞宗寺院の門派本寺から支配し保護」するなど、戦国大名武田氏の曹洞宗保護政策が大きく影響している。この点に異存はないが、戦国大名権力による統制という観点だけでなく、あらたに在家信者たちが曹洞宗の教義をいかにして受け入れていったのか、という「受容」の素地については、かならずしも明らかにはされてこなかったと言ってよい。前章では如仲天誾の法語を検討し、十五世紀の如仲派の教線拡大が在家信者の葬送儀礼受容と関わり深いことを論じた。ここでは前章の附論として、同じ視点で戦国期の宗派改宗の問題を北高全祝の教説との関わりで考察してみたい。

一　戦国大名武田氏と曹洞宗寺院の統制

信濃国佐久郡龍雲寺(佐久市)は、小笠原一族大井氏の菩提寺として存続してきた寺院である。十六世紀はじめごろまでに曹洞宗に改宗したのだが、そのときは天真派であった。戦国大名武田氏との関係が密接となると、信玄は太源派北高全祝を住持に招き、武田領国内の僧録司に任命した。そして、龍雲寺は当該期の武田関係文書を豊富に有しているため、武田氏の宗教統制を如実に示す好個の事例としてしばしば取り上げられてきた(6)。北高全祝が龍雲寺に入寺した経緯については、柴辻俊六(7)、広瀬良弘(8)の研究がある。これらの成果に導かれるとおおよそ次のようにまとめられる。

(1) 龍雲寺は、武田氏と関係が深く、信虎・信玄・勝頼と三代にわたり関わりをもっていること。

(2) 北高全祝は、武田信玄の信濃支配と平行し、永禄八年前後には龍雲寺に入寺したこと。

(3) 伴野・大井・依田・相木など佐久郡域の武田配下となった国衆に対し、武田氏は北高全祝への帰依を約束させたこと。

(4) 北高全祝が信玄の援助を受けて龍雲寺を再興し、さらに武田分国僧録司となり武田領国内の曹洞宗寺院の再編成をおこなったこと。

如上の龍雲寺における北高全祝の歩みは、武田氏の領国支配の動きと軌を一にしていることが明らかである。この点に異論を挟む余地はない。

遠藤廣昭も、龍雲寺のほか貞祥寺・定津院といった佐久郡・小県郡の洞門寺院を例に、武田氏の外護と支配にこれら寺院が順応し、さらに北信の寺院については武田家滅亡後上杉氏の外護と支配に順応したことにより、北信濃における曹洞宗教団の近世初頭の繁栄につながっていった、とみている(9)。

ここで、上記先行研究で扱っていない北信地域の曹洞宗寺院の動きに、寺伝をもとに簡単に触れておきたい。北信地方への曹洞宗の教線拡大は、まず太源派がその端緒であったことは第七章で述べたところである。高井郡真法寺（高山村）は太源派如仲天誾の法嗣不琢玄珪が、間山峠を越えた先の岩松院（小布施町）は不琢の弟子である明室覚証がそれぞれ開山である。いずれも十五世紀中ごろまでの創建伝承を持つ。真言宗寺院だった谷厳寺

（中野市）も、如仲の法嗣喜山性讃の回国伝承を有するように、北信濃における太源派の拠点であり、近世には末寺を複数有する有力寺院であった。

戦国期には、高井郡温泉寺（山ノ内町）・松山寺（中野市）において貞祥寺住持節香徳忠が中興開山となっているが(10)、彼は伴野氏を檀那としている通幻派の高僧である。同じ高井郡の大徳寺（中野市）も、寺伝によれば曹洞宗への改宗開基は武田家家臣春日豊後守とされる(11)。春日氏は水内郡大安寺（長野市）においても天正年間の中興開基として名前が見える(12)。

高井郡興国寺（須坂市）は、もともと明応二年（一四九三）天真派天英祥貞の開基とされているが、武田信玄により龍雲寺住持を改替された桂室清嫩が中興開山となっている。その法嗣高山順京は小県郡信綱寺（上田市）開山、安楽寺（上田市）中興開山となった。大広院（須坂市）は天正六年（一五七八）、興国寺八世を開山とし、大峡但馬守広綱が開基したと伝えている(13)。

このように、北信地方においては、曹洞宗寺院は太源派を端緒としながら、通幻派・天真派の寺院の進出がうかがえる。また、同派内寺院間の住持職の輪住をおこなっていることがうかがえる。これらは、広瀬が元亀元年（一五七〇）の傘連判による新法度作成の分析のなかで(14)、太源派を中心に了庵・天真派の僧侶が武田氏領国の大名権力のもとで、派を超えた宗門の組織的な動きがあったとすることと合致する。また、退廃していた大井氏の慈寿寺とその塔頭を復興させているなど、全祝によって太源門派を拡張する動きも見られる(15)。

二　北高全祝法語と在地社会における曹洞宗の受容

現存する太源派如仲天誾の法語のすべてが火葬による葬送儀礼に関与したことを示す秉炬であり、十五世紀以降、こうした葬送儀礼重視の姿勢が多くの在家信者を獲得していった要因であることを前章において指摘した。

幸い、太源派北高全祝についても、在家信者への秉払が龍雲寺・康国寺（いずれも佐久市）に現存する。全祝は、奥州の出身で、北畠顕家の末裔であった。一五歳で出家、廣碩禅師に師事し、その後各地の老師のもとを訪れ教えを請い修行を重ねた。そして越後国雲洞院の不点禅師に参じ弟子となり、師が永平寺へ転出するや、全祝はその後継となった。そして武田晴信が「師の道誉を欽し、信州龍雲寺を重ねて興」すため全祝に請い中興開山としたという。全祝の語録を引用する伝記文のなかで「龍雲影は落つ玉欄干、即ち今崇く寶坊を建て、法施を闡揚す」と述べ、人々に仏法を説き広めたことにより在家の信者は「万指に充」ちたという(16)。全祝が書き記した仏事法語は、こうした伝記を裏づけるものとして貴重である。ちなみにこれらの史料は『信濃史料』に掲載されているが、先行研究では正面から扱っているものがない。禅宗特有の難解な文書であるが、何点か紹介し検討してみたい。

【史料A】「北高全祝法語」(17)

百骸潰散是従レ縁、一物長堅絶二変遷一、端的《安身》還郷天外路、威青空劫未生先、

夫曰　正安禅門（朱印　印文「仏法僧寶」）

眼光落レ地、照二破大千一、四大分離、身体完全、正安禅門、是末後頭事、即今何処行履、良久云、一片虚明本妙圓、箇中非レ正亦非レ偏

永禄十二年己巳二月吉日

前永平北高老衲書（花押）
（朱印　印文「北高」）（朱印　印文「全祝」）

【史料B】「北高全祝法語」(18)

時節因縁三昧用、星移斗転太空新、家林帰臥長連穏、満眼清光不レ見レ身、

夫曰　浄光禅門（朱印　印文「仏法僧寶」）

転二待山河一、運二出自己家珍一、掀二翻大地一、放二開本源胸襟一、然雖二恁麼一、末後真帰二何処一、擲二火把一云、一輪明月当軒照、玉殿蕭々不レ見レ人、

于時永禄十二年己巳二月吉日

前永平北高衲書（花押）

【史料C】「北高全祝法語」(19)

雪中梅蕚綻、薫徹盡三千、昨夜狂風悪、今朝落坻前、

夫曰　梅窓秀薫禅尼（朱印　印文「仏法僧寶」）

双親還二骨肉一、既是本身全、父母在二何処一、那辺不レ這辺、且道、諸人還秀薫禅尼、相見本来人也否、擲二下火一云、大千倶壊、劫火洞然、

于時天正十四年丙戌七月吉日

前永平北高老衲（花押）（朱印　印文「北高」）（朱印　印文「全祝」）

【史料D】「北高全祝法語」(20)

通玄峰頂是春山、心外法無満日間、□此風流多少景、江頭影落玉欄干、

夫曰　春最禅門（朱印　印文「仏法僧寶」）

妄休寂生、皎月團々、寂生智現、明珠珊々、這个是春最禅門当頭一句子、即今何処行履、抛レ坐良久云、

万仭峰頭独足立、四方八面黒漫々、

于時永禄十二年己巳二月吉日　　前永平北高衲書（花押）

龍雲寺には「仏事秉炬法語」と題する巻子が残される。【史料A】はそのうちの一通で、北高全祝が龍雲寺に入寺したあと、確認される最初の秉払である。永禄十二年（一五六九）、正安禅門の葬送に際して、全祝が七言絶句で故人を追想し、引導したものである。「百骸潰殺してこれ縁に従う」とあり、正安禅門が戦場で活躍した武士であったことをうかがわせる。残念ながら龍雲寺の過去帳でこの人物を特定することはできない。

【史料B】も同様に全祝の七言絶句の香語のあと、故人を引導する法語である。香語には四句に「光」を用い戒名の縁語とした。「擲火把」とあるように、浄光禅門を火葬に付した際の秉炬である。

【史料C】は、北高晩年における女性信者の葬送に関わるもので、戒名の前文には五言絶句による香語が記され、「梅」「薫」字を縁語としている。このように北高は確認されるだけで九通の引導法語を書き残しており、この年の八月まで仏事に携わっていることがわかる。[21] 曹洞宗高僧の伝記を記した『日本洞上聯燈録』によれば「天正十三年、謝事退居于長寿院、丙戌臘月二日説偈曰、迂言妄語満八十年、末期端的孤舟没煙、儼然而逝、寿八十歳」とあり、天正十四年（一五八六）十二月二日に没したことがわかるから、晩年、塔頭寺院長寿院に隠居しながらも仏事をおこなったことが知られる。

佐久郡春日の康国寺にも、北高の引導法語が残されている[22]（【史料D】）。この寺は依田信蕃の居館跡に建てられたもので、長子康国の名前にちなむといわれる龍雲寺の末寺である。龍雲寺第五世が康国の叔父であった関係で、龍雲寺と康国寺は関わりが深かった。全祝が春最禅門の葬送を営んだものであるが、年紀が康国寺創立以前のものであり、もとは龍雲寺にあったものと考える。

佐久郡における北高全祝の法語をまとめたものが表1である。永禄十二年の三件のほか、天正八～九年の勝頼時代には四件、天正十年（一五八二）二月の武田家滅亡後が最も多く一一件確認できる。そしてそのほとんどが

表1　龍雲寺文書・康国寺文書「北高全祝法語」に見る葬送文言

番号	戒　名	キーワード	年　月　日	出典
1	正安禅門	百骸潰殺是従縁	永禄12年2月吉日	龍雲寺文書
2	浄光禅門	擲火把	永禄12年2月吉日	龍雲寺文書
3	春最禅門		永禄12年2月吉日	康国寺文書
4	養泉禅門	擲火把	天正8年雪月吉日	龍雲寺文書
5	戒名不明	擲火	天正9年雪月吉日	龍雲寺文書
6	喜雲怡公庵主	擲火	天正9年10月4日	龍雲寺文書
7	不明	勤耕鋤事、擲下把子	天正9年10月吉日	龍雲寺文書
8	正金禅尼	擲火云	天正9年初冬吉日	龍雲寺文書
9	戒名不明	擲火云	天正10年臘月吉日	龍雲寺文書
10	通安妙圓禅尼	擲下火把子	天正10年	龍雲寺文書
11	森渓貞林禅尼	擲下云	天正10年	龍雲寺文書
12	義窓貞範禅定尼	擲火	天正12年8月吉日	龍雲寺文書
13	石窓貞玖大師	擲下火把	天正13年卯月吉日	龍雲寺文書
14	浄光禅	擲下火	天正14年正月吉日	龍雲寺文書
15	当永妙中禅	擲下	天正14年正月吉日	龍雲寺文書
16	梅窓秀薫禅尼	擲下火	天正14年7月吉日	龍雲寺文書
17	遠窓正久禅尼	擲下火	天正14年7月吉日	龍雲寺文書
18	慶雲久餘禅尼	擲下火	天正14年8月彼岸	龍雲寺文書
19	陽岳永春禅尼	擲下	天正14年	龍雲寺文書
20	堅翁道固禅門	擲火	不明	龍雲寺文書
21	白雲圭性	擲下	不明	龍雲寺文書
22	恵宗妙可禅□(尼カ)	擲下火	不明	龍雲寺文書

火葬に付されている。

供養対象者は二二件中一一名が女性と考えられ、曹洞宗の女性への浸透が如実にうかがえる数字である。また天正九年十月の供養対象者未詳の法語には「勤耕鋤事、学張三禅」「擲下把子」とあり、禅に帰依した農民の存在を想像させる(23)。武田信虎が没した際、太源派の甲斐国大泉寺において全祝は導師を勤めており、武田家領主層の秉払もおこなっているが、佐久地域においては男女階層を問わず、地域社会で広く曹洞宗が受容されていることがうかがえるのである。

小括

武田信玄による曹洞宗保護政策により、武田氏領国内における寺院の曹洞宗改宗が増加したことは先学の指摘するところである。また伊勢国でも戦国時代、北畠氏が太源派寺院を保護することで、伊勢・東海方面での太源派の勢力が増した事例も知られる[24]。教線の拡大が政治的意味合いをもつことは言うまでもない。しかし、もともと室町時代中期、如仲天誾など太源派門派は、葬送儀礼重視の考え方をもとに在家信者の獲得に乗り出し、臨済宗との差別化を図った。これが信濃国における曹洞宗増加のきっかけであったことは前章で指摘した。

そして、太源派の僧の語録を検討することにより、如仲天誾以来の「葬送重視」の姿勢が維持されていることが明らかになった。その結果、領主層だけでなく、下層民や女性といった一般在家信者にも教義が浸透していたのであり、このような在地指向の方向性こそが武田領国内における曹洞宗の爆発的拡大へとつながっていったのではなかろうか。まさに「葬送を行った、あるいは行えたということが、様々な人々に受容されるという結果をもたらした[25]」のである。

前章では洞松寺文書の「文書目録」と如仲天誾の引導法語を用いることにより、太源派寺院の仏事興行の具体相をより具体的に知ることができた。北高全祝の法語については、引用される供養対象者の法名を実名と対応させることが困難だが、火葬に関わる秉炬が多く、対象者が女性を含め多様である点など、前章でみた他地域の様相と重なる部分が少なくない。祖師や中興開山等の語録は一般に聖教として扱われるが、これらを文書等の一次史料と有機的に関連づけることにより、今後歴史史料として活用できる可能性は大きいといえよう。

（1）　広瀬良弘「禅宗史の研究と動向概観」（広瀬編『禅と地域社会』吉川弘文館、二〇〇九年）。
（2）　拙稿「地方曹洞宗寺院の文書目録作成の歴史的意義」（井原今朝男・牛山佳幸編『論集東国信濃の古代中世史』岩田書院、二〇〇八年。改稿して本書第三部第八章に掲載）。
（3）　森田真一「禅宗史料からみた東国の領主――『春日山林泉開山曇英禅師語録』の分析を中心として――」（『群馬県立歴

史博物館紀要』三〇、二〇〇九年）。
（4）広瀬前掲注（1）論文、六頁。
（5）黒坂周平「信濃の禅宗――その伝播と事績」（『信州の仏教寺院』Ⅲ、郷土出版社）。
（6）遠藤廣昭「中世末期の争乱と曹洞宗寺院の動向」（『地方史研究』二〇一、一九八六年）、柴辻俊六「武田信玄の曹洞宗支配と北高禅師」（『佐藤八郎先生頌寿記念論文集刊行会『戦国大名武田氏』名著出版、一九九一年）。広瀬良弘「林下禅林・朝廷・大名」（永原慶二編『中世の発見』吉川弘文館、一九九三年）。
（7）柴辻俊六「武田信玄の曹洞宗支配と北高禅師」（佐藤八郎先生頌寿記念論文集刊行会『戦国大名武田氏』名著出版、一九九一年）。龍雲寺護持会『信濃国岩村田龍雲寺史』（龍雲寺護持会、一九九一年）。
（8）広瀬良弘「林下禅林・朝廷・大名」（永原慶二編『中世の発見』吉川弘文館、一九九三年）。
（9）遠藤前掲注（6）論文。
（10）湯本軍一「宗教と領主層」（『中野市誌』歴史編前編、一九八〇年、三八六～三八七頁）。
（11）同前。
（12）牛山佳幸「大安寺と曹洞宗の進出」（『長野市誌』第二巻歴史編「原始・古代・中世」二〇〇〇年、八二六～八三〇頁）。
（13）湯本軍一「禅宗の発展と在地武士」（『須坂市誌』一九八〇年、一五五～一六二頁）。
（14）前掲注（7）『龍雲寺史』第二章四。広瀬前掲注（8）論文、三二四頁。
（15）天正四年（一五七六）二月二十四日「武田勝頼定書」（『信濃史料』巻一四、一四一・一四二頁。以下『信史』と略記）。
慈寿寺は佐久市落合にあった寺院で大井氏ゆかりの寺院である。
（16）『日本洞上聯燈録』。
（17）「龍雲寺文書」（『信史』巻一三、二八六～二八七頁）。
（18）「龍雲寺文書」（『信史』巻一三、二八八～二八九頁）。
（19）「龍雲寺文書」（『信史』巻一六、四三七～四三八頁）。
（20）「康国寺文書」（『信史』巻一三、二八九～二九〇頁）。
（21）天正十四年（一五八六）八月「北高全祝法語」（『信史』巻一六、四三八頁）。

(22)「康国寺」(宮下成夫住職執筆『写真集　曹洞宗』グリーン美術出版、二〇〇三年)。『望月町誌』第四巻近世編、一九九七年。
(23)「龍雲寺文書」(『信史』巻一五、四六頁)。
(24)竹内堅丈「曹洞宗展開の一考察――北畠氏と太源派を中心として――」(『印度学仏教学研究』三九―一、一九九一年、二三一～二三三頁)。
(25)伊藤良久「中世曹洞宗禅語録に見る葬送儀礼――葬儀・追善供養・逆修の法語から――」(『宗学研究』五〇、二〇〇八年、一〇五～一一〇頁)。

第九章　中世後期臨済宗寺院にみる土地集積と文書目録の作成
――「臨照山記録西岸寺規式」の文書目録を中心に――

はじめに

「文書目録」の重要性についてはすでに富澤清人の指摘(1)がある。ここで「文書目録」とは「文書タイトルを記したもの一般」を指す。富澤は、一つの史料群（とくに個別荘園文書）のなかで、「史料の残存（保存）のされ方自体に、歴史的所産として」注目する必要を説き、「文書目録」はそうした史料残存の意味や、すでに現存しない史料の意味を問う格好の題材であるとした。

文書目録の機能論的分析をおこなった嚆矢である富澤の研究、網野善彦・上島有の「東寺百合文書」中の目録に対する言及(2)、近年の記録保存に関する諸論考(3)を除けば、文書目録に関する先行研究は意外に少ないが、田良島哲がその形態を様式や機能等から類型化している(4)。

田良島によれば、文書目録の記述形態としてA「員数＋名称」、またはB「名称＋員数」のいわゆる基本形態、さらに情報を加味し精密化されるなかでC「員数＋名称＋年月日」、D「名称＋員数＋年月日」、E「員数＋年月日＋名称」、F「年月日＋名称＋員数」が派生してくるという。ただし行論中で述べられているように、田良島の考察の対象は中世前期の事例であり、寺院文書を中心に目録が増加する後期については検討外である。

本章では、南北朝から室町時代以降の中世後期における文書目録の一例として、伊那郡西岸寺（長野県上伊那郡飯島町）に伝わる「臨照山記録西岸寺規式」（以後「規式」と呼称する）を取り上げ、地方禅宗寺院における文書目録作成のあり方を考えてみたい。信濃国内に残存する中世の文書目録は西岸寺のみなので、当該期における他国の諸寺院の事例も比較検討の対象とする。文書目録を検討の対象とすることは、富澤が述べるように、伝来しない「消失した」文書の姿を復元することになり、また、群として把握されるべき一連の文書群の成立過程の様相を想定することが可能になると考えるのである。

一　臨済宗西岸寺の伝来史料

臨照山西岸寺は、上伊那郡の南端天竜川西岸の河岸段丘上にある現在臨済宗妙心寺派の古刹である。「規式」[5]によると、弘長元年（一二六一）渡来僧蘭渓道隆（大覚禅師）によって開かれ、もとは臨済宗大覚派の寺院であった。しかし、鎌倉末以降寺勢が衰えたらしく、記録類には関連記述は見えない。第六世大徹至鈍の代になり、寺院復興の動きが顕著になり、応安六年（一三七三）室町幕府の官寺制度のなかで諸山として位置づけられた。叢林派寺院西岸寺の誕生である。室町幕府の官寺制度は、鎌倉期の五山十刹制度を積極的に受容していくなかで、制度自体が形骸化していくことはよく知られている[6]。官寺は、あらゆる門派から住持を求めなければならない建前（十方門派制度）になっていた。しかし、例えば同じ伊那郡の開善寺は、はじめ諸山に、のちに十刹に序せられているのだが、開山である清拙正澄（大鑑禅師）の法統（大鑑派）のみが住持として優遇されていたのに対し[7]、西岸寺の場合は、十方門派制度が遵守され、禅宗寺院の清規が生きていた。

寺院の歴史的な役割を考える場合、その宗教的機能面とともに社会経済的な機能面を同時に考えねばならない[8]。地域における寺院の社会経済的機能を支える主体は、在地有力武士層（檀越）である。西岸寺は、「記録」の袖判によっても明らかなように飯嶋一族によって外護されていた。飯嶋氏は、南信濃に拠点を置く片切氏の支族である。のちに述べるように、「文書目録」からはこの飯嶋一族による土地寄進の様子がうかがえる。おそらく西岸寺が飯嶋一族の氏寺として位置づけられていたものと思われる。

西岸寺は上伊那郡飯島町本郷地籍にある。飯嶋氏の「本城」に隣接しており、小字は「大手」「城」に接している(9)。天正十年（一五八二）、織田信忠軍が伊那に侵攻した際、本城とともに西岸寺の七堂伽藍も、弁天堂と水月庵を残して焼失したという。おそらく西岸寺自体が飯嶋氏の城郭施設と一体化した存在であったのであろう。

このように戦災にあった西岸寺においては、中世にさかのぼる古文書の類はほとんど現存していない。そのなかで中世史料として残るのは、「第十世瑤林正玖西岸寺京城諸山疏」と「規式」の二点である。

本章の目的は文書目録の検討であるため、前者については直接の検討を省略し、行論の都合上、玉村竹二の研究(10)に即して、その性格について簡単に触れておく。

西岸寺は諸山であるから、住持の任命は将軍による御教書など幕命によらなければならない。任期も三年二夏（満二年）と決められている。御教書は蔭凉軒に送られるが、その際、公帖と呼ばれる辞令を交付され、新住持は直ちに任寺へ入院することになる。赴任に際し、同宗派の同格寺院の住持から祝辞などの寄書を揮毫してもらったものが入寺疏である。鎌倉寿福寺の前板（前堂首座）であった瑤林正玖が、文正元年（一四六六）、伊那へ赴くに際して、京都五山など同格一四カ寺の住持の寄書を得たのが「第十世瑤林正玖西岸寺京城諸山疏」である(11)。これが西岸寺に現存するということは、すなわち、実際に住持がこの地に赴任したということである。先に述べたように、中世後期にもなると、五山十刹制度がなかば形骸化していき、公帖を発行されながら、実際には任地に赴かない坐公文と呼ばれる風潮が叢林派の中に横行していた。こういった実態を見ても、清規を遵守していた当時の西岸寺の様子がうかがえる。

「規式」については、「文書目録」の検討から信濃における鎌倉幕府の買得安堵政策の実態を推測、また「規式」における寺院用途に関わる記述から無尽銭など寺院経済の全体像を復元した一連の寶月圭吾の研究があり[12]、『長野県史』通史編、『飯島町誌』でも、「文書目録」の記載から西岸寺の散在寺領について考察している[13]。しかしこれらの研究のなかでは「規式」、とくに「文書目録」がなぜ作成されたか、という視点が欠落している。『信濃史料』編纂時に、「規式」は疑いのある文書とされ、寶月もこれを「案文」とした。そのため、内容は同時代の実態を反映しているが、作成年代は後世であるとする現在の評価がある。その根拠は、「規式」自体が変則的に成巻されている点にある。

「規式」は巻子装で、六二一・五センチの長巻である（図1）。その構成は以下の通りである。

(1)　前書　開山から諸山列位までの経過を記録し、諸条規作成の意義を述べる。

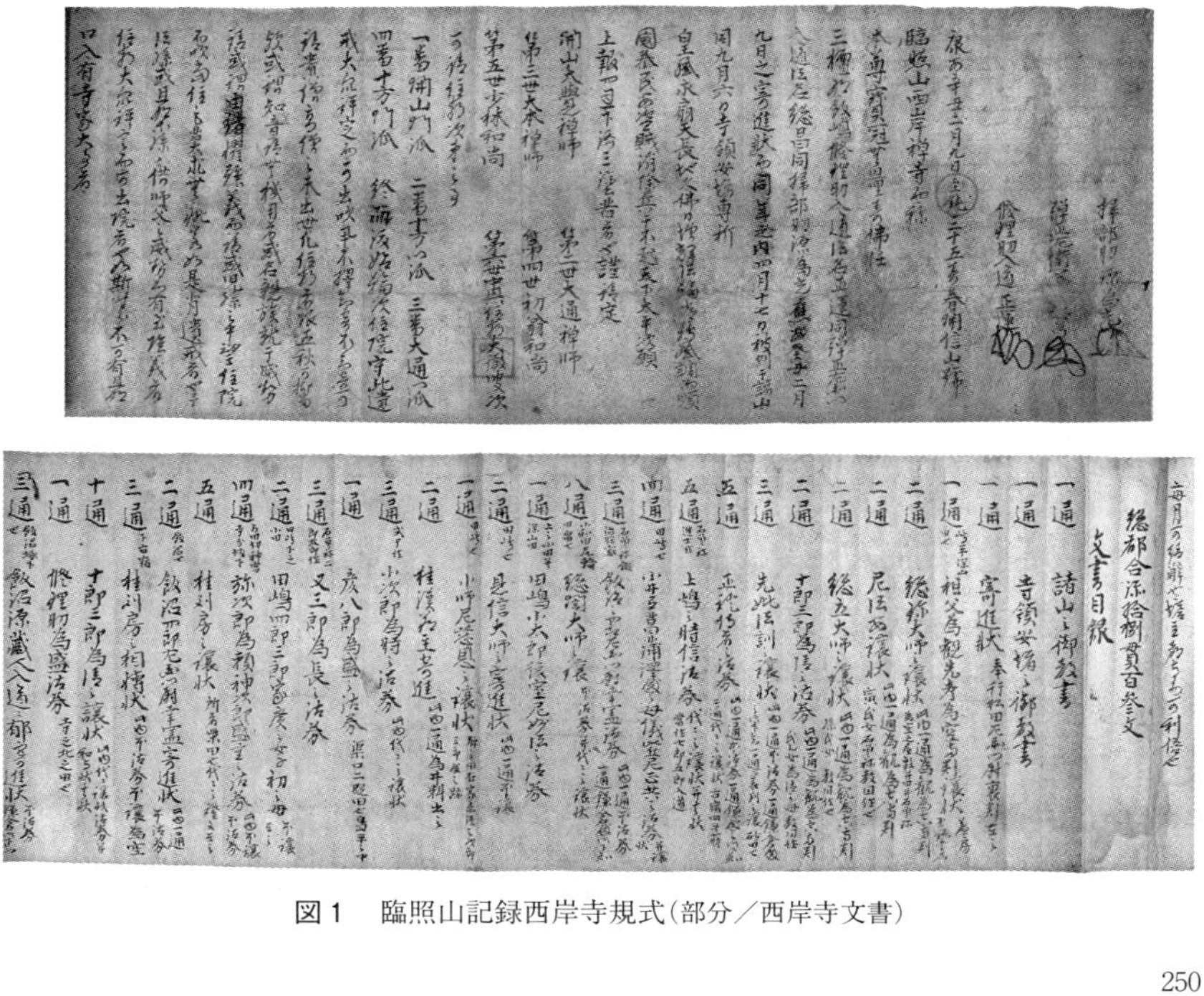

図1　臨照山記録西岸寺規式（部分／西岸寺文書）

(2)「可レ請二住持一次第之事」　輪番制や年限、叙任資格などの条規。

(3)「庵職之事」　禅僧の戒律十一箇条を定める。

(4)「当山毎日勤行之事」　禅僧の一日の日課・勤行の内容・勤行ごとの教典の種類などを定める。また用途費用について詳述する。

(5)「文書目録」　西岸寺が集積した土地に関わる手継文書を列挙する。

疑文書または案文とされる根拠のひとつに、(4)と(5)の間に補入されている料紙がある。補入された箇所には「総都合柒拾捌貫百参文　文書目録」と二行で記される。この料紙は約五センチと極端に短く、料紙の形質が明らかに前後と異なるため、『信濃史料』では「コノ紙継目疑フベシ」「料紙モ新シ」と指摘している。しかし、この料紙の前後はどうであろうか。料紙はまったく同質の楮紙で、字体・書風も似ており、同一人物の手になる同時代のものと考えるべきである。

裏打された本紙の継目には、裏花押が据えられている。継目裏花押については『信濃史料』『飯島町誌』ともに言及がない。この裏花押は、筆致、様態ともに本紙上に据えられた大徹至鈍の花押と酷似しており、彼の花押と判断すべきである。したがって、文書全体について考えれば、至鈍の代には(1)から(5)の「規式」が完成していたことになる。「規式」には大徹至鈍の朱印・花押があり、西岸寺が彼と外護檀那衆（飯嶋氏）の合力で応安六年（一三七三）に中興再建されたとあるので、その後にこの規式が書かれたことになる。いっぽう、「文書目録」の日下に「住山中興大徹叟」と記し至鈍が花押を据え、さらに朱印（印文「至鈍」）を押印したのは永和二年（一三七六）である。その記述に続いて永和三年（一三七七）八月五日に堅瑛藍田が「住持堅瑛」と署名し朱印（印文「堅瑛」）を捺し、七通の寄進関係文書を記している。この両者はともに西岸寺住持であるが、「住山」と「住持」と書き分けていることから、至鈍が前住持であり堅瑛が現住持であったのだろう。

さらに推測を重ねれば、(4)の左端と(5)の右端の上から貼り付ける形で継いだ料紙の継ぎ方から見れば、「規式」と「文書目録」と別々に作成したものを一つに成巻したものと考えられる。その際に継目に至鈍の裏花押が付された。ともに寺院の成立・基盤に関わる根本文書である。寺院にとって特定の意味のある根本文書を別々に保管するのでなく、意味ごとに一つにまとめ上げる有効な方法としてこのように成巻したと考えられる。やや稚拙な形態という感もないわけではないが、内容は応安から永和年間までの時期の成立と考えてよいと思われる。

二　西岸寺と在地社会

「文書目録」ではその題に続き、以下のように文書名が記されていく。

一通　諸山之御教書
一通　寺領安堵之御教書
一通　寄進状奉行松田左衛門尉裏判在ㇾ之
（以下略）

この三通は過去に存在した西岸寺文書群のなかでも、最も重要視されるべき三通であった。「諸山之御教書」は、西岸寺が室町幕府の官寺体制の末端である「諸山（甲刹）」に組み込まれたことを示す文書である。「規式」によれば、これが応安六年（一三七三）四月十七日のことである。文書の具体像を考えるうえでは、同時期に諸山に列せられた伊予国善応寺の御教書が参考になろう。

【史料A】「足利義詮御判御教書案」[14]

伊予国善応寺事、任㆓河野対馬入道善恵（通盛）申請旨㆒、
可ㇾ為㆓諸山列㆒之状如ㇾ件、

貞治三年五月三日　　　　　　　　　　義詮（足利）御判

当寺長老

善応寺は愛媛県北条市にある臨済宗聖一派寺院で、河野通盛（法名善恵）によって開かれた。これによれば、貞治三年（一三六四）、善恵の申請を受けて、二代将軍義詮が善応寺を諸山に列したことになる。形式も日下署判の御判御教書で将軍の直状形式であるから、形式としては尊大である。南北朝期には寺社宛の命令としてこの形式が多用されたことがわかっている(15)。また、今枝愛真によれば、十刹同様諸山認定の手続きには将軍の御判御教書の形式をとるものが多かった(16)。そうすると「西岸寺文書」目録中の「諸山之御教書」も、このような将軍直状形式の御教書であったのだろう。

善恵の申請はどのような形式でおこなわれたのだろうか。それを直接示す史料はないが、この御教書が下される直前の善恵の動きからある程度推測できる。善恵は、所有する地頭職得分権などを善応寺へ貞治二〜三年（一三六三〜六四）にかけて集中して寄進している。安堵の前年の貞治二年には「為二善恵之旧領一、専一安堵御下文令二拝領一之間、永代所レ奉レ寄二付當寺一也」と、旧領安堵をされた得分地を、あらためて永代寄進（新寄進）しているが、これなどは所領安堵と寄進が一体となったものである。この所領安堵した主体はおそらく将軍義詮であろう(17)。

こうした善恵の動きのなかで興味深い文書がある。

【史料B】「善恵地頭職寄進状案」

（端裏書）「御寄進状案貞治二四月十六（異筆）「善恵」」

奉寄進

（事書中略）

右以二件地一、為二天長地久家門繁栄一、所レ奉レ寄二付当寺一也者、
守二先例一一円不輸可レ有二進一退領一知之一、仍為二後生一奉二寄進一之状如レ件、

貞治貳年四月十六日

沙弥善恵（河野通盛）　在判

善恵が伊予国温泉郡内湯山など四カ所の地頭職得分権を善応寺へ寄付したことを示す寄進状の案文である。先に述べた貞治二～三年にかけて善恵がおこなった寄進行為を示す文書は四通ある。その一連の寄進状のなかで、唯一、正文でなく案文として寺院に残ったのがこの文書である。これは何を意味するのだろうか。一つの可能性として、正文は、寄進を受けた寺院が新領安堵の手続きのときに幕府へともに送付されたのではなかったか。そのために正文の手控えとして案文が作成され手元に保管される。仮にそうであるとすると、送付されたものはこれだけではなかったのであろう。申請を受けた幕府は、その旨の真偽を審査することになる。その結果、偽りなければ提出された書類に奉行人の裏判を据え、送付される。不必要な案文は廃棄された。案文が残っているのは何らかの理由で正文を紛失してしまったのであろうか。

話を西岸寺の目録に戻せば、「文書目録」の先頭に掲げられた三通の根本文書は、まさに、この善応寺の事例と合致するのではないだろうか。寺領安堵の御教書が出され、また飯嶋氏の西岸寺への寄進状が提出される。その寄進状の裏には「奉行松田左衛門尉裏判」が据えられ、公式にその寄進行為の正当性が確認されたことになる。松田左衛門尉は、当該期の室町幕府奉行人奉書のなかから該当者を求めれば、松田左衛門尉貞秀に比定することができる[18]。なお寶月圭吾はこの松田貞秀の裏判のある寄進状は「幕府による寄進」であるとする[19]。しかし、そうであれば、他の「御下知」などのように「御寄進状」と文書名が付されるのが自然である。むしろ「規式」に現れる三檀那飯嶋氏（総昌・為盛・為光）の応安癸丑（六）年（一三七三）二月九日の寄進状と考えるべきであろう。

おそらく飯嶋氏にあっても、西岸寺を諸山にするために幕府へみずから寺格の「申請」をし、覆勘を経て室町幕府奉行人松田貞秀によって裏封されたものと考えられよう。こうした活動により、同年四月十七日諸山に列せられた。したがって、寄進状作成と申請、そして幕府の覆勘と諸山認可は短期間のなかでおこなわれたことになり、寄進状作成は諸山認可のためにおこなわれたものであったといえる。

それでは次に西岸寺に寄せられた土地関係の文書目録の一部を見ながら、三通の根本文書以外の形態（様式）を検討しよう。

一通　嶋平深山田也　祖父為観・先考為空両判譲状　益房至鈍童名
二通　総珎大師之譲状　此内一通為観、為空両判、為空之屋敷田并石曽禰
二通　尼法安譲状　此内一通為観、為空両判、寅氏女石曽禰教円作也
二通　総立大師之譲状　此内一通為観、為空両判、孫氏女教円作也
二通　十郎三郎為清之沽券　此内一通為観、為空両判、氏乙女為清之母教円作也
三通　先妣法訓之譲状　此内一通本沽券、一通鎌倉殿之御下知、一通裏判之譲、砂田也
五通　正証侍者之沽券　此内一通本沽券、一通鎌殿御下知、二通代、之譲状、古宿四斗蒔

（以下略）

「文書目録」の基本的な書き方は①文書員数、②文書名、③文書構成内容となっている。①員数と②文書名の間に該当物件の所在を示す情報が割注で挿入されている場合もある。これは田良島の類型によれば基本形態のA型を踏襲しているといえる。③の内容説明の割注には員数の構成について、作人の注記、地名などの情報が付されている。寄進された年号は付されていない。次のような記述もある。

三通　石曽禰鍛冶在家、　飯治（沼カ）之四郎左衛門尉幸憲沽券　此内一通本沽券　一通鎌倉殿御下知

この情報をもとに、「三通」を時期の早い順に並べてみると、①該当地の本沽券、②鎌倉幕府による「買得安堵下知状」、③飯沼幸憲の沽券、ということになろう。本沽券とは、本券ともいい、現在の手継のなかで土地の所有権の移動に関わる当初の根本証文である。文書目録に記された情報から推定すれば、某氏から飯沼氏が買得した土地を、後年になって西岸寺へ売却した。これが飯治（沼）幸憲であった。むろん目録が作成される以前に散逸した文書もあったかもしれない。なお飯沼氏の買得を幕府が安堵したことを示すものが「一通　鎌倉殿御下知」であろう。鎌倉幕府の御家人政策の一環として、集積所領の認定作業がおこなわれたことはよく知られている。[20]目録の記述はその政策が信濃国にも及んでいたことを示す痕跡といえる。こうした買得安堵が確認できるのは、西岸寺に関わるものについては四件ある。飯沼のほかは飯嶋一族の所領に対する安堵であることから、鎌倉期の飯沼・飯嶋氏は御家人として幕府に把握されていたことになる。[21]この石曽禰鍛治在家に関わる土地証文がこの三通であったとするなら、本沽券における買得人が幸憲ということになり、西岸寺への売却は鎌倉期を下らないことになる。

なおこの目録には、「一通　飯嶋彦八郎入道道曇之沽券屋敷」というように合点が付されている箇所がある。目録に記された文書を後に校合した際、その時点で紛失していたものを記したのだろうか。

さて西岸寺へ土地を売却ないしは寄進している人々はどのような階層であろうか。その特質について簡単に述べておきたい。実名のわかっているもので、名字の地などその在所の推定できるものを挙げておこう（表1）。

ここでまず断っておかねばならないのは、西岸寺へ売却もしくは寄進された実態は土地そのものではなく、上分と称される得分権であったことである。南北朝期は職の分化が顕著になり、売買の実体も土地収益（上分）の収益権となっていくことが知られている。[22]したがって、西岸寺寺領は最も簡略に述べれば、「西岸寺─在地武士─作人」という重層構造で構成され、実質的には在地武士が進退していると考えられる。このうち飯嶋氏は鎌倉幕府より買得安堵の対象であった御家人であるが、このほか、飯沼氏の手継にも「鎌倉殿御下知状」が含まれており、鎌倉期は同様に御家人であった。

南北朝時代の伊那谷では、小笠原氏を中心にした武家方と、南信濃へたびたび遷座した宗良親王を中心とした宮方（南朝勢）との先鋭的な対立があった[23]。天竜川左岸が宮方の勢力範囲、右岸が小笠原氏を中心とした武家方勢力範囲と、天竜川を境に明瞭な対立構図が見て取れる[24]。そして飯沼氏は「大塔軍記」では、守護勢として六郎の名前が見え、大塔合戦当時の応永七年（一四〇〇）にあっても小笠原方として活動していることがわかる。飯

表1　「文書目録」に見える在地武士名と名字の地

名字	現在地	官途名・法名・尼号など
飯嶋	飯島町	総弥大姉・尼法安・総立大姉・十郎三郎為清・為観・為空・法訓・総聞・小次郎為時・彦八郎為盛・又三郎為長・弥次郎為頼・修理助為盛・弾正左衛門尉為高・尼法勝・弾正左衛門尉入道法名総昌・修理助入道法名正運・掃部助為光・次郎三郎入道宗貞・弘観・弥三郎入道女子尼法玉(柿木平尼法玉)・彦八郎入道道曇・弥三郎入道・掃部入道為源
飯沼	中川村	四郎左衛門尉幸憲・飯沼源蔵入道道郁
上嶋	伊那市カ	時信
小和田	中川村	五郎次郎通綱・与三清綱・五郎次郎入道全久・小五郎為通
小井弖	伊那市	菖蒲沢殿之母(比丘尼正共)[25]
田切	飯島町	神五郎為茂
住吉	(不明)	彦四郎
名子	松川町	美作守茂幸・又四郎殿女子・孫八(カシ原孫八)・弥三郎殿女子
片切	中川村	掃部入道道乗・彦大郎入道
田嶋	中川村	四郎三郎家広・小太郎後室尼妙法
中村	中川村	十郎長景・源蔵人為盛・亮太郎盛綱・中村滝渡夜籠
赤須	駒ヶ根市	赤須之次郎三郎殿之跡

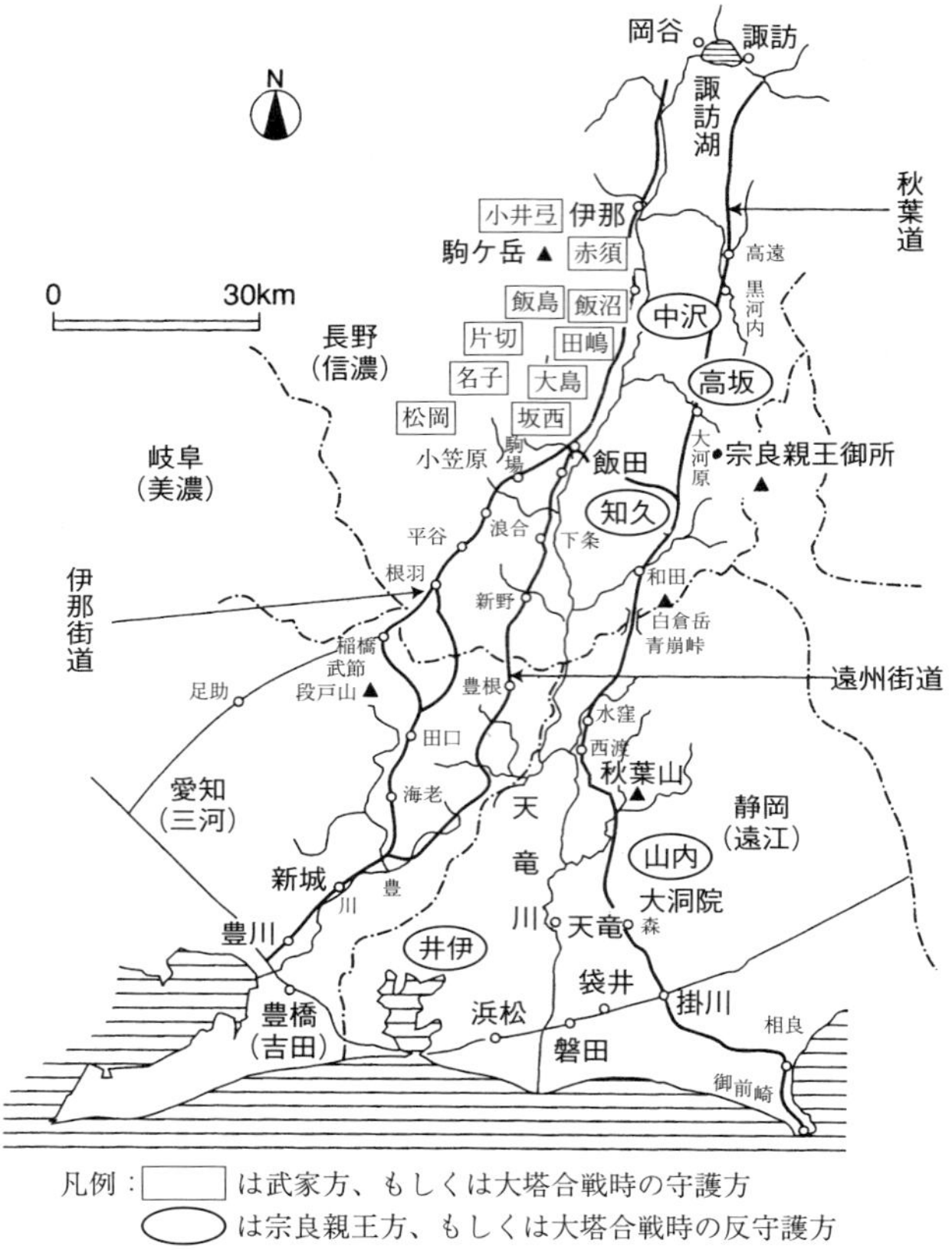

図２　南北朝期天竜川流域の武士団

注：長野県立歴史館2000年秋季企画展『歴史の宝庫秋葉みち』22頁より作成。
地名比定は『飯島町誌』をもとにした。

嶋・田嶋・田切・赤須・名子氏ら片切諸支族も同様であった。小井弖氏も含めこれらの武士団を「郷戸人々」と呼んでいた(26)。郷戸《ごうこ》とは「郡戸《ごうこ》」である。『吾妻鏡』文治二年（一一八六）三月十二日条「乃貢未済庄々注文」には近衛家領として郡戸荘が現れる。同年六月九日条には「春近并郡戸庄年貢事」(27)とあり、これがすなわち伊那春近と伊那郡戸であるか検討を要するところだが、のちの「大塔軍記」では赤沢但馬守以下八名の武士を「春近人々」と総称し、その直後に「郡戸人々」を書き上げていることから、ともに中世前期における荘園公領体制の地域的な領域名称が、南北朝末期の地域武士を把握する概念として遺存していたことがわかる。

図2を見ると、西岸寺へ土地集積をおこなった武士たちが、天竜川右岸地域に基盤を置いた「郡戸人々」であったことが歴然である。これは臨済宗西岸寺が小笠原氏を支持する在地武士によって後援されていたことを示す。同時期の信濃では、曹洞宗寺院の開創が、観応の擾乱以後は南朝方、続く室町時代以降は反小笠原氏勢力によって担われた事実[28]を考えると、まことに興味深く思われる。

さて、この目録に現れた人物による寄進はいったいいつごろおこなわれたのだろうか。「文書目録」に現れる氏族のなかで圧倒的に多いのが飯嶋氏である。そこで、飯嶋一族を取り上げることで、西岸寺への土地集積にどのような傾向があるのかを探ることにしたい。「飯嶋家系図」により、飯嶋氏のなかで土地集積に関わった人物の関係を見ておこう（図３）[29]。

（1）三檀那

「規式」には為高（弾正左衛門入道総昌）・為盛（修理助入道正運）・為光（掃部入道為源）の花押があり、「規式」作成の主体であることは言うまでもない。系図で確認すると、惣領家は第七代為光の流れであり、為高・為盛は庶子家である。三名の連署も、為光が冒頭に署名している。

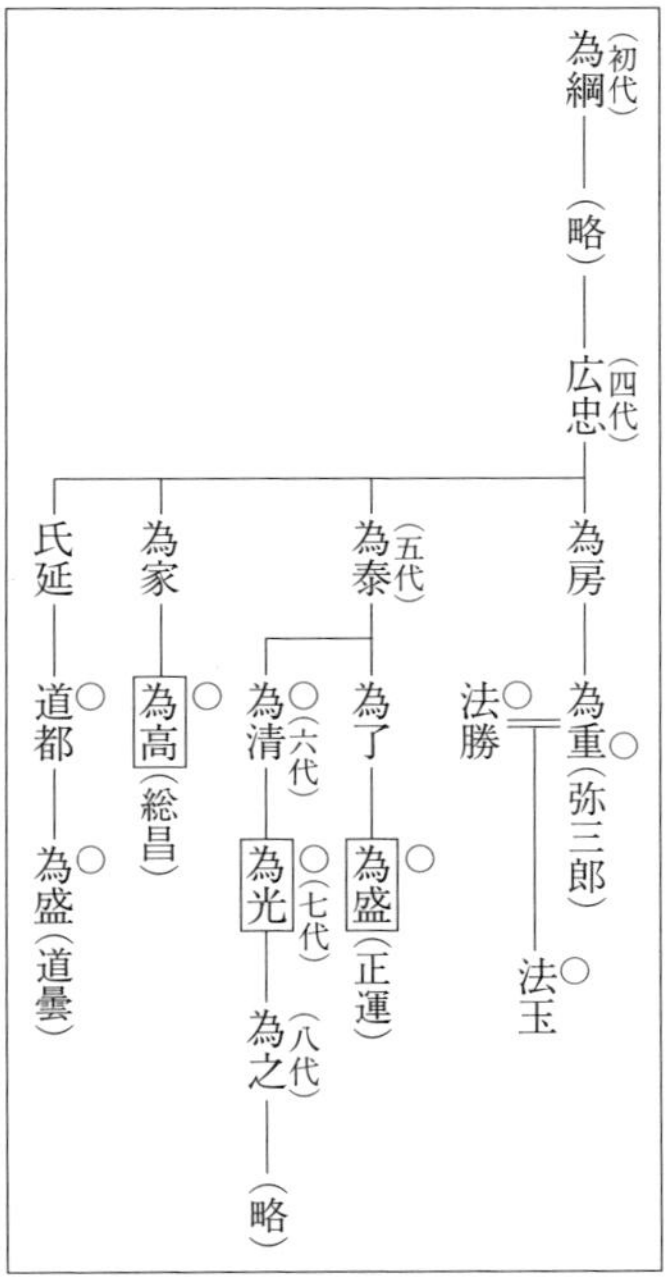

図３　飯嶋氏略系図

（2）第六代為清

為清は為光の父にあたる。「文書目録」では彼の二件の手継が見える。一件は沽券で、「為観・為空両判」のある譲状が連券として添えられている。為は飯嶋氏の通字であるので、為観・為空両者とも飯嶋一族と推定される。別の譲状には「祖父為観、先考為空」（傍点筆者）とあり、「文書目録」の先の根本文書三通の次に記載される重要文書であるという点を勘案して、為観は為清の祖父四代広忠、為空は亡父五代為泰それぞれの法名と考えたい。

（3）為盛（彦八郎入道道曇）

同名で為盛（修理助）がいるが、『飯島町誌』では同一人と推定している。修理助は入道して正運を名乗り、「飯嶋家系図」も別人として二名現れることから、ここでは別人と考えたい。五代為泰の弟氏延の孫にあたる庶子である。道曇関係の手継文書は三件確認できる。

（4）道郁

「飯嶋家系図」によれば飯嶋氏庶流に道都が見える。「文書目録」には飯沼氏の一族に源蔵人入道道郁がいる。「道」の諱の通字や、後世に系図を作成する際、「郁」を「都」と誤写することもあり得ることを勘案すれば飯沼氏が飯嶋庶流であり、両者が同一人物であることになるが、ここではその可能性を指摘するにとどめたい。

（5）為重

弥三郎入道の後室法勝、女子法玉の沽券がそれぞれ記載されている。弥三郎は為重にあたり、五代為泰の甥である。

最後に、「文書目録」に記載される飯嶋一族について、その活動した時代を推測すると次のようなことがいえよう。

(1)　七代為光が惣領として中心にあり、後見的な立場の庶子家為高・為盛がいたと思われる。「規式」には応安六年（一三七三）に三檀那の寄進状が作成され、その後諸山へ列せられたと記述されている。「規式」の成立はそれ以降になる。

(2) 飯嶋氏に関する限り、西岸寺に得分権を寄進ないしは売却したのは、この三檀那とほぼ同時代に活動していた人々である。したがって、ある一定の期間に西岸寺への土地集積が飯嶋一族によって集中的におこなわれたものと考えることができる。

(3) 「文書目録」には飯嶋氏などによる土地買得・被譲与と西岸寺への寄進に関わる文書名が記されている。「飯嶋家系図」を見ると、「文書目録」に現れる飯嶋氏の活躍した時期は「規式」の作成されたころと概ね一致している。為光より下の世代に比定される者はいないため、「規式」の内容が反映している応安年間から永和年間、至鈍の花押が確認できる永和二年（一三七六）までに、飯嶋氏による西岸寺への土地集積がおこなわれたと考えられる。

三　寺院の土地集積と目録の作成

近年、「目録」の作成については資料保存の視点から論考がいくつか著されている。しかし、歴史史料としての「目録」を取り上げた論考は多くない。これは目録自体があまりに多様であり、それらを様式論的に述べることが困難であったことを示している。しかし、例えば鎌倉時代に成立した雛形文例集「雑筆要集」にも「目録」の項目が見え、一定程度の形式をもっていたことは言うまでもない[30]。また、どのような契機で目録が作成されるのかも検討課題である。

個別文書群全体のなかで、「目録」がもちつづけ、あるいは失ってしまった意味を逐一追っていくことが、「目録」そのものの歴史的機能を解明する前提となるものと考える。手継として伝えられてきた文書群の歴史的文脈のなかで、「文書目録」の果たしてきた役割とはいったい何なのか。単に「所有文書の書上書類」と言ってしまってよいのだろうか。本節では、「西岸寺文書目録」の問題からいったん離れ、信濃国以外の臨済宗寺院に残る同時期の「目録」を扱いながら、その機能をあらためて考えてみたいと思う。

（1）上野国長楽寺と土地集積

上野国長楽寺（群馬県新田郡尾島町）は、新田氏一族の世良田義季が、臨済宗開祖栄西の高弟栄朝を招いて、それまであった持仏堂を発展させて開いた古刹である。以来、世良田氏の氏寺として機能した。鎌倉末期正和年中（一三一二～一七）に火災により灰燼に帰したが、(31)その直後、世良田満義ら檀那と有徳人大谷道海一族が「売寄進」という手段により集中的に土地を集積し、元徳四年（一三三二）までに寺院の復興を成した。(32)この直後には十刹第七位に列せられ、(33)観応三年（一三五二）三月十一日には「寺領目録」が作成されている。

【史料C】「長楽寺寺領目録」(34)

（尊氏）
（花押）

新田庄世良田長楽寺領目録

同庄内女塚　開山檀那新田次郎義季 法名栄勇　寛元四 十二 十五

同庄内小角郷内畠二町一段　世良田弥次郎満義　元徳二 卯月 廿二

同庄内小角郷内畠二町五段　同　元徳二　十　二　寄進

（中略）

右於㆓彼所々㆒、賜㆓安堵御判㆒為㆑全㆓知行㆒、恐々言上如㆑件、

観応三年三月十一日

これは「安堵の御判を賜はり知行を全」うさせるため、すなわち将軍尊氏から寺領安堵を得るために寺院が上申した「寺領目録」であるが、実質的には寺へ寄せられた寄進状・売券を書き上げた「文書目録」といえるもの

である。形態は①所領、②地積、③前所有者、④年号である。ここに記載された所領には、大谷道海とその娘由良氏妻、そして世良田氏による売寄進で集積された所領も含まれている。

延文四年（一三五九）には世良田義政が売寄進し寺領の集積がおこなわれ(35)、貞治四年（一三六五）には住持了宗による「寺領目録」が作成された(36)。そのなかに、

一所　後閑三木村内（延文四年四月十日 地頭義政寄進）　買領主道行奉ㇾ進也

と記されている。前述の観応三年の「目録」に記載された物件にその後あらたに加えられた寺領が書き上げられた。文書本文末には「此外、不知行所々雖ㇾ在ㇾ之、非二当用之文書一之間、不ㇾ給ㇾ註ㇾ之焉」とあり、観応の目録同様注文として上申したものであった。この間、延文三年（一三五八）には十刹第五位に列せられている。こうした土地の集積のなかで掲げられたのが「氏寺」というオーソリティであった(37)。世良田一族が土地を寄進するにあたって、みずから氏寺復興の論理を掲げたことは知られている。それが寺格の向上・寺勢の拡大をもたらした。「文書目録」はこうした長楽寺をとりまく人々の寺領集積活動の文脈に密接に結びついているということができよう。

(2)伊予国観念寺と土地集積

観念寺は伊予国越智郡（愛媛県東予市）にある。もと時宗寺院であったが、鎌倉末期に臨済宗に改められた(38)。中興開山は円爾の法統である聖一派の鉄牛継印である。現在、観念寺には一一一通の文書が伝えられている。そのうちの約半数が、在地武士であった越智（新居）氏による土地寄進状であった。またそのほとんどが建武二年（一三三五）以降の南北朝期に集中している。諸山に列せられたのも南北朝期である(39)。

康永三年（一三四四）越智一族連署寄進状(40)によれば「於ㇾ令二仏閣破壊一、六時退転」であったので「専改二禅院一

為二氏寺一」し田畠などを鉄牛和尚に「重寄進」した、とある。鉄牛の「一力」によって、無事寺院が復興され、一〇年のうちに「氏寺繁盛」この上なく、氏人は大いに歓喜の思いをなしたという。三五名の一族が名を連ねたこの寄進状は、正式には「重寄進状」である。重寄進は、しばしば「新寄進」とも呼ばれるが、すでに寄進されている物件について、あらためて寄進しなおすということである。したがって、寄進状自体には、実態はなく、むしろ強調の意味合いが強い。しばしば領主の代替りに見られるが、この場合、禅宗へ転宗したことを契機に一族結束して「氏寺」を盛り立てる意味合いがあったのだろう。

貞和四年（一三四八）「鉄牛継印置文」によればこの間の鉄牛の活動が知られる。「振二起十方檀那之化力一、所レ令二寄進一之田地幷買得下地二千余町、皆是余教化方便之力也」と彼に語らせているのは、鉄牛自身が檀那としての地域武士層に働きかけ、あるいは禅宗教化をおこなった「勧進」活動に対する自負心であった。こうした勧進活動によって、寺領が拡大されたのである。

もちろん檀越である越智氏にとっても氏寺の興隆は一族の結束という武士団の根本的命題をクリアする極めて有効な方法であった。越智氏による土地寄進状・売券のほとんどに「若於下致二違乱一子孫等上、為二不孝之仁一、不レ可二知行領掌一者也」という文言が、「先祖建立氏寺」という言葉とともに付帯されている[41]。こうした付帯文言は、惣領による在地裁判権の実態を示すもので注目されるが、違乱・煩を行使するものは一族のなかで除外され、少しも土地を知行させない、との厳罰懲戒がつらぬかれている。氏意識を高める手段として、土地の寄進が一族によっておこなわれ、またそれを側面から支える形で鉄牛の勧進がおこなわれた。

康安二年（一三六二）には、「寺領注文」が作成された。

【史料D】「観念寺寺領注文[42]」

伊予国桑村本郡観念禅寺諸郷散在寺領註（注）文

（中略）
一所二段　田畠　大門屋敷　兼信沽却
一所二段　田畠　字窪田得恒名余田也　兼信沽却
一所二段　畠　字崗東　盛家寄進
（中略）
康安二年壬寅四月八日　　謹記
観念禅寺住持　比丘　鉄牛継印（花押）

この注文は越智一族による寄進分を一二五カ所にわたって書き記したものである。構成要素を見ると、①田積、②地目、③所在、④手継元、となる。これも、先の長楽寺の寺領目録と同様、文書目録ではないが、注目すべきは、④の手継元を記入してあることである。単なる寺領目録であれば、券文作成者名は記さなくても事は足りる。また寄進であったか、売却であったかの記載も必要ではない。したがって、この場に書かれる理由を推定すれば、売却ないしは寄進された物件は、得分権の一部であり、例えばそれを寺院に諷経料などとして充てる。いっぽうその残りを進止する（行使する）者がいるはずであり、のちの違乱を防ぐためにはそれを記さねばならないということである。したがって、厳密には文書タイトルを示す「目録」ではないが、「どのような経路で入手された物件であるか」を示す、「文書の伝領目録」である。

この直後、貞治元年（一三六二）十一月、寺領安堵がなされている[43]。文面に「寺領等事任二注文之旨一、不レ可レ有二相違一」とあるから、この「注文」とは半年前に作成された【史料D】であったと考えられる。また川岡勉の指摘[44]の通り、文面から、この注文は、「安堵されることを目的に作成された」ものであることは疑いがない。このように、「目録」が作成された理由は、単に寺院における手控えでなく、申請するための書類として作成されたのであった。

(3)尾張国妙興寺と土地集積

尾張国一宮（愛知県一宮市）の臨済宗妙興寺は、開山を南浦紹明（大応国師）とし、在地土豪荒尾宗顕が檀越となって創建された古刹である。伝来する文書・古記録などは五八〇点余りである。妙興寺は室町幕府との関係が深く、尊氏以降歴代の将軍より寺領安堵がなされている。また、文和二年（一三五三）には朝廷の祈願寺に、さらに貞治三年（一三六四）には二代将軍足利義詮によって諸山に列せられた[45]。興味深いのは妙興寺に伝来する中世の土地売券（七三通）のうち、十四世紀のものが四一通、とくに諸山に列せられる前後の十四世紀第3四半期に二三通を占めている点である。この時期の売券の売主のほとんどは荒尾氏、ついで中嶋氏、買得者は妙興寺である。中世の寄進状（八七通）のうち十四世紀に妙興寺へ寄せられたものは六九通と、その多くを占めているのであり、また寄進者も荒尾氏、中嶋氏が多いことから、売券とほぼ同様の傾向を示している。この時期に檀越による氏寺への土地集積がおこなわれたことがわかるのである。

【史料E】「妙興寺文書目録」[46]（図4）

（端裏書）「此箱中文書注文」

此箱中文書目六（録、以下同ジ）

一通　尊氏将軍祈願寺御教書

　安堵御下文同諏訪法眼（諏方円忠）奉行封裏目六

一通　義詮将軍諸山御教書

一通　安堵目六寄附諸旦那寄進状等

一通　土岐大膳大夫入道将軍家目六末ニ有レ之法名善忠為二外題一目六同

寄附諸旦那寄進状等　（後略）

これは、応安六年（一三七三）の文書目録である。形態は西岸寺のものと同様、寺院創建に関わる要書を冒頭に書きつらね、続いて諸檀越の寄進状等が記されている。これは檀越荒尾・中嶋両氏による妙興寺への土地集積期に記されたものであり、長楽寺・観念寺・善応寺の場合と同様である。また、妙興寺文書のこの時期の土地証文の半数以上に、違乱文言として「不孝之仁」文言が付されている点も注目される(47)。一族を結束させるためのこのような倫理的な拘束は、単に所領の散逸を防ぐためだけでなく、氏寺を介して同族結合を図るという武士団の命題を解決する手段であった。端裏書に「文書注文」とあるように、目録が「注文」の形態をとっているのであり、単なる手控えでなく上申形式を備えている点は言及せねばならぬだろう。本文に「末代不慮に紛失のため子細候はば、此案文を以て公方において嘆申」すべき旨が示されているのは、文書目録という文書名の手控え、つまり「案文」を公方（室町幕府将軍）に進達するという、文書

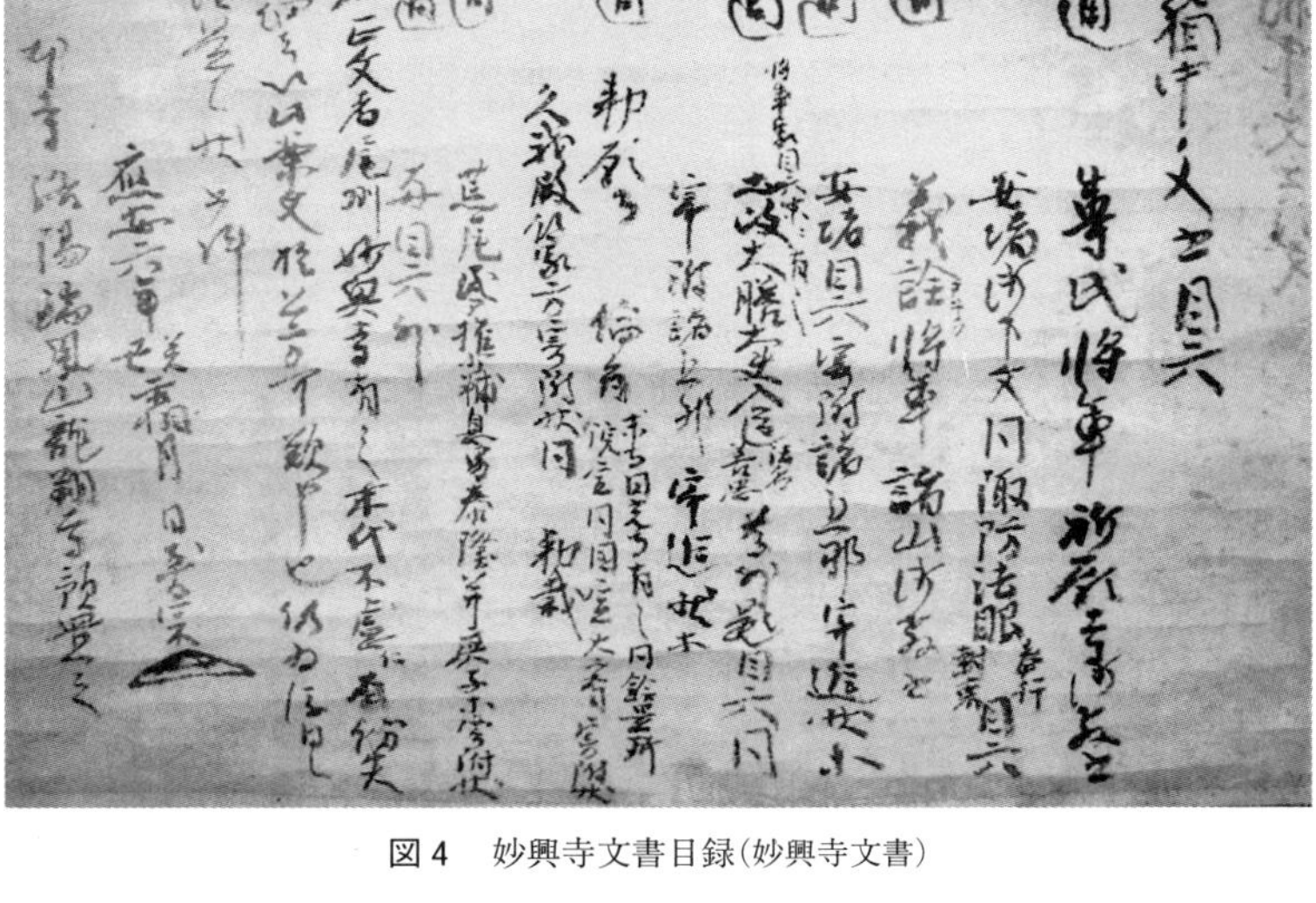

図４　妙興寺文書目録(妙興寺文書)

目録の役割の一端が示されているのである。

四　西岸寺文書目録の作成目的

本節では西岸寺に伝わる「文書目録」の作成意図について検討する。

第一節で、「目録」は「規式」全体と同時代に作成されたと推定した。「規式」は「至鈍置文」ともいわれているように、中興開山であった大徹至鈍和尚の書き記したもので、「老僧之命」と記された「遺戒」ともいうべきものである。「文書目録」を含めると五つの項目からなり、さらに前文がある。このうち、前文にあたる部分をもう一度確認してみよう。

【史料F】「規式」

（前略）

任二三檀那　飯嶋修理助入道法名正運・同弾正左衛門入道法名総昌・同掃部助源為光、應安六癸丑二月九日之寄進状一、而同年之内四月十七日、被レ列二于諸山一、同九月六日、寺領安堵、

（下略）

このように、応安六年（一三七三）の寄進状は、三檀那連名のものであった。おそらくは観念寺へ寄進した越智一族のように、過去の寄進の意義をあらためて確認し強調するために、これまでの一族関係の寄進をあらためて追寄進する「重寄進」であったかもしれない。寺領を集積し、寺格が諸山に列せられ、あらためて寺領安堵の申請をする。一族連名の寄進状に裏判が据えられているのは、この安堵認定の痕跡である。

こうして中興された西岸寺であるが「本寺者不二至鈍一僧之力一、合二外護旦那之衆力一、而建立」されたとあるように檀那飯嶋一族と至鈍の合力によるものであった。その方法も「依二或寄進、或譲状、或施財之志一」り「祠

堂」に資財を蓄えていくという方法であった。またそれだけでなく「庵職之事」に記された一一カ条に及ぶ至鈍の遺命の項目のなかに「第六興㆓隆寺家㆒買㆓添田畠㆒」とある。すなわち、資財のなかから寺院興隆のために、料田を買得することが主要な業務として挙げられているのである。

西岸寺の寺院経済のなかで、主要な支出にあたるのは、僧食米などと称される米、また醤油や塩などの食費、灯油料や衣料など僧侶の日常費が主である。いっぽうで、無量寿仏供料、祖師堂・土地堂などの供料・月忌諷経料など、仏事に関わる支出も多い。先の「依㆓或寄進、或譲状、或施財之志㆒」って寺院に集められた得分は、おもに年月忌供養のための諷経費に充てられたようである。西岸寺における支出は、記述によると年間七八貫文にも及んだ。これを維持するために、西岸寺では無尽銭経営がおこなわれた。無尽銭とは祠堂銭ともいわれ、中世寺院における一種の高利貸経営である。祠堂銭自体が徳政令による免除規定があったため、京郊寺院のみならず地方にあっても相当に発達を遂げた[48]。西岸寺では一般的な無尽銭と寺院修造に限定される「造営無尽銭」がそれぞれ一〇貫文ずつの元金が設定されており、月五文子のレートで貸金されていた。一〇貫文の元金は手をつけてはならず、利分はおもに住持の得分となった。住持の得分が「過㆓毎月壱貫文㆒」ぎぬよう決められていたことから察すると、相当の利分があったと考えられる。ただしむしろ住持得分というよりも、「為㆓造営㆒」にこの祠堂銭が設定されたのだろう。幕府の法令では祠堂銭が「以㆓利分銭㆒可㆓造営㆒」きことが記されているように、おもに造営のための原資と考えたい。というのも、「規式」の「庵式之事」の項で「当寺造営之事、如㆓絵図㆒可㆓建立㆒也」とあり、至鈍在任中の課題に寺院伽藍造営があったことがわかるからである。飯嶋氏を中心とした土地集積が、こうした寺院造営のための資財施入に一つの意味があったことを物語る。

西岸寺は諸山に列せられ、官寺となった。その寺格に見合った風様を備えることは至鈍のみならず檀那衆の願いであった。官寺になると、前述のように、住持の改替は幕命によることになっている。とくに諸山に関しては、義詮・義満期以降、爆発的にその数が増えていく。幕府にとって諸山をいわば乱発するのは、公帖発行に際して官銭を徴収し、幕府財政のなかに組み込んでいるためである[49]。さらには名目だけ任命され、実際には赴任しない坐公文などまで発行されることは先に述べた。公帖発行にかかる費用は時期によって変動し、また五山・十刹・諸山によってその徴収金額も異なっていたが、およそ五貫文前後が諸山の平均相場であったようである[50]。新住持赴任に関連して注目されるのが、西岸寺の「規式」の次の記述である。

二貫五百文、入院経営料足、無二入院一年者、諸事用レ之

とある。これは支出項目の一つに挙げられている。入院とは新住持が赴任元から西岸寺へ赴任することである。諸山の場合三年二夏、すなわち丸二年が任期であるから、二年に一度この二貫五〇〇文入用となる。これは入院に関わる儀式のための費用で、鎌倉や京の僧を招聘するため地域禅院や檀越がこれを負担し儀式を挙行した。諸山の入院経営が華美になり費用が繁多となって「寺院荒廃」の基となっていたことが幕府法令で知られ[51]、寺院経済の重い負担となっていた。なお公帖発行費に関わる記述はないが、これは新住持自身が負担すべき費用であるから記載されなかったのだろう。

以上「規式」全体の記述を概観した。至鈍がみずから「遺戒」と称しているように、「規式」は至鈍の住持改替時の申し送りであった。寺院経営の安定と寺勢興隆を祈念して書かれたことが随所よりうかがえる。とくに、諸山に列せられた後の伽藍の再興が急務であった。それら寺院経営の諸料足を書き上げ、引き継ぐことが彼の目的の一つであっただろう。

そうした料足をどこからまかなうのか。寺院経営の根本を担うのは、寺領であり、そこから納入される上分であろう。「文書目録」は、飯嶋氏一族がある一定の時期の中で集中的に西岸寺へ寄進・売却した土地に関わる証文を書き上げたものである。あるいは至鈍が勧進と称して「氏寺」意識を高揚させたかもしれない。少なくとも

「外護旦那之衆力」をあわせて寺院中興に携わった。「文書目録」はそうした活動を至鈍が記録にとどめ、次代住持堅英へ引き継ぐために作成したものであった。

問題はこの巻子本が誰によって作成されたかということである。これは今後の検討課題であるが、現段階の見通しを述べてむすびにつなげたい。

第一節で述べたように、住持堅英は、永和二年の至鈍の署名の翌年、みずからの代に集められた土地寄進状七通の分も書き足した。先師の遺戒を含めて、寺院の根本文書としてこれらを一つにまとめたのが彼だったのだろうか。ただし、至鈍の自署花押を見ると「住山中興大徹叟」とあり、いっぽう堅英は「住持」と書き分けていることから、至鈍は住持を退いたあとも中興の祖として住山していたようである。そうすると、この巻子の紙の継目に至鈍が裏花押を据えているのは、飯嶋氏による西岸寺への土地集積に関わりをもち、文書作成に深く関わった中興の祖としての立場と考えれば納得がいこう。

小括

本章は「西岸寺規式」を取り上げ、中世後期における文書目録のあり方を考察した。史料的な制約もあり、同時代の他国の例を援用して推測せざるを得なかった点もある。あらたに得られた知見をまとめると以下のようになる。

1　「規式」と「文書目録」は同時代に作られたものであること。また「目録」は堅英の代に完成したが、土地の集積はおもに前住であった至鈍の働きであり目録の紙継目に裏花押を付すなど、まさに中興の祖であった。堅英の代に集められた土地は永和三年（一三七七）の段階で書き加えられた。

2　「目録」に現れる飯嶋一族は、同時代に活動した人々であり、売却・寄進を通して集中的に西岸寺へ得分を寄せている。一族は惣領である為光を中心に氏寺西岸寺のもと、結束しようとしている様子が推測される。時期は、南北朝期中ごろである。また飯嶋氏を含めて、西岸寺を外護しているのは、「郡戸人々」と呼ばれる在地武士たちであり、小笠原与党であった。なお、室町幕府追加法では、寺院の所領安堵申請は、甲乙人による買得・寄進は認められず御家人の関与が必要とされている。(52) 御家人としての飯嶋氏の立場があったればこそ、西岸寺の所領安堵申請や諸山認定が可能となった。

3　中世後期になり、多くの臨済宗寺院が官寺に組み込まれていく。その間、檀越と中興の祖が一致して土地集積に関わり、その土地集積によって集められた文書類、もしくは土地類の書上げが作成された。注文という形で上申し、安堵申請に利用されることもあった。「文書目録」作成の契機は、こうした「土地集積」にあったのである。

本章を閉じるにあたり、中世後期の地方禅宗寺院の目録作成について、曹洞宗との比較のなかから見通しを述べてみたい。

十五世紀以降、曹洞宗太源派を中心とする諸寺院の地方展開のなかで、寺院は在家信者との葬送儀礼に関わる契約関係を重視し、寄進料田の集積をおこない、これを目録化し照合台帳とした。本章で述べた叢林派寺院が幕府の中枢と結びつき、官寺となるため所領を集積し所領目録や「文書目録」を作成したことと大きく異なる。

しかし「文書目録」作成の目的は異なるが、どちらも室町時代前期における禅宗寺院の土地集積の実態を明らかにする史料である。また、「文書目録」には、すでに失われた土地契約文書にまつわる情報が豊富に記されていることも指摘したが、例えば西岸寺の「文書目録」からは、直接寺院へ売却や寄進する武士層（おそらく加地子名主となるのであろう）のほか「平四郎入道作」「金五郎入道作二段」「藤平太在家」「弥八入道之在家」など作人や在家の名前を記し、土地に付随した諸職の一部を記すなど、土地にまつわる諸権利が分化していった南北朝期以降特有の土地所有形態がうかがえる。先に第二部各章で、売寄進によって氏寺を介した族的な結合が強化された（もしくはそれが企図された）ことを想定した。西岸寺の場合、売寄進の実態はもちろん読み取れないが、檀越である氏族が地域における氏寺を興隆させるために、土地得分権を分離させそれを買得、寄進し寺院に集積することで寺院興行の費用としていったのだろう。

土地売買の公的権力の保証の観点で言えば、笠松宏至は南北朝期からの売券に「公方罪科文言」が急増することを指摘した(53)。すなわち、請戻等で所有権の不安定な売買契約を「公方」によって保証を得るために、買主側の意向で一筆記入されたのである。この公方が、幕府将軍を指すのか在地領主を指すのかは文面からは特定できないが、公的権力による保証が制度化されることにより、その後十五世紀後半までには永代売買における所有権が安定化を見ることは大方一致を見ている(54)。先に例示した史料によっても、十四世紀後半に「文書目録」の作成と幕府への安堵申請が全国の叢林派寺院で相次いでおこなわれている。こうした現象は、当然ながら地方寺院の官寺志向として説明されてきているが、いっぽうで幕府将軍という「公方」が御判御教書によって地方寺院の集積地を保証しているという側面も見逃してはならない。「文書目録」に公的保証が付与され、結果的に契約の安定化が図られたとすれば、「文書目録」作成は、買得契約の安定化という、中世後期の大きな流れのなかに位置づけることができる。すなわち所持することに重要な意味があったそれまでの中世的文書主義そのものが、「公的保証を付与された文書を所持することこそが土地所有の根拠となる」というように、意識のレヴェルが変容したとみることができる。

（1）　富澤清人「東大寺領水無瀬荘と荘民」（『史学』四七―一・二、一九七五年。のち富澤『中世荘園と検注』吉川弘文館、一九九六年所収）。

（2）網野善彦「書評『東寺百合文書目録』1・2」（『古文書研究』一二、一九七八年）、上島有「荘園文書」（『荘園入門』「講座日本荘園史1」吉川弘文館、一九八九年）。
（3）例えば山岸常人「仏堂納置文書考」（『国立歴史民俗博物館研究報告』四五、一九九二年）、山陰加春夫「日本中世の寺院における文書・帳簿群の保管と機能」（河音能平編著『中世文書論の視座』東京堂出版、一九九六年）など。
（4）田良島哲「史料目録記述の系譜――古代・中世の目録を中心に――」（大山喬平教授退官記念会編『日本社会の史的構造』思文閣出版、一九九八年）。
（5）『信濃史料』（以下『信史』と略）ならびに『飯島町誌』の翻刻によった。
（6）今枝愛真「中世禅林の官寺機構」（今枝『中世禅宗史の研究』東京大学出版会、一九七〇年）。『長野県史』でも「臨済宗五山叢林派は、おもに上層の人々を相手にし、また五山派僧侶が詩文などに力をいれすぎた」と記述している（通史編中世二、第六章第一節）。
（7）玉村竹二「西岸寺所蔵入寺疏軸について」（『伊那路』五―二、一九六一年。のち玉村『日本禅宗史論集』上、思文閣出版、一九七六年、所収）。
（8）上島前掲注（2）論文。
（9）『飯島町誌』中巻、中世・近世編（飯島町、一九九六年）。
（10）玉村前掲注（7）論文。
（11）文正元年卯月二十四日条（『信史』巻八・増補続史料大成『蔭凉軒日録』二）。
（12）寶月圭吾a「伊那西岸寺の規式について」（『信濃』三三―一二、一九八一年）。同b「中世の伊那西岸寺の経営と無尽銭」（『信濃』三五―八、一九八二年）。なお両論文とも寶月『中世日本の売券と徳政』（吉川弘文館、一九九九年）に収められている。
（13）『長野県史』通史編中世二、『飯島町誌』。
（14）「善応寺文書」（『愛媛県史』資料編古代・中世、『南北朝遺文』九州・中国編。本稿は『愛媛県史』によった）。
（15）上島有「室町幕府文書」（高橋正彦編『日本古文書学講座』四「中世編Ⅰ」雄山閣、一九八〇年）。
（16）今枝前掲注（6）論文。

(17) 康安二年（一三六二）七月一日付「細川頼之書状」（「豫章記」『愛媛県史』資料編古代・中世）によれば、河野通盛の申請が伊予国守護細川頼之に調進されたことがわかる。通盛はもと伊予国守護であった。前年の康安元年、頼之の従兄弟清氏が南朝方へ転じ、阿波・讃岐で兵を挙げた。頼之は、伊予国守護職ならびに旧領を通盛に返付することで、四国最大の豪族河野氏の協力を仰ごうとした（南北朝期の四国での細川氏の立場については小川信『細川頼之』吉川弘文館、一九七二年参照）。書状は「就二文章事一懸二御目一事歟、重可二申沙汰一候」と不審をいだく通盛に対して、室町将軍に申請の旨を披露することを示しており、旧領安堵申請が将軍へ伝えられたことを示唆している。

(18) 今谷明・高橋康夫編『室町幕府文書集成』奉行人奉書編（思文閣出版、一九八六年）によると、松田左衛門尉の官途名を名乗る者のなかで、「西岸寺規式」作成以前と考えられる奉行人に該当するのは松田貞秀である。三通の奉書を確認できる。なお奉行人としての在職は、確認されている限りでは貞和五年（一三四九）ごろから明徳三年（一三九二）ごろまでである。

(19) 寶月前掲注(12)a論文。

(20) 佐々木銀弥「鎌倉幕府の御家人所領政策について――買得私領安堵の下知状給付をめぐって――」（中央大学編『中央大学九十周年記念論文集　文学部』一九七五年。日本古文書学会編『日本古文書学論集』五「中世Ⅰ」一九八六年に再録）。なお七海雅人が、鎌倉幕府の安堵体系を詳細に論じている。七海「鎌倉幕府の買得安堵」（『歴史学研究』六九三、一九九七年。のち七海『鎌倉幕府御家人制の展開』吉川弘文館、二〇〇一年所収）参照。

(21) 寶月前掲注(12)a論文。

(22) 本書第二部第四章で上分寄進の実態について実例を挙げて考察した。

(23) 市村咸人『宗良親王』（八木書店、一九四三年）、『建武の中興を中心としたる信濃勤王史攷』（信濃教育会編、一九三九年。のち一九七八年に再刊）。

(24) 本書第三部第七章。

(25) 小井弖氏は鎌倉時代、伊那郡小井弖郷（伊那市）を本拠とした御家人で、工藤氏とも称する。十五世紀にはその拠点を諏訪に移したといわれる（『伊那市史』歴史編、一九八三年）。なお「小井弖菖蒲沢殿」とあるので伊那市西春近諏訪形菖蒲沢近辺を領した一族であろうか。菖蒲沢城址からは鎌倉後期から室町中期にかけての古瀬戸天目茶碗など陶磁器類が多く発掘されている（『菖蒲沢・山の下遺跡』伊那市教育委員会、一九八〇年）。
（26）「大塔軍記」（『信史』巻七）。
（27）新訂増補国史大系『吾妻鏡』。
（28）本書第三部第七章。
（29）『飯島町誌』所収の「飯嶋家系図」をもとに、「規式」に現れる人物名を略系図に示した。
（30）「雑筆要集」（『続群書類従』第一一輯之下）。ただし現存する写本は該当する条文自体を欠としている。
（31）元徳四年三月十九日「由良景長妻紀氏寄進状案」（「長楽寺文書」『群馬県史』資料編五）。
（32）本書第二部第五章。
（33）今枝前掲注（6）論文。
（34）「長楽寺文書」（『群馬県史』資料編五）。
（35）延文四年四月十日「源義政在家田畠売券」、同日「源義政在家田畠寄進状」、同年四月二十日「沙弥道在家田畠寄進状」（「長楽寺文書」『群馬県史』資料編五）。
（36）貞治四年七月五日「長楽寺住持了宗寺領注文」（「長楽寺文書」『群馬県史』資料編五）。
（37）中尾堯「関東における氏寺の一考察――世良田長楽寺について――」（『史学論集対外関係と政治文化』第二「政治文化古代中世編」吉川弘文館、一九七四年）など。
（38）康永三年九月九日「越智一族連署寄進状」（「観念寺文書」『愛媛県史』資料編古代・中世、六九五号）。
（39）延元二年（一三三七）三月二十一日「観念寺禁制」によれば、すでにこの時期には観念寺は諸山であったことがわかる。時宗寺院から改宗しているのは川岡勉の指摘で、おそらく元弘年間（一三三一～三四）であったと思われる。越智氏一族は当初時衆に多い阿弥号を用いているが、円心以降は沙弥号などを使用している。とすれば、諸山に列せられたのは、寺院中興時、すなわち改宗直後であった。川岡勉「南北朝期の在地領主・氏寺と地域社会――新居氏と観念寺の場合――」（『ヒストリア』一四二、一九九四年）。なおこれは鉄牛と越智氏による土地集積の時期と符合する。
（40）注（38）「越智氏一族連署寄進状」。
（41）鈴木鋭彦「中世寄進状における「不孝之仁」文言と「氏寺」付記について――伊予国観念寺文書より――」（『愛知学

院大学文学部紀要』一六、一九八七年）にその全体像が示されている。

(42)「観念寺文書」（『愛媛県史』資料編古代・中世、八五三号）。

(43) 貞治元年十一月十四日「河野通遠安堵状」（「観念寺文書」『愛媛県史』資料編古代・中世、八五八号）

伊予国桑村本郡観念禅寺者、所レ被レ致二将軍家御祈禱之精誠一也、而寺領等事任二注文之旨一、不レ可レ有二相違一之状如レ件

貞治元年十一月十四日　前壱岐守（花押）《（河野通遠）》

(44) 今枝前掲注(39)論文。

(45) 文和二年十月二十八日「足利義詮御判御教書」（「妙興寺文書」『一宮市史』資料編五、一宮市、一九六三年）。「諸山御教書」は日下に義詮の花押が据えられている。年紀は諸山認可件数が増える十四世紀中期にあたる。

「足利義詮御判御教書」

尾張国妙興寺事為二諸山之烈《（列）》一大應国師門徒管二領之一、宜レ為二十方院一之状如レ件

貞治三年六月十九日（花押）《（義詮）》

当寺長老

(46)「妙興寺文書」（『一宮市史』資料編五）。

(47) 鈴木鋭彦「中世土地証文における「不孝之仁」について——尾張国『妙興寺文書』所収売券・寄進状より——」（『年報中世史研究』一〇、一九八五年）。

(48) 寶月前掲注(12)b論文。

(49) 今枝愛真「公文と官銭」（今枝注(6)前掲書）。

(50) 今枝前掲注(6)論文。

(51) 永徳元年十二月十二日「諸山条々法式」（追加法一三三、『中世法制史料集』二、「室町幕府法」）。

(52) 応永二十九年七月二十六日「御成敗條々」（追加法一七一、『中世法制史料集』二、「室町幕府法」）。

(53)「中世在地裁判権の一考察」（寶月圭吾先生還暦記念会編『日本社会経済史研究　中世編』吉川弘文館、一九六七年。のち笠松『日本中世法史論』一九七九年所収、一三四～一三八頁）。

（54）　たとえば近年では早島大祐「京都近郊における永代売買地の安定化」（『首都の経済と室町幕府』吉川弘文館、一七三頁以降）。幕府による買得地安堵は、義教期を端緒に、義政期の政所による雑務沙汰訴訟制度で確立し、土地売買契約が安定したとみる。

終　章

一　契約と文書交換

本書は中世の契約における文書の作成とその機能について三部構成で論じた。できるだけ史料に即して論じることを心がけたが、論点が多岐に渡るため各章での論旨や意図が不明瞭だったり飛躍するところもあったかもしれない。ここでは各部ごとに論点を整理し、展望を述べることでむすびに代えたい。

第一部では、本主・銭主、売主・買主といった当事者間双方の間で売買・貸借に際して売券・借用状が作成されるいっぽうで、買券・貸券が買主・銭主から発給された事実を抽出し、そこから中世の契約のあり方について再検討を加えた。

まず売買関係における文書の作成を検討した。ここでは売買関係において買主が売主に送付し、売主が文書を所持する買券の存在を明らかにした。買券は三つの形態に分類できよう。第一に、売券を買主の視点で呼称する場合、第二に、売主へ買主からの券文すなわち買券が作成される場合である。これは中世後期には権利の重層化や所領の細分化により当事者双方の権利意識が鋭敏となり本主の権利の拠所となる券文の重要性も同じく高まったことが理由に挙げられよう。また、第三には、作職売買における、請負者の提出する文書（請文）として買券が作成されたと考えられる。これらの場合、とくに第二・第三については売買契約が売主から買主への単一方向の文書発給だけでは完結しないことが明らかであり、双方が文書をやりとりしたことを示している。

また預け状についても、これまでの通説にある、南北朝期に急増する「所職の臨時預け置きのための軍事文書」といった意味のみに限定されない。預け状は文書や権利一般を一時的に貸与するための契約文書であり、貸主が借主へ給付した文書であるのに対し、いわゆる借用状の一種である「預り状」は借主が貸主に作成する請文として認識されていたことを明らかにした。すなわち預り状と預け状は、契約行為における双方で交わされる「双子の契約文書」で、両者は表裏一体で機能する「複合文書」であったことを明示した。

こういった現象は中世における社会的な慣行であったのだろうか。戦国大名の分国法のなかで最大の条文数を有する伊達氏「塵芥集」（天文五年奥書）には、売買・質地契約に関わる法令が豊富に掲載されている。

【史料A】「塵芥集」第九四条（『中世政治社会思想』上「日本思想大系」二一。傍線筆者、以下同じ）

一　所帯売り買ふのとき、証文をとりわたすのうへ、買手代物を済まさざるところに、売主申ごとくは、要用有に付て、相伝の所帯を売り渡すのところに、代物無沙汰のゆへ、余人に売るよし申、売手越度有べからず。たゞし売手・買手納得せしめ、証文とりわたすのところに、価の高き安きにより候て、先判を悔返し、別人に売る事、売手の越度也、仍所帯におゐては、先判につけ、後判の方へは、うけとるところの代物を返べきなり。

【史料B】「塵芥集」第九七条

一　年記に売る所帯の事、たがいに証文をとりわたすといふとも、売手にても買手たりとも、罪科あるのときは、先例にまかせ闕所の地たるべきなり。

【史料C】「塵芥集」第九八条

一　買得の所帯、書下をとり知行せしむるところに、くだんの所帯、要用によつて売地になす、しかるに売主罪科あるのとき、成敗を加へ所帯等闕所せしむ、科人の売地たるにより、同じく闕所になる。然処買主、まへの所帯主に書き与ふる判形を用て、書下の地なるよし訴訟を企つ。なんぞ科人に与ふる判形相立べけんや。かくのごとく心の私曲をかまふる輩、いまよりのち相やむべきものなり。

【史料D】「塵芥集」第一〇〇条

一　本銭返、年紀地の事。売手・買手互に証文とりわたし、一方の文失するのときは、一方の一証文をもつて、年記《(紀)》の限りを相済ます事は傍例なり。然に、一方の証文ばかりにて売るのとき、かの証文失するのうへ、買手は本銭返のよし申、売手は平年記の由申、相論の時は証人まかせたるべし。もし又証人もなくば、買手の損たるべきなり、もし以後して、証文見出し候はゞ、其文言にまかせ知行を定むべきなり。

【史料E】「塵芥集」第一〇六条

一　惣領より庶子の扶持分として所帯を貸す事、いまよりのちは、互に証文を書きわたし是を貸すべし（下略）

【史料A】は所領売買の際、売買証文を取り交したのに代銭の引き渡しがないので契約を違えて売り先を変える場合は売主に落ち度はないが、他に高値で買い取る者がいるという理由で悔い返すのは売主の落ち度であることを記している。条文の内容は、売主側の落度の有無についてという視点で記されているが、冒頭に「売り買い」の際の「証文とりわた」しであることが、条文後半には、売手・買手が「納得」して「証文をとりわたす」と記される。このことは土地売買が、あくまでも売買人双方の合意に基づくものであり、第一部第一章で述べたように、「売買」という表現が売主・買主の双方の行為を全体としてとらえていることを条文から確認できる。

さらに【史料B】は、年季売に際して、売主と買主が互いに証文を取り交わし契約事項に合意していても、一方が罪科人であれば当該物件は闕所地となることが記されている。すなわち、年季売契約では、売主・買主が双

方向で売買契約文書をやりとりしていたことがうかがえるのである。(1)

【史料C】は闕所地となった買得地に関わる条文である。伊達氏の書下によって安堵された買得地であっても、売主の咎があれば没収となった。しかし、買主が以前の所帯主である売主へ書き与えた証文を根拠に、買得安堵された地であることを主張し訴訟に及んだらどうであろうか。その場合、咎人である売主に交付した買主の証文は効力はない、と記す。ここからも、売主から買主への証文だけでなく買主から売主への文書が作成されたことがうかがえる。

【史料D】は期限を区切った年季明請戻特約本銭返の場合である。やはり売手・買手双方で証文を取り交わしていることがうかがえる。そして、一方の証文が紛失してしまった場合も、残りの一通を以て支証としたことが知られる。

【史料E】は、惣領から庶子へ配分される土地の貸与について、相互に証文を書き交わすことが定められている。貸券・借券が「双子の契約文書」であったことは本書第一部第二章で述べた通りである。

以上、天文期の事例であるけれども、伊達氏領国下で土地の売買、年季特約付きの売買、賃貸について、契約者双方の文書交換が想定され条文化されていることがうかがえよう。元亀三年（一五七二）、甲斐国「八田家文書」に残る土地売券にも、(2)売買契約にあたって「後日たかいにてかた《手形》とりわたし申候」とあり、売主願念が末木家重に(3)売券を交付する一方で、家重側からも文書を入手していたのであり、在地において実際に相互の文書交換がなされていたことが看取されよう。買主から売主へ、あるいは銭主から本主へ渡付された文書については、第一部各章で述べたように、文書群として残存しにくいことから、断片的な情報しか残されていない。しかし、これまでの検討を踏まえれば、中世の契約社会において「双方向の文書交換」の様相がうかがえることを指摘したい。

二　寄進と売買契約としての売寄進

売寄進については、かつて権利内容が同じ売券・寄進状を同時に作成し徳政時に発生する本主の取り戻しの違乱や煩を銭主が回避することを目的とした買得に関する権利保障行為であったと理解されてきた。すなわち売寄進は「売券」にその実態が反映されていたという見方である。しかし同日付の売券・寄進状に注目して土地証文を再検討すると、仏事興行のための料田寄進を主目的とした売買行為の広範な存在を指摘することができる。寺院側の料田獲得への指向と、功徳を求める民衆の信仰心との接点が一般に寄進行為であるが、その際、寄進するための料田を得るために勧進など様々な秘計をめぐらし買得していく行為がしばしば史料に現れる。また、寄進したいが経済力が無いゆえに第三者に買い取ってもらい、その第三者が寄進を代行する仲介も散見される。後者の第三者にあたるのが、まさに前者の寄進を勧める立場の「仲介者」なのである。

第四章における以上の考察を受けて、第五章ではこの仲介者のあり方を確認するため世良田長楽寺の事例を検討した。長楽寺は氏寺の論理を掲げ、檀那世良田氏に寄進を勧めた。いっぽうで大谷道海は、世良田宿有徳人として土地の集積をおこなった。長楽寺復興のための料田を獲得するためである。道海は世良田氏から土地を買得した。源（世良田）満義は、この道海が土地を買得したあと、その得分を世良田氏の氏寺へ寄進することを確約させたうえで土地を売却するが、世良田氏の寄進意識は自身の寄進状作成によって尊重される。この一連の道海の活動により長楽寺は復興のための料田を獲得する。道海は自身が集積した土地の収取をおこなう長楽寺領の政所職になって、寺院の寺領経営の末端に位置づけられたのである。

第六章では売寄進の土地所有権移転の実態について検討した。売寄進によって作成される売券・寄進状の券文面に記載される移動物件の内容は、表面上は同一であるが、実際は売却されるのが下地であるいっぽう、寄進される物件は下地そのものではなく、その上分の一部であった。十四世紀、鎌倉末期から職の分化が顕著になり、南北朝期以降、既存の荘園公領体制が変質していくことになるが、その一つの徴証は下地に対する得分権の一部（比較的零細な耕地の得分）を売渡し、買得者は加地子名主として一定の得分権を得ていくという在地の一般的動向となって現れる。買得即時寄進型売寄進は、このような職の分化を明瞭に確認できる一つの形態として位置づけられると思われる。即日にこの得分権移動（寺院への寄進）がおこなわれるのは、下地の売却の際に地片に伴う諸負担に関しての買得者との合意がすでになされていたためである。洞松寺の事例も同様で、庄氏はその下地を在地の諸小家族（土豪）に売却し、この諸小豪族が即日にこの物件を寄進する売寄進行為であったが、その際に券文上に記される負担形態がその実態を物語る。庄氏が洞松寺に対して作成する売寄進状には「万雑公事を外して」売寄進すると標記されるが（例えば文安五年〈一四四八〉九月二十七日「庄資冬田地売券」）、現実の下地は資冬から在地の小豪族竹井玄保内室正慶の手に移転しており（同日「正慶田地寄進状」）、この正慶から洞松寺への寄進状には「万雑公事をこめて買得」とあるので、移動物件に付帯する公事など諸役が切り離されて寺に寄進され、一方で下地を買得した竹井氏が公事の負担義務を負わされたことになろう。

しかしここで、この一地片を庄氏が売却・寄進したことによって、この地片に対する一切の進止権が放棄されたのではない。おそらく、守護代の庄氏は草壁荘を中心として、さらに近隣の荘園を侵略して勢力拡大していくのであり、その意味では一荘園村落にとどまらない広範囲な所領を有していた。そのうちのわずか一段単位の所領を売却・寄進しているのであって、領域的な進止は貫徹していたと考えられるのである。享徳二年（一四五三）六月五日「木村元吉売券」にこの下地に対する庄氏の法的影響力が示されていること、庄氏の黒印によって買地に対する保証が与えられていることなどもこれを裏づける。第六章で、「洞松寺文書」における庄氏の売寄進の内実が、在地における諸小豪族に所領を宛行ういっぽうで、彼らに庄氏の氏寺である洞松寺への万雑公事の負担を負わせることによって、庄氏との地縁的結合を強化することを意味したのだと考えたのは、まさにこうした理由によるのである。在地の諸小豪族をこのような売寄進によって被官化していくことで、庄氏の国人領主化への志向が如実に発露する。同様の動きは法泉寺の外護者伊勢氏の土地寄進にも見られる。

こうした土地所有権移動の主体である庄氏であったが、いっぽうで得分寄進を受ける洞松寺も土地集積に積極的に関与していたと思われる。とくに茂林・霊嶽両住持の期間にこの動きが顕著となる。「住山歴祖伝」に見える「孔方三百貫を捨て田代を買い香積堂を贍ける」という表現からは、三〇〇貫という値が誇大であるとしても、仏事料田獲得のために土地を集積する、いわば経営に奔走する寺院の持つもう一つの側面がうかがえるのである。洞松寺の寺院経済活動が活発だったのは、現存文書のなかでも祠堂銭の寄進(4)や、寺院納所から僧侶が銭を借用したことを示す史料(5)が比較的残されていることからもうかがえる。

寺院はその前提として、宗教的な権威として存立する。例えば高野山や東寺であれば御手印縁起や大師信仰に見られるような、空海への祖師信仰の権威づけが図られた。その結果、数多くの寄進がもたらされることになる。しかし、寄進状のなかには必ずしも寺院が純粋な宗教行為者としての立場から寄進を受けたのではないことが知られるものがある。実際は無償で土地を寄進されるだけでなく、そこに礼銭という形での金銭移動も伴う場合が十六世紀以降にしばしば見られる。宗教的権威づけという観点で言えば被寄進という行為に寺院が拘泥し、寄進を受けるために寺院の銭を用いることもあるのは先の洞松寺の「祖伝」や次の史料にも見える一つの形態である。

【史料G】「逸見高清・六郎連署田地寄進状」（「明通寺文書」『小浜市史』社寺文書編）

（端裏書）「東郷寄進御屋形様（武田）元光御披見」

奉二永代寄進一田地之事

合貮段者在所とちのミそ北かせ田分米壱段ニ九斗、壱段ニ八斗

右田地者、雖レ為二東郷四郎丸名之内一、別而依レ有二志之儀一、明通寺本堂江末代寄進申所実也、然上者為二子孫一不レ可レ有二違乱之儀一候、但為二礼銭一代物六貫文請取申候、秋段銭壱段分可レ有二御納所一候、於二其外一者不レ可レ有二諸公事臨時一候、仍状如レ件、

大永五年乙酉八月廿七日

逸見美作守高清（花押）

六郎（花押）

寄進と称しながら若狭明通寺は寄進の「礼銭」という形で六貫文を支払っているのである。売買契約棄破を恐れた寺院側の徳政対策の可能性もあるが、その前後からは事実関係は明らかにできない。いっぽうで、寺院には仏事興行のための土地集積という経済的な側面と、霊場・信仰の場としての宗教的な権威という側面が同時に存在しているはずである。寺院が買得によって土地を集積した場合であっても、あえて「寄進」にこだわる宗教性をここでは指摘したい。

次の史料も、あえて寄進にこだわる寺院の立場をうかがわせる。

【史料H】「紀氏女川尻備中局畠地寄進状」（「摂津勝尾寺文書」『鎌倉遺文』四四一〇）

（端裏書）「萱野畠寄進本堂灯油用途料　川尻備中局寄進状　貞永元十二一」

勝尾寺　本堂寄進畠地事

合壹段者相二副売券文一枚一畢

在摂津国萱野郷内天王寺領四至見二本券文一

（追筆）「以二此地利一、背二願主之意趣一、用二他事一者、可レ蒙二善神之罰一也」

右、件畠者、紀氏女以二価直一所二買取一私領也、而今寄進之志者、依二民部卿阿闍梨御房御勧進一、為レ継二当寺之夜灯一、所レ令二施入一也、願以二此功徳一、往生極楽界、雖二破戒之身一、還二得清浄一不レ堕二悪趣一之願、鄭重也、

雖二罪業之意有一、八菩薩示二其道路之説一不レ軽乎、仰願薬師瑠璃光仏哀愍納受、然則以二彼畠地所当物一、可レ続二毎年二ヶ月之灯油一也、尽未来際、永莫二退転一矣、若将来有二悪人一、致二斯之願妨一者、現世漏二医王之本誓一、受二身心之苦悩一、来生堕二在三途一、無二出離之期一、乃為二向後証験一、寄文之状如レ件、

貞永元年壬辰十二月一日　　領主紀氏（花押）

【史料H】は摂津勝尾寺文書の一寄進状である。事実書から勝尾寺の阿闍梨が勝尾寺本堂灯油料の料田を得るために勧進をおこない、それに応じたのが川尻備中局であったとわかる。勝尾寺は積極的に土地の集積（加地子の集積）をおこなっているようで、その際に寺僧が勧進によって土地を寄進させたり、またはみずからが買得して勝尾寺へ寄進している例もいくつか見える。[6] 畿内の比較的経営規模の大きな勝尾寺であっても「ただ座して寄進を待つのみ」ということはあり得ず、土地を集積するための計略がめぐらされたといえる。

このように、寄進者である在家信者と被寄進者である寺院との間の相互契約の一つの形態として売寄進があった。そしてこの契約には、その両者の意図を口入したり勧進したりする「仲介者」がおり、買得および寄進の証文が作成され、契約の成就に尽力していたのである。

三　宗教文書にみる契約と信仰

一般に文書は一通のみでその機能を果たすものでない。序章で述べたように、これまでの契約文書に関する古文書学的考察では、売券や寄進状がそれぞれ一通ごとに考察されてきた。第二部第五・六章は、文書群全体のなかでそれらが「複合して機能する」様をとらえようとする試みでもあったが、その観点で、洞松寺文書における「文書目録」の意味を考察したのが第三部第八章である。「文書目録」を歴史史料として論じる方法論はすでに富澤清人により提示されたが、[7] 一般に古文書としての「文書目録」はいつ作成されたのか年紀が不明の場合が多く、

利用の困難な場合がある。また洞松寺文書の「文書目録」四通もすべて断簡であり、一通を除いて無年紀である。しかし、調査の結果、文書それぞれの端裏書には番号が付されており、その番号が「文書目録」の記載順であると推定した。合点や追筆が「文書目録」全体に付されており、「文書目録」と現存文書との間の対照作業が複数回おこなわれたことを示している。紙や文字から判断して四つの目録はほぼ同時期に作成されたものであり、唯一の年紀である文明十三年（一四八一）前後に作成されたと推定した。すなわち寺の寺領集積が文明年間に一段落し、これまでに獲得した地片に関する文書を（連券を含め）すべて書き記したこの「文書目録」が寺側によって作成されたのである。この「文書目録」のひとつの特徴として、料田の用途に関してとくに注記されていることが挙げられる。「文書目録」作成とその利用にあたっての寺院側の意義として、仏事興行のための料田と寄進・買得文書との照合作業があったとすれば、いわば、両住持の四半世紀に及ぶ洞松寺の土地集積は、洞松寺の仏事興行のための料田の獲得という意義を有することになる。

また、「禅□（棟カ）翁規式」[8]では、前住泰州和尚の位牌料一貫文を、その死後供養の興行費に用いることを命じているように、洞松寺内部の仏事興行の一端を知ることができる。この場合、寄進者泰州和尚は自身の位牌料として寄進をおこなったが、実際は寺院内部の宗教活動費に転用されている。現実には寺院に一度寄進されたものは寺院が何の用途に用いても実際はわからないのであるから、むしろこのような例は多かったはずである。前掲【史料H】「勝尾寺文書」寄進状も同様である。寄進者による追筆部に「この土地からの得分を願主の指定する寄進用途以外に用いれば仏罰を蒙るだろう」と記しているのは、裏を返せば寄進者の要望が実際は寺院内部では反映されないことも多かったのか、そうした実態に対する寄進者の不信の現れであり、追罰文言の付帯により契約履行を求めたといえるのではないか。

被寄進者である寺院は、このようにして料田を獲得し寺院経営を進めていった。長楽寺は寺院復興のために、洞松寺は仏事興行料田獲得のために特定期間の土地集積をおこなう。土地集積はおのおのの檀越が深く関与している売寄進によって進められている。庄氏や世良田氏は在地領主という立場であり、それぞれの氏寺に対して積極的に売寄進している。氏寺を通じて一族が族的結合を強化することは容易に想像できるが、氏寺を介した売寄進が地域における寺院と氏族との関係をより強めようとした働きとして評価できるのではないか。

買得即時寄進型売寄進は、職の分化に伴い、南北朝以降に広範に出現すると筆者は想定している。寄進するために土地を買得し下地進止権を留保しつつ即時に得分寄進をする形態においては、売券の作成と寄進状の作成が同時におこなわれる。いわば本券と手継が同時に作成される、極めて特殊な形態である。しかし、手継証文の作成が中世的土地所有の特質の一つであるというこれまでの理解を敷衍するなら、この即日におこなわれる売寄進は、所有権が複雑化した中世後期における「職の分化」が最も集約的に表現されるという意味で、極めて中世的な土地所有の形態を表しているといってよいのではないか。

「大山崎宝積寺文書」には経済的に成長した長老衆が寺院へ土地を寄進する例が数多く残されている。そのなかで元徳二年（一三三〇）四月二十二日、照舜なる人物は畠地一段一二〇歩を六貫文で善阿弥に売却したが、わずか一〇日後の五月三日、善阿弥は後生の菩提を弔う逆修のためにその物件を宝積寺法華八講の料所として寄進している。[9] 寄進者の善阿弥は当初から寄進する意図のもとで畠地を買得したと考えられるのであり、このように券文上では同日ではないが、意識としては同時に買得と寄進がおこなわれたと考えられる例は注意深く史料に当たれば見つけることは容易である。

このように同日付もしくは意識として同時に買得寄進がおこなわれる場合、以下の事例が想定される。

(1)　とりあえず寄進状の文面だけ作成して、日付と物件だけ空白にしておき、寄進すべき物件を様々な計略をめぐらしてついに一片の土地を買得することができたときに売買契約を結び、売券を作成する。そしてこの売買契約年月日をそのまま寄進状に記入するのである。

(2) 自身がすでに買得している地をあらたに寄進しようとする。その際に過去の売買契約の年月日にさかのぼって寄進状を作成する。

このような問題は中世における寄進とそれをめぐる土地所有意識とも関わってくる問題である。

これまでの寄進に対する二つの理解をごく単純化して要約すると以下のようになろう。第一は寄進行為が宗教権威あるいは施設に対するものである以上、寄進者の純粋な宗教的信仰心に基づくものであるとする理解を捨象してはならないとする「宗教的利益論」[10]、第二に自己の土地所有権や経済的利益を保持するために寄進は有用であったとする「現実的利益論」[11]である。この双方の理解は「卵が先か鶏が先か」的なもので、寄進のもつ複雑な内面をよく表しているのだが、この二つの理解のなかで無視されているのは、被寄進者の立場である。被寄進者という言葉が示すように、これまでの論者は寺院を受身の立場として寄進における積極的な主体としては評価しておらず、論理からは捨象されている。しかし、本書でみてきたように、寺院側には被寄進というような受身の姿勢を甘受するだけでなく、むしろ積極的に土地集積に関与していた側面がある。また、勧進僧が一段から数段程度の地片の所持者に対して土地寄進をするように勧進している例も見られた。「大師との結縁のため」という寄進文言が真言宗寺院に充てられる民衆の寄進状にしばしば見られるのが、たしかに在地における大師信仰の展開を示すものであることは間違いない。しかし、こういった宗教的なイデオロギー文言を押し立てて寺院側が寄進を強く求め、半ば強制の寄進によって、土地を集積したということはまったくなかったのであろうか。在家の宗教への帰依が強ければ強いほど、彼らは宗教側からの要請を拒む自制力が失われている可能性があろう。そう考えると、寄進の問題を寄進者の立場に集約して論ずることは、事の一面を見ているにすぎないことになる。

土地の寄進に関して興味深い説話がある[12]。

【史料Ⅰ】「沙門良心粉河田因縁第四」

良心は大和園内郡大鳥郷阿逸院の住僧也。紀伊国の伊都郡隅田庄戸田といふ所に田三段あり。粉川田と名付。寛平元年の秋の比本主田を守に夜半に田を苅者あり。箭を放て射けるに光を出す。驚てみれば葦毛の馬なり。夜明て其所を検知するに人の苅がごとし。如レ此する事両三年になりぬ。本主恐怖して祈禱の為に良心に寄附す。良心事の実否をみむがために夜〳〵に伺レ之。或夜に墨染の衣着せる小僧二把計を苅て朸に荷てかへる。良心相共に行に高野の政所にて夜明ぬ。粉河寺を差て本堂の内陣に入にけり。常住僧に子細を問。僧驚て重々を開に御帳の前に潤へる二把あり。良心不思議の心を成て参籠して因縁を祈念するに、夢中に先小僧来て云。「我は大悲大将也。汝は真言の行者也。故に形を現じて顕れ、詞をもて示す。国中の人をはぐゝむは我なり。此寺に住して年久し。彼の田は国の一坪也。故に上分を苅召す。戸田の稲穂の珍しきにはあらず。国中の人民を憐むが為なり」。良心夢覚て泣て退出しぬ。これより此田は御寺へ上分を献つる也。

右に記したのは「粉河寺縁起」の霊験譚である。葦毛の馬が三年のあいだ隅田荘戸田の田地から稲を刈り取っているという。僧良心がこの様子をそっとうかがうと、馬でなく実は小僧が稲を刈り取り粉河寺へ持参していることがわかった。その行為に疑念をもった良心の夢中に現れたのが、かの小僧に身を化した大悲観音菩薩だった。観音は「戸田の田地の上分を粉河寺に寄進するのは住民の安穏のためだ」という。この夢に感涙しむせぶ良心の姿と、以来この田が寺に対して上分を寄進する料田となった事実とを「縁起」は述べている。粉河寺は火災によって中世の古文書類はほとんどなく、またこの霊験譚も説話であって歴史的事実を伝えるものとは考えられない。しかし、第四章で触れた空海の「高野山御手印縁起」が寺領膝下集積の根本史料として強調され、集積を正当化した事実と同様に、おそらくこういった縁起の流布には、「寄進することの意味」を在家に教化するという意味があったのではないだろうか。「縁起」を利用して粉河寺は土地寄進の勧進をおこなった、すなわち「粉河寺へ上分を献上する。それは住民のためである」という論理によって、人々に勧進し、上分寄進の正当化を図ったのではないかと推測できるのである。「縁起」と土地寄進の問題は実証をもって検討しなければならない問題ではあるが、このように、寄進の問題は「寄進される側による主導」という観点も必要であり、寄進行為が単なる信仰に基づく無償の権利譲与という意味にとどまらないことは言うまでもない。湯浅治久が「寄進行為や寄進状という文書の背後に隠された関係」を抽出し、時代性・寄進者の社会階層や宗派などを念頭に事例をより深く検討すること必要性を指摘している(13)。売寄進の検討はこうした寄進行為の個別事例の検討として重要と考えるが、本書では寺院と寄進者である在家信者との関係のなかから、十五世紀以降の曹洞宗寺院のもつ特異性を洗い出すことにし、史料としての「文書目録」を用い土地集積側と在家信者との両者の関係を浮き彫りにしたのである。

史料としての「文書目録」作成については、第八章および附論で十五世紀以降における曹洞宗太源派の教線拡大の観点から考察を深めた。このなかで、寺院にとっての開山法語を歴史史料として用い、如仲・北高法語がいずれも葬送儀礼に関わる秉炬であり、葬送儀礼を重視していることを確認した。「洞松寺文書目録」は、文書名などとともに、売寄進を中心に在家信者から集積した田畠をその親族の追善や自身の逆修といった仏事料田として利用するという契約内容が具体的に書き上げられたものであることを明らかにし、葬送儀礼重視の姿勢が在家信者に受容されていったことを明らかにした。

さらにここで、同じく曹洞宗太源派の洞雲寺（福井県大野市）に残された「寺領目録」を見てみよう。洞雲寺は、太源派の薩摩国日置郡の元勅が、康正元年（一四五五）に越前国大野郡に建立した寺院である(14)。

【史料J】「洞雲寺寄進分田地目録(15)」

当寺江各寄進分田地目録

一壹段、分米貳石之所、在坪、西方寺之前ニ在レ之、埴生朝厳為二菩提一七条又次郎方寄進状在レ之、

　文明拾六年甲辰九月十一日

一畠壹所、代八百文、本在坪、十日市ニ在レ之、此内参百文、平泉寺江立レ之、埴生朝厳為二菩提一七条方同

寄進状在レ之、

　文明拾七年乙巳二月廿七日

一伍斗之所、在坪、鍬懸（村脱）掃部持分散田壹町田之内也、慶珍為二菩提一寄二進之一

　明応九年六月廿九日

一伍斗之所、在坪、鍬懸村掃部持分散田壹町田之内也、神辺将監方内妙順為二菩提一寄二進之一

　明応九年七月十五日

一貳石之所、明応九年庚申七月廿三日、土打三郎左衛門方親為二菩提一寄二進之一、此田地箱渡在レ之、但彼下地

不熟之田地ニ候之間売替、鍬懸村掃部持分散田壹町田之内買レ之、在坪者、掃部売券ニ在レ之、

　永正六年己巳十二月三日

一壹段、貳石五斗、代百文之所、慶徳庵為二菩提一寄進状在レ之、

　明応九年庚申十一月廿四日

一壹石之所、在坪、森目郷内ニ在レ之、給恩之地内、狛兵庫助方為二菩提一寄進状在レ之、

（紙継目朝倉景高裏花押アリ）

　永正貳年乙丑三月五日　（中略）

　　已上、

右為二新寄進一被レ成二御一行一候者、可二畏入一候、仍状如レ件、

大永七年丁亥三月十一日　　洞忻《洞雲寺》（花押）

【史料J】は洞雲寺の寺領注文ではあるが、いずれもその根拠となる証文（寄進状・売券）を記し、供養対象者、年忌日を書き上げたもので、紙継目の大野郡司朝倉景高の裏花押や「新寄進」という文言、この一五日後には景高から寺領安堵状が発給されている(16)ことなどから、大野郡司(17)の代替りによる安堵申請の際に提出したものであることは確実である。内容は、埴生・神辺・土打氏など朝倉氏家臣から集積した土地に付随した仏事契約を書き記したものであり、用途は「洞松寺文書目録」と同様であると言ってよい。

【史料K】「宝慶寺領目録」(18)

（包紙）「十五世恕忻和尚代　玉岩公御裏判」

越前大野郡小山庄鷹福山宝慶寺当寺納分

（中略）

新寄進分

延徳三年九月十三日
一木本礫田　　貳段分米貳石　灯明田、徳山了観房寄進

明応六年五月廿一日
一佐開地頭方　　壹段分米壹石　為ニ真林禅定尼布薩田一桑原次郎右衛門尉定久寄進、

一五給教蜜嶋明、応永年中水流之跡、応七年ニ新開　　分米貳石代貳貫文、

以上五石（中略）

右或公事未ニ落居一、或不ニ知行一之在所書加申候者、以後被ニ聞召一、可レ有ニ御堪（勘）落一者也、

永正元年甲子十二月廿五日　　如忻（花押）

【史料K】は同じく朝倉領国下の大野郡宝慶寺の目録であるが、洞雲寺のものと同様、大野郡司朝倉光玖（玉岩）の裏判が据えられており、寺領安堵申請に用いられたものである。このうち真林禅定尼の布薩田のために武

田氏被官桑原氏が寄進、灯明料として寄進など、土地寄進の目的、すなわち寺院との契約内容が記されていることに注意したい。

このように十五世紀以降の曹洞宗寺院における史料としての「文書目録」は、供養に関わる文言、いわば寺院と在家信者との間に交わされた法要契約を書き留めるため作成されたものと評価することができる。上中文書である寺領注文に見える記載も、これと同様の評価ができると考えられる。

四　中世の契約の双方向性――中世的文書主義との関わりから――

土地制度史の研究において、中世の土地所有は、売買・譲与等の際に副進された過去の売買証文の連券（本巻）によって確認されることはすでに明らかにされている。これによって、その土地に関わる権利の相伝の歴史が復元される。売券にしろ借用状、譲状にしろ、物件とともに渡付されるものであるから、これらは買主や貸主、被譲与者すなわち集積する側の権利として残存してきたことは言うまでもない。しかし、本書で指摘したように、土地所有権の移動は甲乙相互の双方間契約である。したがって、この契約の枠組みのなかには権利を集積する側の論理だけでなく、放出する側の論理をも包含している。例えば「預状」は、「預り状」と「預け状」の相互交換をおこなう現象を全体でとらえたものと想定した。いわば双方で作成される文書が「複合文書」として機能していたのである。現存する土地所有に関わる文書は、畿内大寺院・神社や地方の武士勢力の氏寺などに圧倒的に残されているため、契約関係は集積する側の論理として語られざるを得なかった。中世後期の土豪層による土地集積の研究はその典型である。これは長谷川裕子が端的にまとめているように、戦後歴史学の理論的枠組みのなかで、土地売買・貸借は農民層分解による小農の土地放出、あるいは加地子得分など分解によって生じた剰余生産物の放出に伴う土豪の土地集積化という一面的なとらえ方が一般的であったためである[19]。また、売券が売主が買主に発給する文書でありながら、集積する買主の意向が強く働いて作成されている場合が多いことも指摘されている。しかしそこでは売主側の論理、借主側の論理については捨象されてしまっている。

本書では、売主・貸主側の手元に残る証文の文書様式の検討を通じて、土地所有に関わる契約のなかで双方向の文書作成および契約文書の授受についてその可能性について示した。具体的には買主から売主へ渡付される文書、貸主から借主へ渡付される文書、寺領集積者（寺院）から在家信者への法語に注目して論じた。近代的な法慣習のなかでは、契約者間双方の文書交換についてはいたって当然のこととしておこなわれている。しかし、これまでの古文書学では、中世の契約慣習のなかで債権者から渡される債務者の側に残る文書についての研究は等閑視されてきた。

文書が権利の受益者側に残るとする古文書学の原則から考えると、売主・借主側に残る文書によっていったいいかなる利益がもたらされるのだろうか。

まず、売主・借主の権利保護の意味があるだろう。南北朝時代以降、土地所有権に関わる「職の分化」の流れのなかで、職の細分化と売却が増大した。土地にまつわる権利証文類の連券である本券[20]は、第一に今まさに売り渡さんとする所有者からあらたな所有者に一切合切引き渡される場合もあれば、また、第二に本券を現在の本主があらたな所有者に引き渡さず売買する場合と、第三に当該所有地の一片もしくは得分の一部という権利の一部だけを手元に残して当該物件を放出する場合が見られよう。第二の場合は、一概には言えないが、例えば所有する物件のうちその一部を権利化し物権として売却する場合を想定すれば、本主側に大部分の権益を残しての売却であるから、本券は物権とともに移動することは考えにくい。そこで一般に「但依レ無ニ本券一、立ニ新券一」といった文言で記される新券文の作成により、それまでの本主との関係を断ち切る（常地を切る）ことになった。第三の場合、本券文の裏毀をおこない、本券から手元に留保した権益を抹消したうえで券文を譲渡するので、売主には土地に関わる権利証文は残らないことになる。その際に、放出者側の権益を守るために、あらたに買主側が文書を発給し売主へ渡付する必要が生じたのだろう。そこでいわゆる放券《はなちけん》作成となるが、通常の売券と同様に「新券文を放ち」買券を作成したのである。[21] こうして売主の側に権利証文が残された。

ついで、いわゆる案文としての買券という意味を指摘したい。売買に際して、作成した文書の草案や案文を手元に残すことは頻繁にある。しかしこれまで売券の案文とされてきているもののすべてが「備忘のための控え」としての案文だったのだろうか。私はむしろ【史料D】「塵芥集」第一〇〇条に見えるように、取り交わした文書の一方（いわゆる正文としての売券）を紛失した際、もう片方の証文（すなわち売主側が所持することになる文書）を効力をもつ支証として見なして利用したのではないかと考えるのである。竪切紙の形状で、従来は案文とされていたもののなかには、それ自体が売買契約文書としての効力を有した、すなわち「正文」に準ずる文書があるのではないかと考える。[22] 第一部第一章で用いた妙興寺文書中の買券は竪切紙で、売券の形状と異なる。連券として残されている土地証文の手継文書のなかには、形状が切紙である借用状や紛失状、請取状などが、新券文として作成され文書に継がれているものもしばしば見受けられる。これらも売券に比して形状が不整形である。こうした形状の差異について、借用状を連券の一連の文書として分析した井原今朝男は「借用状は切符・切下文などの系列で発達した文書」であるのに対し、質券・売券・寄進状が「謹解様式の立券文書」で竪紙が一般的である、とし双方が異なる成り立ちをもつものと指摘した。[23] 第一部第一章で指摘したように、売券の案文に買主のみの花押を据える事例や、「中原家文書」のように花押の据えられていない買券案が見いだせるが、これらは単なる控えではなく、効力をもつ売券とともに作成された双方向の売買契約文書の一翼を担う券文だった可能性がある。

山田渉、菅野文夫、上杉和彦らによって解明されてきた中世的文書主義は、十世紀から十一世紀には古代的な郡司、刀禰らによる公的認証システムが消失し、売買券文が公券としての役割を失っていくなかで勃興した中世的な意識であり、文書の所有の有無により知行や売買・寄進・譲渡の正統性が立証される自力救済の法意識である。これは買主や債権者だけでなく、論理的には売主・債務者もまたこの法意識のなかに含まれることになるのであり、とすれば売主や債務者は文書によって自己の権利保持をおこなう社会であったはずである。中世の契約社会は、売主・買主そして第三者（地域の請人や第二部第四・五・六章で述べた仲介者など）相互の見知や補助という、いわば古代的な認知システムの残滓の上に立脚しながらも、いっぽうで権利の重層化により契約関係も複雑化していった。これを文書作成のあり方と関わらせるとすれば、例えば鎌倉時代後期以降、各種の売買特約付帯文言が売券に記される数、種類ともに増加していったことが挙げられる。また徳政令による契約破棄の常態化はさらに権利保持の意識を鋭敏にさせ、売寄進・売譲・誘取売券作成など特異な文書作成慣行が生み出されていった。中世的な文書作成慣行を逐一洗い出すことによって、中世的文書主義のあり方をさらに深めることができる。本書では、売主・買主（本主・銭主）双方がそれぞれの権利保持のために文書を作成し、相互に交換することで契約世界を完結させたことを明示した。

この中世的な文書主義の終焉はどこに求められるのであろうか。すなわち、「土地を所有することを正当化できる根拠」が中世の文書所持でありつづけたのはいつまでなのか。元文四年（一七三九）から青木文蔵（昆陽）が徳川吉宗の命で徳川家康支配領域だった関東甲信・東海地方の「古文書」調査をおこなったことはよく知られている。同時代に効力をもつ「文書」ではなく、すでに失効した中世「古文書」の調査であった。すでに中世文書は、いわば由緒を物語る古物であって、これら文書がすでに権利の拠り所ではなくなっていたことが示すように、中世的文書主義は終焉を迎えていたことは言うまでもない。

中世において売買文書の所持が所有の根拠であることを明確に意識づけた成文は戦国家法である。戦国大名は、土地売買の承認を代替安堵や買得安堵によっておこなったことは数多くの先行研究によって明らかにされている。(24)これにより、家臣の買得地を把握しあらたな家臣団の編成と軍役給付、また大名権力による加地子得分の寄進と家臣団への給付といった、土地売買を介したあらたな領国支配をおこなうことが可能になった。したがって土地売買において売券の所持は従前通り重要であるが、さらに大名の証判によってその正統性が付与されることになったのである。先に見た「塵芥集」における売買関係の条文は、双方向の文書授受の点だけでなく、証判付売買文書の正統性についても言及し、その文書の有無が所有の根拠となることを明示したものであった。先の【史料J・K】は朝倉氏に対する代替り時の安堵申請であったが、「寺領目録」のほかにおそらく集積した土地に関わる連券も提出しただろうことは間違いなく、それらとの照合によって所領が安堵されたのである。すなわち公的保証を付与された文書を所持することこそが土地所有者の根拠となったと考えられ、戦国期には中世的文書主義は、形を変えながらも大名権力による保証により強固に存続していたと見なされる。

それでは中世文書が「古文書」でなく「文書」たり得た時代はいつまで続くのか。近世史研究者の神谷智は、売券に記される本券所持・不所持の文言を手がかりに、手継券文を所有の根拠とする意識の有無を指標として十七世紀前半まで中世的文書主義が存続したことを想定した。神谷によれば、山城国革島家文書の場合は天文十一年（一五四二）までだが、伊勢神宮領では寛永二十一年（一六四四）まで本券有無の記載が見られるという。(25)

藤田達生は、和泉国中家文書の中世売券約七六〇点を分析し、そのうちの四五七点が天文年間のものでその少なからぬ数が同一筆跡であることに着目した。(26)同一筆跡の文書が天文年間に焼失した文書群の復元であり、それらが筆写されたのが天正十三〜十七年の間であることを明らかにした。中家は泉南地域の有力土豪で、土地集積によって成長した中世後期の中間層の典型であった。藤田は中間層である中氏が太閤検地による中世的地主権の解体に対抗するべく、中世の売券を復元・整理し、地主―小作関係を確認したと指摘する。近世の中氏は、近世前期の売券の検討から「十七世紀中期に至るまで、加地子売買」をおこなっていたことが確認されており、したがって江戸時代になってもしばらく中世的な重層的経営を維持していたことがうかがえるのである。

このような先行研究を踏まえて、中世的文書主義の終焉について展望を述べると、十七世紀中ごろまで権利保持のための本券所持の法慣習が残存した可能性があることを指摘したい。伊勢神宮領は太閤検地が実施されなかったこともあり、兵農分離が未熟だったこと、また中家の場合も、豊臣秀長の検地実施に対抗する意図があったとすれば、やはり兵農分離をひとつの画期とし、地域的・社会的位相によるばらつきはあるが、十六世紀最末期から十七世紀までのスパンのなかで土地所有権の根拠に対する意識の変革が進んだものとまずは推定したい。

さらに付け加えれば、寛文五年（一六六五）松代藩では「水帳在レ之而田畑坪々の石高埒明申村々者、其水帳を以百性壱人前宛、坪々之石高付可レ申事」[27]として、検地帳で田畑の坪ごとの石高がわかる村については、百姓一人ずつにその石高を付すことを命じている。藩があえて斯様な当然の条文を法令としたのは、農村の実態が条文と乖離し、土地の職の重層性が残存し土豪の中間支配がおこなわれている前代的な村があった、ということを暗示している。本書に即して土地売券の様式について付言すれば、中・近世の連続性としては、寶月圭吾は中世後期に頻出する徳政忌避文言が近世初期まで継続することを検証し[28]、また所三男が売券の付帯文言に「国替」が文禄年間から増加することを明らかにしている[29]。両氏ともいずれもこれらが慣用文言であるとし、あくまで中世券文の残滓とされているが、筆者はむしろ十七世紀に至るまで土地請戻慣行に対する防禦方法として本券所持の慣行が地域によっては存在したことの証左ではないのかと考える。この観点でも、十七世紀前半が大きな時代の画期であったことが推測される。土地所有における中・近世移行期の特質については、太閤検地の評価をめぐる数多くの議論を生み出した。それらの議論は単純に整理できるものではないが、両時代の特質を事例に即して今後さらに検討を深めることが肝要だろう[30]。

以上、蛇足めいたが、中世的文書主義の観点から中・近世移行期の素描をおこなった。これまでの古文書学では、中世の契約慣習のなかで債権者から渡される債務者の側に残る文書についての研究は等閑視されてきた。如上のようにこれから深めるべき分野と思われようし、そのための端緒となる検討を本書で提示できたのではないかと思う。

（1）小早川欣吾はこの条文を「年季売証文を作成すると同時に債権者（買主）は目的地を受領せし証文を作成し相互に交換するもの」と評価する（『日本担保法序説』法政大学出版局、一九七五年、一七八・一七九頁）。
（2）元亀三年（一五七二）十二月二十八日「願念屋敷地売券」（『戦国遺文　武田氏編』三、二〇〇八年）。
（3）末木氏は八代郡の戦国商人である。秋山敬「戦国商人末木氏の系譜について」（『武田氏研究』一三、一九九四年）。
（4）例えば天文六年（一五三七）八月一日「洞松寺祠堂銭寄進状」など。
（5）文亀元年（一五〇一）八月朔旦「洞松寺納所渡状」。また「文書目録」にも「爽書記借状有レ之」とある。これは借銭契約であろうか。
（6）例えば正応六年（一二九三）四月十八日「阿闍梨顕心田畠寄進状」、延慶二年（一三〇九）正月十八日「沙弥道蓮田地寄進状」など。
（7）上島有「荘園文書」（『荘園入門』「講座日本荘園史一」吉川弘文館、一九八九年）。
（8）永正十三年（一五一六）八月一日「禅□（棟カ）翁規式」（「洞松寺文書」）。

当寺前住泰州和尚入牌銭之事
合壹貫文者
右此旨二和利一、毎月仏餉年忌半斎正月丙子歳四月二十九日、依二衆多少一被レ成二一二之加飯一、
可レ有二諷経一者歟、
旹永正十三年八朔吉辰
禅□（棟カ）翁（花押）
洞松寺納所禅師

これは、前住泰州和尚の入牌手数料を毎月の仏餉（供物）や年忌供養などの際の仏事勤行をする僧侶の飲食代に用い、諷経をおこたらないように寺院経済をつかさどる機関である納所に書き記したものである。洞松寺における仏事興行の実態をうかがえる貴重な史料である。

（9）元徳二年（一三三〇）四月二十二日「照舜・嫡子惟康連署畠地売券」、同年五月三日「尼善阿弥畠地寄進状」（いずれも『鎌倉遺文』未所収。「大山崎宝積寺文書」、仁木宏編・解説『京都大学文学部博物館の古文書第八輯 大山崎宝積寺文書』思文閣出版、一九九一年）。

（10）例えば上島前掲注（7）論文など。

（11）例えば馬田綾子「洛中の土地支配と地口銭」（『史林』六〇―四、一九七七年）など。

（12）「沙門良心粉河田因縁」第四（「粉河寺縁起」）。日本思想大系二〇『寺社縁起』の桜井徳太郎校注「粉河寺縁起」による）。「粉河寺縁起」は霊験譚的な要素が含まれる形式の縁起で、成立は鎌倉中期～十五世紀最初頃と考えられている（『群書解題』の梅津次郎氏解題）。こうした在地に密着した、より具体的な縁起が編まれる理由は、桜井が述べるように筆者は寺院側による在地民衆に対する入信勧進の使用意義があったものと理解している。このような霊験譚が住民に語られるとき、その宗教的な効果は大きかったものと考えられる。その意味でこの「縁起」のなかに上分寄進の説話が盛り込まれている事実は注目すべきだろう。「縁起」に現れる隅田荘に関する契約文書のうち、荘の鎮守にあたる隅田八幡宮には「宛二直米参斛一、限二永代一、件法花経料仁、奉レ売二寄之一事実也」と、一通で売寄進状として機能する文書が伝来している（弘安十年〈一二八七〉十一月日「三昧僧仙真田畠売寄進状」『和歌山県史』中世史料一）。

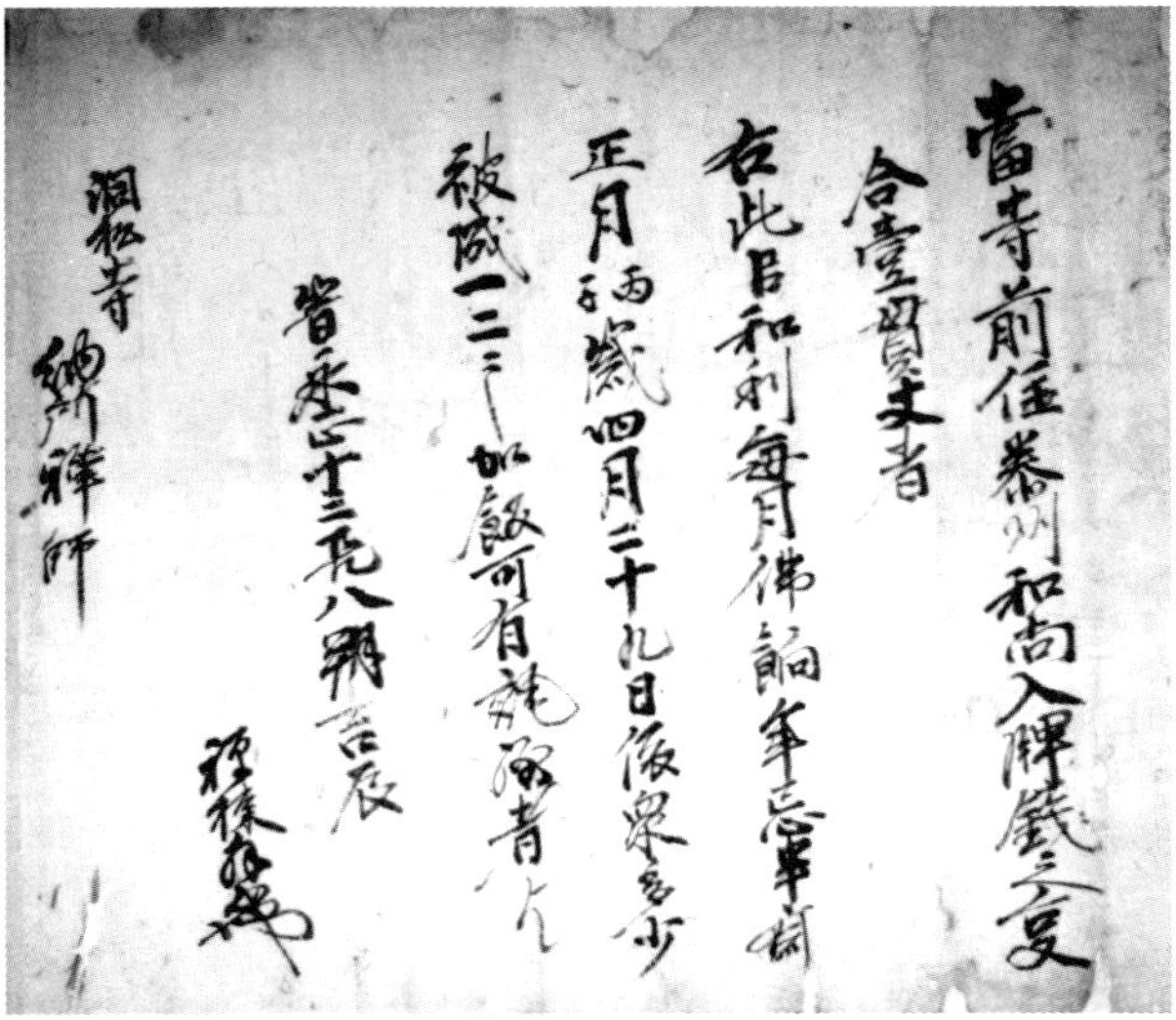

図1　禅□《（棟カ）》翁規式（洞松寺文書）

(13) 湯浅治久「日本中世の在地社会における寄進行為と諸階層」(『歴史学研究』七三七、二〇〇〇年)。
(14) 「仏教各宗派の形成と動向」(「第六章　中世後期の宗教と文化」『福井県史』通史編中世二、一九九四年)。
(15) 大久保道舟編『曹洞宗古文書』下、筑摩書房、一九七二年)。
(16) 大永七年(一五二七)三月二十六日「朝倉景高安堵状」(前掲『曹洞宗古文書』下、一五八五)。
(17) 「大野郡司」(「第四章　戦国大名の領国支配　第二節　朝倉氏の領国支配」『福井県史』通史編中世二、一九九四年)。
(18) 前掲注(15)とおなじ。
(19) 長谷川裕子「中近世移行期土地所有史の論点と課題」(『歴史学研究』七七四、二〇〇三年)。
(20) なお本券とは代々の伝領過程で蓄積された雑多な証文類で、権利の移動に際して添付するものを指す。菅野文夫「本券と手継」(『日本史研究』二八四。同「手継証文の成立」『歴史』七一、一九八九年)。
(21) 承久三年(一二二一)十二月二十二日「橘次郎丸売券」「成簣堂所蔵文書」(『鎌遺』二八九九)。
(22) 正文同等の効力をもつ案文については、中村直勝は「副本」と称し、正文を何通か作成する可能性を指摘している(『日本古文書学』下、六四頁)。
(23) 井原今朝男「中世借用状の成立と質券の法——中世債務史の一考察——」(『史学雑誌』一一一—一、二〇〇二年。のち井原『債務史』所収)。
(24) 主なものは次の通り。東北の大名については藤木久志「戦国大名制下における買地安堵制——永正～天文期の伊達氏について——」(『地方史研究』八〇、一九六六年。のち『戦国社会史論』東京大学出版会、一九七四年)、入間田宣夫「中世国家と一揆」(『一揆5　一揆と国家』東京大学出版会、一九八一年。のち『百姓申状と起請文の世界』東京大学出版会、一九八六年、所収)、同「出羽国における在地徳政」(『山形県地域史研究』三、一九七八年。のち『百姓申状と起請文の世界』東京大学出版会、一九八六年、所収)、伊藤喜良「死亡逃亡跡と買地安堵」(『国史談話会雑誌』二二、一九八一年。のち『中世国家と東国・奥羽』校倉書房、一九九八年、所収)。北陸大名については藤井譲治「戦国時代の加地子得分」(『赤松俊秀教授退官記念国史論集』赤松俊秀教授退官記念事業会、一九七二年)、水藤真「武田氏の若狭支配——武田氏関係文書・売券の検討から——」(『国立歴史民俗博物館研究報告』二、一九八三年)、野沢隆一「戦国期の買得安堵——江北地域の売券・寄進状の分析」(『国史学』一三四、一九八八年)、松浦義則「戦国大名若狭武田氏の買得地安堵」（『福井大学教育学部紀要』第Ⅲ部四〇、一九九〇年）、林文理「戦国期若狭武田氏と寺社——とくに顕密寺社を中心に——」（有光友学編『戦国期権力と地域社会』吉川弘文館、一九八六年）など。

（25） 神谷智『近世における百姓の土地所有——中世から近代への展開——』（校倉書房、二〇〇〇年）。なお、元和六年（一六二〇）和泉国佐野荘の食野家文書の添書に「方けん失ひ候間、新立ニ仕立候」と書かれている。神谷は「方けん」を本券としているが、前述のように、本券は過去の諸証文一切であって、放券は本券を添えられない場合にあらたに作成するその段階で最も新しい文書そのものであるから、同一であるとは言い難いだろう。

（26） 藤田達生「兵農分離と中世売券」（『新しい歴史学のために』二〇六、一九九二年。のち藤田『日本中・近世移行期の地域構造』校倉社書房、二〇〇〇年、所収）。

（27） 『長野県史近世史料編』七—一。

（28） 寶月圭吾「信濃における近世初頭の徳政文言について」（『信濃』一六—三、一九六四年）。

（29） 所三男「保証文言としての「国替」考」（一志茂樹先生喜寿記念会編『一志茂樹博士喜寿記念論集』郷土資料編纂会、一九七一年）。

（30） 近世史の側から安良城盛昭・朝尾直弘・白川部達夫・渡辺尚志、中世史の側からは勝俣鎮夫・藤木久志・池上裕子・長谷川裕子・神田千里などによる数多くの議論がある。詳細は『中世・近世土地所有史の再構築』（青木書店、二〇〇四年）の諸論考および渡辺による終章を参照されたい。

初出一覧

序　章　新稿

第一章　新稿

日本古文書学会学術大会（二〇〇九年、足利市）の報告をもとに成稿したものである。

第二章　原題「預け状再考」（『信濃』六一―一二、二〇〇九年）

いま読んでいる「預状」が預け状なのか、それとも預り状なのか。『醍醐寺文書』を読みながら感じた現代人の素朴な疑問から生まれた論文である。「預ける」「預かる」も一つの契約の場全体で考えるならモノの動きは同じである。第一章の売券・買券同様、双方の文書が契約の場で相互に取り交わされる「双子の契約文書」と考えれば、中世人にとって双方とも「預状」と称したのだろう。

第三章　原題「中世前期における処分状作成の一様態」（『史学』七七―四、二〇〇九年）

処分状のなかに「書分《かきわけ》」と記す文書がある。本章は、中世の語彙として書分がどのような広がりをもつものかという素朴な疑問からスタートしたものである。二〇〇八年十二月の暮れも押し迫った高野山の中南区に史料調査に出かけたとき、尾上時一さんをはじめ大勢の地域住民の方にお世話になった。その後雪の龍神スカイラインを走らせ、熊野本宮の中原家文書の調査に向かった。中原さんに頂いた菜園のレモンの香りがすばらしかった。この調査の直後に長男が誕生したため、同時に執筆していた第二章論文とともに思い出深い論文である。

第四章　原題「売寄進状の一形態――買得即時寄進型売寄進の意味――」（『古文書研究』四四・四五合併号、一九九七年）

東北大学でおこなわれた日本古文書学会大会で報告した内容をもとに、成稿したものである。報告に際し、中野栄夫氏を通じて鈴木鋭彦氏に司会をお願いした。報告後鈴木氏や大石直正氏・入間田宣夫氏から懇切なご教示と励ましをいただいた。このあと長谷川裕子氏・辰田芳雄氏・西谷正浩氏など売寄進に関わる研究が相次いで出されたのも印象深い。長野県立歴史館の井原今朝男先生（当時）のはからいで、寄贈されたばかりの『寶月圭吾研究資料』を閲覧させていただいた。井原先生が「君が売券を研究対象にしてるなんて、まるで寶月先生のお導きだね」とぽつりと仰られたのが記憶される。

第五章　原題「長楽寺救済運動と売寄進」（『年報三田中世史研究』三、一九九六年）

『年報三田中世史研究』第三号の編集に携わり自らも同人の一人として投稿した思い出深い原稿で、売券に関わる最初の論文である。その後、中央大学大学院峰岸純夫先生のゼミと合同でおこなわれた「長楽寺文書」調査で原本を間近に熟覧する機会に恵まれた。

第六章　平成九年度提出の修士論文の一部を大幅に修正し改稿

「洞松寺文書」は昭和二十年代、藤井駿・水野恭一郎編『岡山県古文書集』で紹介された。しかしその後、研究でまったく利用されていない史料であった。院生時代の調査の際は、この寺は無住だった。文書を管理する善源寺（井原市）での調査では、『古文書集』未収録の文書に出会ったり、翻刻されていない端裏書の情報など知見を得ることができ、大きな収穫だった。数年後、洞松寺文書が県指定文化財になったのもうれしかった。当時洞松寺の住職であった森藤正之師の紹介で法泉寺（井原市）の調査も行うこともできた。伊勢氏の氏寺であるこの寺では竹井玄保の売寄進状も実見することができた。信濃出身古澗仁泉開山のお話をして下さった先納親道師もいまや鬼籍に入られた。

**第七章　原題「信濃国における曹洞宗寺院創立の歴史的背景」（『年報三田中世史研究』八、二〇〇一年）を一部

改稿したもの

信濃国における曹洞宗の研究は、戦国期における武田氏の宗教統制の視点から、広瀬良弘氏、柴辻俊六氏などの研究がある。しかし、いわゆる草創期における曹洞宗の信濃国における受容の形態は解明されていなかった。南北朝の内乱と国人層の信仰のあり方を類型化したものである。

第八章　修士論文の一部を「地方曹洞宗寺院の文書目録作成の歴史的意義――如仲天誾との関わりから――」（井原今朝男・牛山佳幸編『東国信濃の古代中世史』岩田書院、二〇〇八年）として改稿

故富澤清人氏による東大寺領水無瀬荘関係の文書目録をもとにした史料復元の手法を自分なりに受け止めた論文である。思えば、学部生を対象とした通年の原典講読での富澤先生は論文での厳格な印象とは異なりとても柔和な方であった。三田の喫茶店白十字で先生を囲んで院生や同級生とお茶をするのが楽しみだった。先生に拙文の一本でもお読みいただく機会がなかったことだけが残念である。

補論　原題「戦国期曹洞宗の地方展開と北高全祝」（『信濃』六二―一二、二〇一〇年）

信濃国中世宗教史特集号に掲載されたもの。これまで北高全祝は戦国大名武田氏による宗教統制という枠組みのなかで語られてきた。本稿はそれに学びつつ、法語をもとに、祖師の教義が在地社会にいかに受け入れられていったかを考察したものである。

第九章　原題「中世後期地方禅院の文書目録作成のあり方――「臨照山記録西岸寺規式」の文書目録を中心に――」（『長野県立歴史館研究紀要』第八号、二〇〇二年）

当初、ある論集企画のために執筆を企図したものである。諸般の事情で出版が沙汰止みとなったため、執筆を中断していたが、博物館に異動したことから、改めて史料調査をおこない書き下ろしたものである。西岸寺住職平野隆道師には、何度も史料調査におつきあいいただいた。平野師からは玉村竹二氏や寶月圭吾氏の思い出話な

ど『信濃史料』編纂当時のようすを随分とうかがうことができた。

終　章　新稿

あとがき

本書は平成二十二年度に慶應義塾大学に提出した学位請求論文をもとに、加筆・修正を施したものである。審査の労をとっていただいた田代和生氏（主査　慶應義塾大学教授〔当時、以下同じ〕）・中島圭一氏（副査　慶應義塾大学教授）・田中浩司氏（副査　函館大学准教授）には心より御礼申し上げる次第である。

まさか専門書を世に出すことができるとは夢にも思っていなかったというのが正直なところである。遅々ではあるが史学の道を今に至るまで歩むことができたことを感謝したい。

歴史への道を進むことになる我が分岐点は今思えば自分の高校時代にあったろうか。一九八〇年代後半に入学した県立須坂高等学校は生徒の自主・自律を大切にする古き良き時代の校風を残していた。受験指導一辺倒の教師はおらず、研究室には教育と研究を両立させ生徒から敬愛されている先生が多くいた。

当時県史編纂に従事されていた三十代の井原今朝男先生の授業は、破顔の笑みとは裏腹でとても緊迫感のあるものだった。先生の授業は生徒に考えさせることを主眼とするもので板書はそれほど多くはなかったが、毎回指名されて納得いく答えを生徒に考えさせるものであった。そんな井原先生との思い出は、郷土部という歴史サークルでのご指導である。先生に連れられ、町田哲氏などと井上氏の春山城に登って縄張図の取り方を指導していただいた。以後、たびたび自転車で現地に通い、二ヶ月で模造紙に縄張をトレースした。町田氏とはその後、図書委員会で文化座談会という講演会を企画した。トップバッターを井原先生にお願いし、長野県史刊行によってあきらかになった信濃の中世について、生徒向けに講演していただいた。今思えば誠に贅沢である。

高校三年になると、同じく県史編纂に携わった郷道哲章先生が赴任してこられた。プリント中心の授業で、基礎事項だけでなく、史料の読み下しや、裏話など多彩に渡る授業プリントは、それだけで完結する優れた教材で、歴史を多面的に考えるうえで役立った。

ある日の放課後、社会科研究室へ行くと、やはり長野県史に関わられた鬼頭康之先生を中心に、社会科の先生方そろって古文書を輪読されていた。高校が所有している近世文書を毎週読み深めていたということなのだが、今思えば、地域の歴史を根本史料から深めるところから教材研究が始まることを、須坂高校の先生方は身を以て実践されていたのだった。須坂高校だけではない。昭和四年から始まった栗岩英治氏による信濃講座、戦後の一志茂樹・寳月圭吾・所三男各氏らを講師に長らく続いた夏休みの臨地講習会など、長野県では現場の教師が現地で史料を読み巡検するという自主研修スタイルが現場に根付いていた。そこで方法論を学んだ教師が地域の歴史研究の中核として活動していた。こうした伝統がいわゆる「わらじ史学」である。しかしいま教育現場に立つ身として、自分がこのような取り組みができるのかどうか、社会科教員としての素養というものがいったいなんなのかを考えさせられる。鬼頭先生には、「教員として歴史論文をたくさん書きなさい、教育と研究の両立、それが社会科教員の使命」といまでも発破をかけられている。漠然ではあるが大学で歴史を専攻したいと思うようになったのは、こうした先生方の影響があった。

慶應義塾大学では高橋正彦先生のゼミに所属した。卒論や修士論文などに必要な原本調査にはわざわざ紹介の労をとっていただくなど、分け隔てなく学生に機会を与えてくださった。また、他大学の先生の講義を聴講することも勧めてくださったり逆に他大学の先生を招聘する場合も人選は学生の意見も聞いて進めるなど非常に寛容であった。健康そのものだった先生が、退職後体調を崩されお亡くなりになったことだけが誠に残念である。

学部・大学院と連続して慶應義塾に出講された中尾堯先生からは、おもに中山法華経寺関係史料の講読を通じて寺院文書だけでなく聖教の重要性をお教えいただいた。とくに寺院調査が多かった博物館勤務の際にこの経験を活かすことができた。近年では信濃の日蓮宗の動向について特にお願いして雑誌『信濃』にお寄せいただくなどお世話になっている。

慶應に出講されその後も三田中世史研究会での勉強会でご指導いただいたのは故桑山浩然先生であった。合宿での調査や、投稿論文に対する厳しくも懇切なご指導など忘れられない。先生が史料編纂所を退官される三月、私は長野への就職がきまり報告におうかがいした。そのあと本郷の学士会館でお昼をご一緒させていただいた。「あらたな出発だから身体に気をつけてがんばるのですよ」とお言葉をいただいた。その後お手紙でのやりとりのみで数年が過ぎ、先生にその後お会いしたのは、信州巡検での来長の折だった。長野県立歴史館の古文書を御覧いただき、収蔵している古文書について御意見をいただいた。「田舎の国人領主の出した文書を君なりに分析してみなさい」と宿題をいただいた。その後もメールで、私のいくつかの抜刷論文に対して厳しくも暖かいお言葉を頂いていた。

学部生時代は故富澤清人先生、漆原徹先生に史料読解の基礎を学んだ。とくに漆原先生には学部三年から現在に至るまで、公私にわたりお世話になっている。古文書演習でのご指導は言うまでもなく、日本古文書学会での初めての報告では、論旨、史料解釈の妥当性、さらには口頭報告の一分間に喋る文字数まで懇切丁寧に指導していただいた。「浄土寺文書」や「洞松寺文書」などの文書調査などでご指導いただいた。

慶應の中世史は自主ゼミが盛んであった。そしてこの自主ゼミを運営されたのが古川元也氏だった。『中世法制史料集』や古文書通読など、院生・学部生合同の史料解読・輪読のサブゼミナールは充実したものであった。史料の読みや解釈も厳密であった。私が博物館に異動後も神奈川県立歴史博物館に勤務されている古川氏には色々ご教示いただいた。

慶應での桑山浩然先生のゼミを母体として生まれた三田中世史研究会は、こうした自由な自主活動の雰囲気のなかから古川氏を中心に先輩方が産み出されたものである。この研究会の意義については桑山先生追悼論集（『年報三田中世史研究』一四、二〇〇七年）で古川氏により詳述されている。夏冬の巡検や合宿では、かならず古文書原本調査が含まれ、桑山先生の指導と、古川氏の綿密な下準備があって初めて成功したものだった。法政大学や中央大学、立正大学の方々と合同ゼミをおこなったこともある。毎年十月に刊行される『年報三田中世史研究』の編集は過酷で、先輩の家に連泊したり桑山先生のお宅に籠もって編集作業と打ち出しをするなど大変な作業だった。現在私が雑誌『信濃』の編集作業を楽しみながらやっているのも、この経験のおかげである。この研究会を拠点として活動した先輩や友人のほか、鎌倉遺文研究会や平安・鎌倉勉強会出席諸氏からは、本書の原型となった研究に対して有益な助言や批判を数多く頂戴した。いちいちお名前を挙げないが、全ての方に感謝申し上げたい。

学部生時代の夏休み・冬休みといえば、三田中世史研究会の合宿と、郷道先生のご厚意で参加させていただいた西条岩船遺跡の発掘調査・整理作業のことを思い出す。とくにこの発掘では中世備蓄銭三万七〇〇〇枚が銭緡に九七枚ごと整然と並べられた状態で取り上げられた。学部生の私はその整理担当となった。このことがきっかけで、中世の銭の使われ方に関心を持ち、当時出された浦長瀬隆氏や田中浩司氏などの社会経済史関係の論文を四苦八苦しながら読んだことが売買契約に興味を持ったきっかけだった。古文書学の講義で売券がしばらく扱われたこともあり、売買の購入価格や決済手段に関心を持つようになり、寺院文書を中心に売券を通読するようになっていった。常套文言と呼ばれるもののなかにも地域により微妙な違いがあったり、売主の心情が吐露されているような文書があったりするのが興味深かった。考古学の故鈴木公雄先生がちょうど銭のセリエーションを用いた講義を担当されており、一年間聴講させていただいた。数量分析から見えてくるクリアなデータ、そのなかに中野の事例が位置づけられていくのが感動的であった。整理作業は単調であったが、極まれに稀少銭が見つかると小躍りして拓本をとったり、当時発表された中島圭一氏の論文（「西と東の永楽銭」）などを読んだりした。

高橋先生が定年の年、博士課程を受験し進学を許された。しかし長野県の教員採用で年度末に補欠繰り上げ合格の内示が出た。進学すべきか、就職すべきか大いに迷ったが、高橋先生は、どちらを選んでも自分の選択だと前置きされて、「教職についてから更に研究を深めることはなかなか困難だがやりがいがあるかもしれない」と仰った。後日峰岸純夫先生から頂いた「研究と教職の二足の草鞋の選択は間違っていない」という先生のプリクラ写真付きのお手紙は、今もなお自分の拠り所になっている。

一九九七年四月、県立望月高等学校に赴任した。望月牧で古代から有名な風光明媚な歴史ある町である。全校生徒三〇〇人のこじんまりとした高校で、人懐っこい生徒が多かった。同僚の教職員のチームワークはすばらしく、餃子パーティやそば打ち、町内巡検などを通じてよく語りよく飲んだ。「地域高校」という中山間地域の高校であるため、田中康夫知事時代は統合問題も浮上したが、高校存続のための方向性を職場でも議論するなど、学校をよりよくしようというパワーに何度も元気づけられた。一方やんちゃな生徒も多く、生徒指導もかなり苦戦させられ、その分愚痴も多くなった。そんな彼ら彼女らも今となれば良きパパやママとなっている。

望月時代には忙しさにかまけてほとんど論文を書くことができなかった。どんなところにいても歴史論文は書ける、という自分の甘い考えは打ち砕かれ、二足の草鞋を履くことがどれだけ厳しいことなのか思い知った。それでも少しづつ地域に足を伸ばし、地域の歴史を少しでも繙いていこうと考えた。幸い「地域の方々と協同した学校づくり」というこの学校の重要なコンセプトがあったため、「地域研究」という学校設置科目を担当し、地域に根ざした授業づくりの実践をおこなうことができた。これはとても勉強になった。かつて望月高校教諭だった故松本衛士氏（県史編纂委員）の教育実践に学ぶことが大きかったが、わけても社会教育の吉川徹氏（望月町長、当時、以下同じ）、近世被差別部落史の齋藤洋一氏（浅科村立五郎兵衛記念館）、古代東山道研究の福島邦男氏（望月町教育委員会）、合鴨有機農法を実践する伊藤盛久氏（望月町議会議員）といった地域研究に関わる先輩方にゲストスピーカーとして授業においでいただき生徒とともに交流できたことは得難いものであった。

思えば、わらじ史学の創始者であり、地域史研究の先達者・栗岩英治（一八七八〜一九四六）が七〇年前こう述べている。

郷土史の完成さるるときは、却って正史の根本的訂正に出発するのときであらねばならぬ。郷土史の大さ《（ママ）》は、量的に又地理的には小であるけれども、いやしくも人類の生活に必要な知識という知識は悉くその素材として使用されねばならぬ関係上、郷土史は直ちに国家史・世界史のもつ内在性のすべてを具有するものであり同時に人生の哲学でもある。

（『町村の史的価値及びその研究法』一九四三年筆、一九五三年出版）

地域史教材を授業に活用する実践は、教師として当たり前の取り組みである。どこを切っても全国共通の「金太郎飴」のような日本史授業から、栗岩の述べるような地域の中に「国家史・世界史のもつ内在性」を少しでも発見できるような授業へと脱皮したいと次第に念願するようになった。

二〇〇一年四月、長野県立歴史館総合情報課へ専門主事として異動となった。館長市川健夫先生には何事も現地主義で足で歩くことの大切さを教えて頂いた。この館では展示をより充実させるための研究報告を課せられる。歴史事象の報告だけでなく各時代の展示趣旨・方法・展示資料の吟味、環境保全などを職員で議論し、学芸研究会と呼ばれる研究報告会で報告をおこない、コメンテーターが報告の適切な位置づけをおこなう。展示を行うためには担当者一人の頭でなく、分野を超えた大勢の目で検討しブラッシュアップを図ることが大切であることを感じた。この博物館は埋蔵文化財センター・公文書館機能も有した複合館であるため、多彩な方々が在籍され多くの同僚職員に恵まれたと思う。全ての方のお名前は記せないが、日々の業務や資料調査、研究など多くの方々からご教示をいただいた。感謝申し上げたい。

『信州高山村誌』編纂事業では湯本軍一先生からご指導をいただいた。学生時代は信州の中世史研究に手を出せなかった私が、文書論のほかに地域史にも関心を持つことができたのも湯本先生のおかげである。文章校正では自宅でマンツーマンの、まさに「てにをは」から始まる何時間にも及ぶご指導をいただいたことに感謝したい。先生はよく「地域の住民」が苦もなく読むことのできる住民視線に立った平易な文章を書くことの大切さを説かれる。肝に銘じていきたいと思う。

また井原・牛山佳幸両先生の主催する長野の古代・中世史研究会、笹本正治先生が主催する松本の研究会は県内の教員や学芸員が集う多彩な研究報告の会である。一人の殻に閉じこもりがちな自分の研究を、このような場で交流できることは感謝しなければならない。

慶應義塾大学では指導教授であられた故高橋正彦先生の他、在学中にはスタッフの高瀬弘一郎・坂井達朗・田代和生・三宅和朗・柳田利夫各先生には数多くのご指導をいただいた。この場を借りて改めて御礼申し上げたい。とくに田代和生先生には学部生のころ古文書室の宗家文書複写のアルバイトを紹介していただき、以来講義・演習を通じ近世文書の読解を訓練していただいた。私の母と同年でもある先生には学生時代には種々ご面倒をおかけしたように思う。そろそろ学位論文をまとめたらとお声をかけていただきながら、延び延びになっていた。三〇代のうちになんとかまとめることができたのも、先生のご指導のおかげだと感謝している。先生にはご退職の時期と重なり種々ご多忙のところであったが、学位論文審査をお引き受けいただいたことに感謝申し上げ、先生の益々のご健康をお祈りしたい。

学位論文の副査をお願いし、細部にわたって厳しく審査いただいた中島圭一・田中浩司両氏にも厚く御礼申し上げたい。審査後も温かなご助言や励ましの言葉をいただいた。お二人からは本書の課題を含め自身の研究をどう進展させていくかという宿題も頂戴している。気を引き締め精進に励みたい。

現在の勤務先、松本蟻ヶ崎高等学校の同僚の方々にも感謝申し上げる。自由な雰囲気のなかで伸び伸びと育つ蟻高生たちは、日本史ではなく「世界史」や「地理」といった、まさに「冗談」のような私の授業にも笑顔でついてきてくれる。ありがたいものである。

史料調査にご協力いただいた多くの方々、また写真掲載をお許しいただいた所蔵者、関係諸機関各位にはこの場を借りて厚く御礼申し上げたい。

出版事情が厳しい折柄、本書刊行に当たり、日本学術振興会より平成二十四年度学術図書出版助成を受けたことは誠に僥倖であった。また、丁寧な本作りをいただいた思文閣出版の原宏一・田中峰人両氏には刊行まで種々ご助言をいただいた。厚く御礼申し上げたい。

長野に帰郷して以来しばらく、アウトプットどころかインプットすらままならない日々が続いた。それを察してか井原先生は温かなお言葉で、慌てずにゆっくり進むようにと諭して下さった。研究会で報告したり、拙文をお送りしたりすると、報告者も気づかない視点で、その研究の位置づけや意義を教示していただいた。学位取得に向けても励ましをいただいた。なんとか研究を続け、一書をまとめるところまでこぎ着けられたのも先生のお陰だと感じる。改めて感謝申し上げたい。


本書校正中に、母方の祖父周平が百二歳の高齢で往生の素懐を遂げた。無口で勤勉であった祖父は亡くなる一〇日前まで身の回りのことを自分でこなしていたという。私の書いた雑文も何度も読んでくれた。本書を仏前に捧げたい。

最後にここまで陰に陽に支援してくれた父・母をはじめとする家族に改めて感謝したい。本書がそれに応えるものかは心許ないが、研究の一里塚として報告するものである。
四歳の長男は元気に保育園で遊ぶ、わが家のムードメーカーである。また学位取得と同じ年に長女も産まれ、家族が増えさらに賑やかとなった。そんななかでも妻美紀は怠惰な私を常に叱咤し、学位取得・出版の応援をしてくれた。感謝を込めて擱筆したい。

平成二十四年十一月　伝い歩きする長女の一歳の誕生日に記す

村石正行

◎著者略歴◎

村石　正行（むらいし　まさゆき）

1971年長野県生．1997年慶應義塾大学大学院文学研究科修士課程修了．長野県望月高等学校，長野県立歴史館専門主事・学芸員を経て現在長野県松本蟻ヶ崎高等学校教諭．
博士（史学　慶應義塾大学）．

〔主要論文〕
「室町幕府奉行人諏訪氏の基礎的考察」（『長野県立歴史館研究紀要』10号，2005年），「諏訪社に残された足利義政の願文」（『年報三田中世史研究』14号，2007年），「治承寿永内乱期の木曾義仲・信濃武士と地域間ネットワーク」（『長野県立歴史館研究紀要』16号，2010年），「14世紀内乱期の守護所と善光寺周辺」（『善光寺の中世』高志書院，2010年），「鎌倉時代の『款状』とその機能」（『信濃』64巻12号，2012年）．

中世《ちゅうせい》の契約社会《けいやくしゃかい》と文書《もんじょ》

2013（平成25）年２月28日発行

定価：本体7,500円（税別）

著　者　村石正行
発行者　田中　大
発行所　株式会社　思文閣出版
〒605-0089 京都市東山区元町355
電話 075-751-1781（代表）

印　刷
製　本　株式会社 図書印刷 同朋舎

ISBN978-4-7842-1668-0　C3021

事項索引

さ

し

す

る

れ

ろ

わ

文書(史料)名索引

あ

い

う

え

お

か

き

く

け

こ

さ

し

す

せ

そ

た

ち

て

と

な

に

の

は

ひ

ふ

へ

ほ

ま

み

む

め

も

や

ゆ

よ

り

ろ

わ

研究者名索引

◆図表一覧◆

第1部

第2部

第３部

〔第７章〕

〔第８章〕

〔附論〕

〔第９章〕

〔終章〕